人口から読み解く　国家の興亡

――二〇二〇年の米欧中印露と日本

「人口動態」

出生率、死亡率、傷害・疾病、移民の流入・流出、労働人口、平均寿命、年代構成、男女比、結婚・離婚率、初婚年齢、初子出産年齢、家族構成などの変化を包括的に捉えるもの。

発刊に寄せて

ニコラス・エバースタット
（AEIヘンリー・ウェント記念講座研究員）

本書は、人口が持つ国際的な力に新たな光を注いだものである。国家間の力関係は中国王朝の知識階級や古代ギリシャ、ローマの市民にとって現実的な話題であったのと同様に、現代の読者にとっても最新の話題と言える。古代と同様に今日、この問題に興味を持つ者は人口が国家間の力関係を形成する要因の一つであるとみている。

誰もが人口は国際関係の方向性に重大な影響を与えると〝知っている〟ようにみえる。しかし、皆が知っていると明言するその方向性の解釈は、人によって、場所によって、そして歴史的なセッティングによって明らかに異なる。

国際的な人口の変化と国家間の力の均衡や安全保障における変化との間に見られる、複雑で、微妙で、遠大な、そして時に驚かされるような相互関係をまじめに研究しようとする多くの学者や研究者は、研究を始めてすぐにこの〝知っている〟ように見えることと、解釈の違いということの板挟みに遭遇することになるのである。

国際関係を人口の切り口から議論する場合の前提は〝数は力〟という考えで、これはウラジミール・レーニンとヘンリー・キッシンジャーという本来は立場の異なる思想家の二人にも共通する考えである。本書においても、この〝数は力〟が前提となっているのは当然である。結局、有史来、第二次世界大戦後の植民地解放が始まる時代までにおいては、明らかに少ない例外を除き、多かれ少なかれ、人口増はその国に世界における政治的地位の上昇をもたらし、逆に人口が減少する地域（絶対数であれ周りとの相対的比較における減少であれ）は、政治力の先行きが厳しい地域となっていった。このいわば全世界的歴史的事実を意識することは人口に関する研究の手始めとして有効と言える。

「Demography（人口動態）」という単語は遡ればギリシャ語に語源を持つかもしれないが、その言葉自体は一九世紀後半にフランスで「la demografie」として初めて登場した。フランスとドイツ（プロイセン）がヨーロッパ大陸の主導権をかけてぶつかり合う運命にあることを知っていた当時のフランスの知識層や政治家、愛国主義者は皆、ドイツと比べ低い自国の出生率と緩慢な人口増のテンポからフランスの戦略的見通しに危機感を持った。このような状況下に生まれた「人口動態」とは、フランスが出生率を再度活性化し、若く、自信にあふれる人口の増加傾向を作り、これを支え、もってライバルのドイツとの長い争いにおける潮目を最終的に自らに有利なほうに変えることを可能にする研究であり、さらには科学であった。

このフランスとドイツの経験がその後少なくとも四〇年の間（フランス語圏の人々にはもっと長い間）、「戦略的人口動態」と呼ばれたものの枠組を作り、あるいは単にその概念を伝えるひな形となった。だが実際はどうであったかと言えば、歴史の後知恵ではあるが、一七八九年から一九一四年までの一世紀を超える長期間に、ドイツはフランスを人口でも兵士の数でも上回ることに成功している。ただ、フランスより早いドイツの人口増のペースが力の外交の時代にドイツの世界的台頭に実際にどこまで貢献したのかははっきりしない。歴史はもちろんやり直せないが、本質的に人口動態とは関係のない多くのほかの要因、例えば一九世紀のドイツの科学、化学と重工業における革命、金融、戦争の戦い方に関する戦略やドクトリンに関する新しいアプローチをもたらしたかの有名なプロイセン参謀本部の登場、そしてドイツとしての統合などの要因がかなり大きな役割を果たしたと考えられる。人口増の差よりも、こういった要因のほうが、ドイツがフランスを抑え欧州大陸の中心国に台頭することを可能にしたようにみえる。

最近の大きな国の発展の事象を見るにつけ、人口の規模と国力の関係について出回っている仮説は慎重に検証する必要がある。国力は実際に人口規模に依存するかもしれないが、それだけでは毛沢東後の中国の台頭を説明しきれない。英国の経済史専門家のアンガス・マジソンの見積りによれば、鄧小平の下での政策大変換以降、中国の世界経済力に占める割合は世界経済総生産の四%程度から一七%程度にまで急拡大したが、その間、中国の世界人口に占める割合は二二%から二〇%未満にまで下がっている。同じ期間にアフリカ大陸の人口は世界の一一%から一五%に増大しているが、世界総経済に占める割合はわずか三%のまま変わっておらず、世界のパワーポリティクスにおいて脇に追いやられたままである。

人口と世界の出来事の関係に関するその他の大きな一般化も同様に注意深く扱うべきである。

例えば、フランスの偉大な人口動態学者のアルフレッド・ソービーは、高齢化社会は、老人が古い家に住み古いアイデアに固執し、革新を抑えるリスクをもたらすと警告した。ただ、歴史を几帳面に見るならば、アドルフ・ヒトラーのドイツは当時世界の中で高齢化が最も進んでいた国の一つであったがリスクを回避することはなく、また一九九〇年代に残虐で野蛮な〝民族浄化〟を近隣の諸民族に行った元ユーゴスラビアの一部であるセルビアも、当時のヨーロッパあるいは世界の中でも最も多くの高齢者に覆われた国の一つであった。

フランスの偉大なる哲学者で社会主義者のオーギュスト・コントが一八〇〇年代に宣言したと伝えられるように、人口動態は人間の知恵の及ばぬ「運命」かもしれない。ただ、それでも我々は今生きているこの時点で、それぞれの場所で、人口動態が世界に与える影響について最大限の注意と、細部に至る厳密な考慮を施しながら研究を進めるべきである。息をのむほどに人間の潜在能力が一気に爆発した二〇世紀は、同時に国内政治と国際政治の複雑さも増し、その変化を人口と国力の一般論で説明することは困難である。もっと多くの経験則に基づく確固たる根拠を必要としている。これは気候変動問題の議論において、時間の経過と共にデータが積み上がり、世界の気候変動や各地の生態系に人間の活動が悪影響を与えていることを示すと共に、その解決策を求める根拠となっているのと同様である。

二一世紀の夜明けの時点にあって、少し前までは当然と思っていた人口動態のパターンとは全く異なる世界に我々は足を踏み入れている。二〇世紀には世界中で平均寿命が延び、人口が四倍に増えた（死亡率の低下が原因）。今後も世界全般の健康増進は着実に進むようにみえる。一方、少子化傾向がかつてない勢いと継続性をもって世界の主要国（中国のような台頭する新興有力国も含め）を覆い、長期的な出生率の予想を、移民による補完がなければ人口の安定維持が難しいところにまで押し下げている。国連人口部門の予想によれば、欧州全体の出生率は一九七〇年代後半以降、人口維持に必要な最低出生率（二・一）を下回ってきている。日本ではそれが一九五〇年代半ばから半世紀を超えて続いている（途中数年の例外の年は除く）。

たとえ移民の流入があったとしても、この出生率の傾向ではほとんどの先進国で今後まず労働人口の減少期を迎え、次いで総人口のピークと減少期を迎え、その後顕著な高齢化を迎えることになる。この原稿を書いている今の段階で、G7の中の三カ国、ドイツ、イタリア、日本の統計当局はそれぞれの国の人口が減少期に入ったと報告している。そして、G8に入るロシアもまた出生率より死亡率が高い国に約二〇年前から入っている。中国の人口トレンドも同様の方向にあり、二〇二七年頃には死亡率が出生率を上回るとみられる。

ただ、今後も西側の豊かな国々の出生率が人口維持に必要な最低出生率を下回り続ける運命にあるとまで言い切れる確証はない。人口の研究者が長期的出生率の予想において信頼のおける科学的根拠を提供できたことはかつてない。

とはいえ、来る数十年で低出生率に向かう圧力が減るよりもむしろ増えていくと予想する理由がある。それは、今後の出生率に関する先行指標として最も重要な婚姻に関し、人口動態の専門家が〝結婚からの逃避〟と呼ぶ、現代のグローバル規模の傾向である。この現象は単なる欧州の出来事ではないことに注目すべきである。例えば日本の場合、今のトレンドでいけば、結婚適齢期の女性集団のうち二五％は結婚せずに生涯を終え、三八％は結婚しても子供を持たないことになる。子供を産む女性のトレンドがこのパターンでは、出生率低下傾向を逆転させ、人口維持に必要な二・一程度の出生率にまで回復させる見通しはますます厳しくなっている。

今日の各国の出生率と、人口増加率を見ると、富裕国は全般的に来る数十年で世界における人口のシェアを徐々に落としていくことになろう（米国は唯一の例外）。世界は長期的少子高齢化傾向を避けて通れない状況になっている。これは低所得国も例外ではない。そして、これらの人口動態のトレンドには政治問題が付きまとう。国防予算の強化よりも国内有権者、特に高齢者への社会保障費支出に政治的ニーズが高いとすると、少子高齢化社会（富裕国のみならず新興国も含め）では、自らの潜在的国力を高めて海外への影響力を行使することが抑制されるであろうか？　また、中国などで見られる男女間比率の男性への著しい偏りといった国内の人口構成の変化は、政治に対する国民感情を最終的に変える予兆となるのだろうか。もっと具体的には有権者の気質が国力増強への投資を支持し、あるいは国力を海外に展開することを支持するのかどうか、そしてその変化は何らかの信頼性の高い予想可能な方法で捉えられるのだろうか？

こういった疑問は深遠で、かつまだ回答を得られていない疑問といえる。本書のような研究が増えていくことで、その問いかけは回答に向けて前進していくと期待する。

目 次

3．インド　人口動態のトレンドとアジアの戦略的地形図に与える影響

はじめに

スーザン・ヨシハラ（カトリックの家族と人権機構所属国際機関活動調査グループ長）
ダグラス・A・シルバ（カトリックの家族と人権機構上級研究員）

歴史上かつてない人口動態革命

たったいま、一つの革命が起こっている。この革命は将来の世界秩序を形作るものといえる。その重要性にもかかわらず、それは絶叫よりも囁きのように静かに生じている。誰も全く気づいていないし、研究者ですらその地政学上の波及効果を評価しておらず、政策決定者もその変化がもたらし得る最悪の結果を緩和するための政策を今実行すべきかどうかという議論を誰も行っていない。なぜなら、この革命は政治的革命ではなく、人口動態革命であるためだ。世界中の国々が今、深遠な人口動態上の変化に見舞われている。出生率の低下と寿命の延伸が同時に、大きく、継続的に起こっており、これは人類の歴史上かつて経験のない事態である。

今後の二〇～三〇年で間違いなく多くの国々が今よりも総人口が少なく、かつ高齢者の割合が高い国となっている。国によっては、この人口動態上の衰退があまりに激しく、経済成長はもとより、社会保障費の負担から適切な防衛力の維持、国際的安全保障義務の履行まで困難になるとみられる。少子高齢化は世界全体を通して共通の現象と言えるが、その進展の度合いや時期は国によって、地域によって大きく異なる。そのため、その衰退の程度の差は力の均衡や世界秩序の安定に大きな懸念をもたらすことになる。

人口と国力の関係に関し、人類史上一貫して信じられてきたことは非常にシンプルで驚くほどのものは何もない。すなわち、「人口が多いほど良い」ということである。より多くの人口はより多くの兵士を戦場に配置でき、より多くの納税者をもたらす。過去の君主は皆、自分の望みを達成するためより大きな財布を望み、兵力の補強を切望する前線を指揮する将軍にとっては、兵士が多いほうが良い。どちらも同じで、より多くの人口はより大きい国力を意味してきた。

ところが、トゥキディデス（古代ギリシャの歴史家）は紀元前五世紀の著述でこの人口と国力に関する一般的見方に反する声を上げている。彼は、少数精鋭の市民からなる軍のほうが奴隷兵の大軍よりも強力であると言う。たしかにある状況では「少数のほうが良い」ということもあろう。もちろん、自由人が存在し、彼らを将軍が指揮できるようになるために、そのような自由人を作り出すための社会機構、すなわち教育、政治、文化機関が必要となる。トゥキディデスは、人口の増減はコントロールできない自然現象ではなく、制御し選択できるものだが、必要なのはその選択を戦略的にすべきだと言う。その選択とは、国力の維持、あるいはその増進を図る為政者が、どのような文明化、すなわちどのようなタイプの市民を何人そろえるか、といった目標選択のことである。

これらの質問に答えるには歴史的かつ地政学的状況が最も重要になる。（トゥキディデスが過ごした）古代ペロポネソス・ギリシャが置かれた戦略的な状況は産業革命初期の英国の状況とは異なるが、当時の英国の政治経済、人口動態分野で研究者として活躍したトーマス・マルサスは人口と国力の間の相互作用に関する古代ギリシャの為政者の選択と同じ問題を取り上げ、この分野の研究を今でもある程度支配する新たな普遍的知識の枠組みを築いた。マルサスは、ある段階で人口増がその人口を支えるために必要な物理的なリソースを上回り、結果として多くの人々が被害をこうむり、政治的に不安定な状況に陥ると指摘した。「人口が多すぎれば大惨事をもたらす」というフレーズをマルサスは使った。

このマルサスの理論は理論とは逆の結果が出ていても、その後も、したたかに生き残った。マルサス派と純マルサス主義者の考え方は途上国の人口抑制と開発プログラムに関する導入原理として二〇世紀を通じ、そして今日に至るまでも息づいている。特に、途上国に対する二国間あるいは多国間の支援に関してその理論は活用されている。この理論によれば、貧しい国々はすでに人口増加率が大惨事のレベルに到達しており、人口の絶対数が教育改革や医療改革などの全ての試みを圧倒する規模にまで達してしまっている。改革の先行きが抑えられている状況下で開発支援を行ってもやがて文化的、政治的混乱を生じ、野放しの人口増は間違いなく不安定をもたらすとみられていた。

ところが今、この解釈がまた変わりつつあるようにみえる。恐らくは一部の地域ではこのマルサスの人口増への警鐘のお陰で、二〇世紀最後の数十年は世界の出生率が劇的に減り（国によって大きく異なるが)、同世紀の初めには女性一人当たりの平均出産数が七人だったのが同世紀末には三人を下回っている。この劇的な変化は、今後も出生率が低下していく見通しであることからして、従来の人口と国力の関係の評価の仕方を新たに見直す必要性を示している。出生率低下傾向の中での人口と国力に関する問いかけは従来の出生率増加時代の問いかけを根底から覆すものといえる。国際的な安全保障と国力に関する研究の多くはいまだに人口増を問題として取り上げているが、人口をよく見てみると、人口動態のトレンドは従来と全く異なる疑問と懸念を惹起している。

本書は今後数十年にわたり人類が初めて経験するこの新しい人口動態の現実を取り上げ、世界の主要な地域や国における人口減少――これは、最初は出生率の低下と高齢化、次いで実際の人口減少に至る特徴がある――が世界の安定に影響を与えるのかどうか、与えるならばどの程度なのかを評価することを試みる。つまり、地政学の見地からは、「人口が少ないほうが多いよりも有利なのか、それとも不利なのか?」への回答を試みる。

この問いに答えるため、本書の著者は多くの変数要因を調べた。例えば、現代の世界にとって国力の本質とは一体何なのか? 現実主義者が主張するように軍事力や経済力といったハードパワーはいまだに最も重要なものか? あるいは、国際主義者が反論するように多国間の対話やソフトパワーの魅力が国家間のハードパワーの関係の本質を置き換える、あるいは減殺しているのか? 主要国間の通常兵器による戦争はもはや古く、したがって大規模な常駐軍の必要性もなくなってきているのか？　もし伝統的な国力の判断基準が古くなっているならば人口減少を気にする必要はないが、もし国々が国益を追い求め、より大きな経済力と軍事力をもってその国益を追求する場合には高齢化の状況が将来の勝者と敗者を決めるであろう。

経済に関していえば、新しいサービス型経済はその成長のために引き続き労働者と消費者の人口増を必要とするであろうか？　人口と国の開発発展の真の相互関係はどうなっているのか？いわゆる〝人口動態の配当〟は人口増をうまくスローダウンさせることができた国全てに生じるのか、それとも惰性と停滞がそのあとに始まるのか？

中国やインドの台頭がどの程度その豊富な労働力の結果なのか？　一般的に、労働生産性の向上には資本財、技術そして労働力の改善を必要とする。仮に技術がマンパワーに勝るかまたはそれを代替する場合、あるいは多くの若い労働力より数は少なくても年配の労働者のほうが生産性を高くすることができるならば、これからやってくる高齢化といった人口動態の変化も特に気にする必要はない。しかし、それが近い将来に一度に実現できない限り、国家経済に与える高齢化の大きな影響を避けることはいかなる国も不可能といえる。

おおまかにいって、大国にとっての人口減少の相対的な影響はどのようなものであろうか？起業家精神や知識生産、技術革新を求めるハングリー精神、外向きの精神、楽観性、軍事力、そして軍事行動を厭わない誇りや愛国心といった心構え、などといった定性的な面への影響や個別の経済及び国防予算に与える人口減少の影響といった定量面はどうであろうか？　主要国のそれぞれがいずれ（あるいはすでに）近隣地域における地政学的地位の評価において重要な変化を生じ得る人口動態の衰退と高齢化を経験することになろう。こういった相対的な変化が生じるにつれ、それらはいかに地域や国際的同盟関係に影響を与えるであろうか？　どのような大国の影響力が失われていくのであろうか？

米国の政治と軍の立案者は、衰退していくＥＵとこれから台頭するアジアに対し大きな政治的かつ経済的優位を確保すべくアメリカの人口動態の例外的な強みを利用していく用意ができているのであろうか？　ＥＵは世界の舞台で引き続き大きなプレゼンスを維持できるように自らの人口動態的衰退を補う対応策を世界に示せるであろうか？　言い換えればＥＵは、地政学的影響力を維持するためには強力な人口が必要であるという通常の地政学の英知に逆らい、多国間主義とかソフトパワーといった別の次元の価値で世界をリードできるのだろうか？

ロシアはかつての超大国としての遺産だけで同国の人口動態的衰退を補い、世界の大国としての地位を維持することが可能であろうか？　日本は経済的かつ地政学的に死を迎える運命にあるのだろうか、あるいはその技術力や国際機関への関与を通じ世界におけるリーダーシップを持続できるのだろうか？　台頭するアジアの巨人として中国とインドのどちらのほうが、地域のそして世界の大国となる思いを達成すべく人口の強みをうまく活用できる状況にあるのだろうか？　世界の高齢化はアジアの世紀の到来を早めるであろうか、それとも中国とその近隣諸国の関係を不安定にさせるだけだろうか？　最後に、世界の大半の地域と比較して出生率が高い（但し増加率は急速に減少しているが）イスラム圏は世界の安定にどのような影響を及ぼすであろうか？

本書ではこういった多くの問いかけを一つひとつ検討するにあたり、人口動態の衰退が新たな時代の国家間の平穏で協力的な関係を導くのか、それとも新たな時代の不安定や対立を導くのか、まずその疑問への解を暫定的ながらも提供する。

人口動態は人為の及ばぬ運命であると語る人もいるが、我々としては、それは必ずしも地政学上の運命ではないと信じている。国力を構成する計算式には多くの要素が組み込まれる。すなわち、政体、文化並びに技術（例えば当該国が核兵器を保有するかどうか）は全て重要。最も競争力のある国々は困難な選択を強いられるものの、人口動態の衰退がもたらす最悪の結果を避けられるような政策を採用することができる。

人口動態の平和か、乱気流の二〇世紀か？

国連は過去五〇年間で世界全体の出生率が六〇％下がったことを〝劇的〟と呼び、同時に寿命が二〇年延びたことを〝空前の出来事〟と表現した。六〇歳以上の高齢者数は三・五倍に増大した。この数は二〇五〇年までには三二カ国で二〇億人を超えると予想される。さらには、八〇歳を超える集団が高齢者の中でも最も早く増加している（次ページの表）。この最高齢者集団は一九五〇年には高齢者の一五分の一であったが、二〇〇七年までに七分の一にまで増え、二〇五〇年までに五人に一人の割合となると予想されている。この最高齢者集団の半分は中国、米国、イン

65歳以上人口と80歳以上人口の総人口比、年齢中央値、及び平均寿命

	65歳以上人口の総人口比 2010年（2050年）	80歳以上人口の総人口比 2010年（2050年）	年齢中央値	平均寿命
中国	8.2 （25.4）	1.4 （7.5）	34.4	72.7
フランス	16.8（25.3）	5.4（10.2）	39.9	81.0
ドイツ	20.4（33.7）	5.1（14.7）	44.3	79.8
インド	4.9 （11.3）	0.7 （2.2）	25.1	64.2
日本	22.7（38.7）	6.3（15.9）	44.7	82.7
ロシア	12.8（25.6）	2.9 （6.6）	37.9	67.7
英国	16.6（24.4）	4.6 （9.3）	39.8	79.6
米国	13.1（21.3）	3.8 （7.9）	36.9	78.0

出典：国連世界人口予想2010年改訂版

ド、日本及びドイツのわずか五カ国にまとまっている。この結果、扶養率（被扶養者一人当りの就労者数）を大きく引き下げてきた。過去五〇年で、高齢被扶養者に対する労働人口（一五歳から六四歳まで）の割合は世界全体で二五％下がった。先進国の場合はその減少率が五〇％近くとなっている。二〇五〇年までには今からさらに五五％も下がると予想されている。

国連によれば、世界的な高齢化の主な原因は出生率の低下にあり、それは高齢者の世代に比べ子供を産める年代層から出生する子供の数が減っているためだ。長い間、人口統計学者は全ての国々の出生率は女性一人当り二・一という人口代替率に収斂《しゅうれん》すると想定していた。ところが実際には出生率はさらにそれを下回り、どこまで減少するかはだれもわからない状況にある。そういった傾向の中でも世界の国々の間で出生率に差が出ているという事実は、今後数十年以内に主要国の安全保障環境に何らかの影響をもたらすと考えられる。パレスチナ人女性がイスラエルの女性の約二倍の数の子供を出産するという事実はすでに中東における安全保障上の力学を変化させており、このような状況はアフリカのサブサハラ（アフリカのサハラ砂漠以南の地域。北アフリカにはイスラム教国が多いのに対し、サブサハラの多くは、キリスト教が信仰されている）や欧州の都市にも見られる。

幾つかの国々では出生率が三以上で高止まりし、高齢化を遅らせている。米国のコロンビア大学の歴史学者、マシュー・コナリーは、開発途上国の場合、出生率を抑える人口抑制計画を持っていようがいまいが、その出生率はそれらの計画とは無関係に高止まりすることを説明している。また、ハーバード大学の政治科学者のラント・プリシェットは、政府が国民に対し〝理想的〟な子供の数をいかに喧伝しようが、その数を最終的に決めるのは両親の好みのみであることを説明している。人口統計に関し、人口抑制支持者も含めて、文化的規範や宗教的規範のほうが出生率減少傾向への関係が深いというコンセンサスを共有している。

はっきりしているのは、今現在の人口統計が各国の人口の将来をすでに決めてしまっており、国の指導者が人口動態の将来を変えることはできず、できるのは人口動態の変化が将来の地域相対的な安全保障環境に与える影響を評価しそれに備えることだけである。

それでは、現在の人口動態のトレンドから将来何が予想できるであろうか？　人口統計の専門家は、途上国が〝人口動態の変遷期〟（出生率と死亡率がそれぞれ上昇のピークを越えて低下傾向に入る期間）を完了させれば、先進国同様〝安全な人口動態〟の状態に入り、それは安定的で平穏な社会状態といえる。安全な人口動態の根拠は〝人口動態の平和〟の命題に基づいており、これは人口が急激に増える社会はより貧しく、暴力的で環境にとっても負荷がかかりやすく、一方、成熟した社会は豊かで安定しやすいという理屈である。

途上国において人口を抑制することの国内外における安全保障上のメリットは過去半世紀にわたる国際的な途上国支援政策を形成する原動力となっており、人口抑制プログラムへの世界最大の寄付を行う米国国際開発庁（ＵＳＡＩＤ）の知的基盤を形成している。米陸軍所属の軍人ウィリアム・ドレイパー将軍は人口抑制支援プログラムの生みの親であり、またＵＳＡＩＤを創設した人々もベトナム戦争退役軍人で、ベトナム戦争での〝人口抑制〟の対ゲリラ活動戦術を同じ名前のままＵＳＡＩＤの国際出生率削減プログラムに転換した人々である。このベトナムでの人口抑制作戦の訴求点は、戦場で新たなゲリラに直面するよりはそのゲリラが生まれるのを防ぐほうが良いという発想で、その影響がそのまま残った。すなわち、冷戦以降、安全な人口動態の発想は米国の諜報並びに軍事活動組織のトップに進言されてきた。

ところが過去数年間は逆に、人口増大よりも減少の危機のほうが注意を引くようになって、いまや〝人口動態の変遷期〟や〝安全な人口動態〟を無批判にそのまま展開することは難しくなってきている。人口と地政学に関する著名な研究を行った米国のリチャード・ジャクソンとニール・ホウの両氏は人口動態の変遷理論に疑問を呈し、人口動態の平和の命題を論破している。彼らは、いわゆる人口動態の変遷期に入っている国々が、従来の定説でいうところの平穏な社会状態を迎えるよりもむしろ、今から二〇二〇年代までに非常な混乱と時に暴力的な期間を迎える原因となると反論する。そして両氏は「今日の先進国がすでに人口動態変遷期を完了していて比較的平和で民主的であるからといって、今日の途上国で人口動態変遷期の完了に向かう国々が今よりも着実に平和で民主的な状態になるとは言えない」と結論づける。過去は将来の序幕にはならないと。

人口動態の変遷理論の支持者は一九九〇年代の「東アジアの虎」の成功を論証として指摘するが、実際にアジアの奇跡はこの虎止まりとなっている。ジャクソンとホウはむしろ東アジアの虎は同理論を証明できた例外のケースと呼ぶ。東アジアの虎に成功をもたらしたものは、出生率の低下や被扶養者率の低さといった人口動態面だけでなく、安定し効果的な政府、健全なマクロ経済政策、ビジネス寄りの税制や法・規制体系、法の統治に対する国民の信頼、人的資本への大量の公的投資、そして勤勉、親孝行、社会秩序を重視する文化的価値があった。中南米、アラブ世界、アジアのイスラム諸国並びに南アジア諸国も東アジアの虎並みの被扶養者率の大きな低下を経験したが、経済成長率では下回り、収入格差を縮めることに失敗している。この地域の生活水準の差は、実は彼らが人口動態の変遷期に入る以前の一九七五年に比べて悪化している。

過去数十年にわたる急激な出生率の低下はイランのような地域基軸国の将来の不安定化要因となる〝団塊の世代〟を生じかねない。現在、子供を産める世代の女性一人当りの子供の数は彼女の母親世代よりも少なくなっているものの、彼女の世代の数が圧倒的に多いため、結果として子供の総数も多い。このいわば団塊の世代の子供たちが二〇二〇年代から三〇年代にかけて成人していく。もしそのような国々の政府がそれまでに社会保障への国民の期待にこたえ切れていなければ、イランのような国では政治的混乱が生じるであろう。一般的に、途上国は欧州や日本が人口動態の変遷期に入る前にすでに持っていたソーシャルセーフティネットを持ち合わせていない。ニコラス・エバースタットが指摘したように、途上国は（中国のような圧倒的な規模や経済成長率を誇る国でも）裕福になる前に高齢化が訪れ、それ自体がそれぞれの国の内部の社会秩序をすでに不安定化させている。

〝人口動態の平和〟に関する常識が、混乱した国の失敗に焦点を当て過ぎ、純独裁主義のような世界的により不安定を巻き起こす脅威を無視しているとジャクソンとホウは結論づける。また、従来の人口動態の平和理論では、人口動態の変遷期に入っていて、貧しくもなく、高出生率国でもない多くの国々にまだ暴力的な社会があるという事実を無視している。

米国の社会学者ジャック・ゴールドストーンはさらに、人口動態の要因は暴力的紛争の背後にある複雑な原因の単なる一つにすぎないと論じる。長年、専門家らは人口増が限りある資源の争奪戦から暴力に繋がりやすいと論じてきたが、ゴールドストーンが指摘するように、資源争奪による環境の劣化は主たる国際的戦争の原因ではない。さらに、小規模な戦争は人口動態的要因ではなく、エリート指導層の振る舞いや対立解決に対するエリートの態度への国民の抵抗など別の要因から生じている。

言い換えれば、途上国の出生率を抑制することを目指した現在の開発支援プログラムがそれらの国々に繁栄と平和をもたらす確たる証拠はないということになる。むしろ、中国、ロシア及びインドの本書における調査結果は、高齢化に伴う高社会コスト化を負担しきれない途上国の経済と安全保障上の危険に警鐘を鳴らしている。

様々な国の国力に関する人口動態の平和理論の根底に流れる前提は、それぞれの国々が高齢化の危機に同じように対応を取るであろうというものだが、従来、専門家は一つのパターンが全ての人口動態と安全保障の分析にフィットするというアプローチを作ってきた。しかし中国やロシアがドイツや日本のような高齢化の危機対応を行うかどうかは全く定かではない。実際、本書の著者はそれぞれが担当した主要国の記述の中で国ごとに広く異なる対応を見いだしている。

主要先進国の人口動態の変化がもたらすもの

本書は主要国に焦点を当てている。すなわち、先進国として欧州各国、日本、そしてアメリカ合衆国であり、経済的、政治的発展の様々な段階にある中国、ロシア、インドを取り上げた。もちろんサブサハラ・アフリカのような地域の人口動態や安全保障の力学調査も重要だが、地政学あるいは国際的安定自体への影響は大きくない。本書での大きな懸念は主要国間の戦争の脅威であり、また、豊かな西側諸国が人口動態の衰退と共に、その国際的な安全保障の義務を履行する能力も衰退していることであり、途上国で核兵器を保有する大国が平和的に台頭するのか、それ

国力の下降、人口規模による大国ランキングの変化

ランク	1950	2005	2050
1	カナダ	中国	インド
2	インド	インド	中国
3	アメリカ	アメリカ	アメリカ
4	ロシア	インドネシア	インドネシア
5	日本	ブラジル	パキスタン
6	インドネシア	パキスタン	エチオピア
7	ドイツ	バングラデシュ	ナイジェリア
8	ブラジル	ナイジェリア	ブラジル
9	イギリス	ロシア	バングラデシュ
10	イタリア	日本	フィリピン
11	バングラデシュ	メキシコ	メキシコ
12	フランス	フィリピン	コンゴ
		ドイツ（15）	ロシア（16）
		フランス（21）	日本（20）
		イギリス（22）	ドイツ（21）
		イタリア（23）	イギリス（22）
			フランス（24）
			イタリア（28）

出典：米国国勢調査局（2010年12月更新）

とも地域的、国際的紛争を生じるのかどうかである。

従って本書は、今日の主要国と将来これらの国々の競争相手となる国々の分析に集中する。一九五〇年には先進国が世界の人口上位国のほとんどを占めていた。今日、先進国はその上位リストにわずか三カ国だけがかろうじて残っているが、二〇五〇年までには米国以外の二カ国はそのリストから落ちる（上の表）。

アメリカの最も重要な同盟関係の運命は剣が峰にあり、本書では人口動態の衰退が国家間の関係をさらに危機に陥れる可能性について焦点を絞り深く検証している。国力というものを理解するために、まず軍事力と戦略的力を

評価すべきと考える。従来の研究はこの繋がりを十分に扱ってこなかった。米国のカーネギー国際平和基金のアシュレー・テリスが記述したとおり、「目に見えた軍事資産を几帳面に詳述するだけでなく、イノベーションを起こす素質、社会制度の健全性、知識基盤の質といった形で具現化される広範な能力――それらはすべて有効な軍事力という国家間の力関係にとっていまだ基盤的な一つの要素を作り出す一国の許容力に影響を与える――をも詳細に検証しなければならない」。軍事力を評価するために本書の著者は、今後数十年にわたる大がかりな主要国間のパワーポリティクスの再編に影響を与えると予想される標準的、技術的、社会的、政治的な要因を横断的に考慮している。

世界の力の均衡が変わると世界の秩序の不安定化を招きやすい。大国の隆盛や衰退は歴史的に他の大国をしてその軍事的、戦略的姿勢や同盟関係を変化させ、果ては軍事的冒険を冒さしめる。今日の主要国がそれぞれ将来の力の均衡の変化にどのように反応するかを知るにはそういった国々がその力をふるう目的を知っておく必要がある。逆に、新たな地位を得ると（あるいはその地位に至る道が見えると）、国の新たな目的が形成される場合もある。日本は人口の絶対数も緊縮に向かい、二〇一〇年には中国に世界二位の経済の地位を奪われた。多くの日本人は悔しさよりもむしろ安堵の気持ちでこのニュースを歓迎した。一方で、日本の外交政策責任者は世界の舞台から退却するつもりは毛頭ない。その逆で、日本はグローバルプレーヤーとしての地位を維持すべく国際的な約束ごとを増やしている。しかしながら、日本の軍事力はその約束を果たすためには不十分である。人口動態の衰退は一つの国をしてその国家目的や国際的役割の実現を妨げ、あるいはそれらを縮小させたり放棄させたりしかねない。

日本は世界の高齢化をリードしており、人口減がその国の世界における地位にどのような影響を与えるのか、同じトレンドで後を追う欧州に参考となるモデルを提供する。国連を支援し、国際的な法体制に関与し、米国との信頼のおける経済的、軍事的同盟関係を保つ国際的チームプレーヤーとしての日本の評判は人口が減少していく中でも十分にその地位を保つことはできるであろうか？

一つのリトマステストは、将来国連の組織改革の一環で国連安全保障常任理事国の椅子を日本が得られるかどうか。核兵器非保有国である日本の見通しは難しく、もしインドがアジアで二国目の常任理事国となれば日本の衰退を強調することになるだけといえる。

ロシアの底知れぬ出生率の低下と衝撃的な高死亡率、そして移民流入の停滞は日本と同様に絶対的な人口減少を生じている。同国は世界の超大国から一九九一年に経済的に無力な状況へと様変わりした。過去一〇年のロシアの権威主義的政治・経済政策への回帰は国内の秩序を維持するためだけでなく国際的威信を取り戻すことを目指している。ロシアは軍事力と経済力を再建するまでの間、国連安全保障理事会で拒否権を振り回し、わずかに残った特権を梃子《てこ》に、場面を限ってかつてのライバルのアメリカと対峙してきた。

しかし、その人口動態の病的な状況の結果、同国の軍事近代化計画の野望の上に暗雲がたちこめている。軍事近代化計画はもっぱら、ロシアの巨大な埋蔵量の石油・ガスを国際市場に依存して販売していくことで賄われている。今の市況は下降気味だが、いずれまた価格が上昇し、ロシアが大国としての地位を維持するに十分なほどの軍の変革ができるかもしれない。しかしながら、その人口動態を考慮すると、ロシアは第二次世界大戦を勝利に導き、その後の冷戦期にNATOと対峙した規模の軍事力を展開することはないであろう。軍隊の今の危機的な健康問題を考慮すると、今後ロシアが大国間でしのぎを削る地位を維持するのは困難といえよう。

日本もロシアも、現在あるいは将来の世界における指導的役割を、国際機関を通じて発揮することを当てにしている。しかしながら、そういった国際機関が将来も世界におけるその輿望《よぼう》を担い続ける保証はなく、特に世界の高齢化は今後個々の主権国家をして自らの負担で役割を果たさせることを求めていくことになる。そうなれば失うものが最も大きいのは国際機関派の欧州といえる。

欧州生まれの人口は低い出生率と移民のお陰で相対的に減少する。欧州は社会民主主義の高い代価によって力が弱まっていく。同時に、欧州はその安全保障政策の目標を国連の目標に設定しており、その目標実現のために平和維持活動に重点を置くように軍事政策を位置付けている。さらに重要な点として、欧州の理念（そしてその影響力の展開）は第二次世界大戦以降、市民の行動力を前提としている。例えば、兵員不足や兵器のハードパワーの費用を、国際機関や欧州機関が中心となる人権やその他の規範的な観点のソフトパワーで代替する市民の力で補っている。

人口動態は定められた運命のような人為的に変えられないものではないが、可能性の限界を規定してしまうものではある。インドや中国の人口は現状、巨大な国内市場と輸出を支える安い労働力を可能にしている。中国とインドは世界最多の人口を誇る国ではあるものの、今後数十年でその世界一への台頭を遅らせるか、あるいは困難にする多くの経済的、社会的、そして環境上の問題に直面することになる。

中国が直面する問題の中でも最たるものは、市民からの民主化や経済開放の要求に応えようとする中央政府の政策的刺激では満たされず、現在の政体の変革を求める手に負えない人々の増大といえる。これまで続いてきた中国の政体は、強制的な方法で出生率を上げさせたかと思えば、その後は逆にそれを抑えにかかった。これらの人為的努力でもたらされた人口動態的恩恵がどうであれ、それらの恩恵はすべて享受済みで、今後はそれらの恩恵に対するツケが残る。すなわち、これからの中国の労働力や徴兵可能な若者の数は今後数十年間で減少していくことになる。

インドは一九六〇年代から七〇年代にかけて厳格な人口抑制政策を制度化したが、ヒンズー教とイスラム教信者の中でも貧しい世帯の出生率を大きく抑制することはできなかった。逆に、比較的裕福なヒンズー教信者の世帯は出生率が低く小家族化が常識化していったため、インドの出生率は二つのパターンに分かれ、教育が遅れた北部の出生率が高くなった。平均すると高いインドの出生率はインドをしていずれ中国の人口を抜き世界最大の人口に押し上げる。人口の強みを軍事力や経済力に転換するためには、インド政府は高い社会的なハードルを乗り越えて生産性の向上と情報化時代に沿う軍の充実を図る必要がある。

国力と人口の関係に関する疑問に対し、米国の例は最も例示しやすい解答となる。米国の人口は三億を超えたところで、その規模はインドや中国の三分の一程度だが、経済規模は中国の四倍、インドの一〇倍以上である。アメリカの軍事力は一般的に米国全体の人口構成と比べ若く教育レベルが高い。彼等は世界で最も技術的に熟達している（そしてイラク、アフガニスタン戦を通じ最も戦闘を経験した）軍隊である。専門家は米軍の器の大きさが平均三五歳の若い皆志願兵軍であることに支えられていると称える。その軍の維持はうまくいっているが費用は高くつく。二〇〇八年の世界同時経済不況後は国防予算がもっぱら支出削減の標的となっており、多くの意思決定者は気づいていないが、今日なされる支出削減の決定は数十年先の戦略的結果をもたらすことになる。

人口動態が近い将来起こす革命的変化は固い岩を削って穴を作ってしまう多くの水滴のようなもので、多くの人々の個々の選択、すなわちもう一人子供をもうけるかどうか、身を固める時期を遅らせるかどうか、子供をつくるかどうかといった判断の集大成の結果である。こうした選択は過去数十年の間の多くの社会的かつ文化的な変化の影響を受けてなされており、その結果として我々がいま目撃している世界の出生率は世界のトップクラスの人口動態学者の予想をも上回るスピードで自然落下状態にある。政策決定者は世界の高齢化の原因となるこういった個々の選択を変えさせることはできないが、それがもたらし得る結果＝地政学（地域の力関係）に影響を与えることは可能かもしれない。

第1章　人口動態の見通し、前例と原則

1. 世界の高齢化がもたらす地政学的影響

フィリップ・ロングマン（ニューアメリカファウンデーション上級研究員）

世界規模で襲う少子高齢化の大波（二〇一〇～二〇二〇年）

洋の東西や国の貧富の差、そしていかなる政体も問わず二一世紀の今発生している一つの世界共通のトレンドが歴史的人口動態の変化であり、これは空前のかつてないものである。日本とロシアという二つの主要国ではすでに人口の絶対数が減少中である。出生率の低下により、アメリカ合衆国を除く全ての先進国の労働人口の伸びが今後五年以内に頭打ちになる。三〇年前、全ての先進国が世代交代において安定した人口を維持し続けるために必要なだけの子供を出産していた。今日、米国とフランスの出生率のみが人口維持に必要な平均二・一に近いところにあり、それ以外の先進国は遥かに低い。

少子化とともに、高齢化も急速に進んでいる。先進国では今日、六五歳以上の人口が総人口の一六％を占める。国連人口部の予想では、その高齢者のシェアは、二〇三〇年で二三％、二〇五〇年には二六％に跳ね上がる。

ところがこの少子高齢化は途上国でも生じており、多くの国々が豊かになる前に年老いている。闘争的イスラム教徒の聖職者たちの厳しい統治下にあるイランでは、出生率が六・六から二・一と三分の一以下に下がり、人口維持ぎりぎりのところにある。ほかにトルコ、モロッコ、レバノンの三つのイスラム諸国も出生率が人口代替率（二・一）かそれ以下に下がっている。この世界的トレンドの唯一の例外はパキスタンで、出生率は二〇世紀半ばよりも三分の一も下がったとはいえ、それでも三・七九と非常に高い。これに対し、インドは二・八であり、かつその南部各州では人口代替率（二・一）をすでに下回っている。インドの出生率の落下の速度からしてその高齢化のスピードは来る五〇年で米国の三倍の速さに達すると予想される。

もっぱら一人っ子政策によりもたらされた中国の少子化は労働人口を二〇一五年から縮小させていく。そして二〇年後には総人口も減少し始める。一方でその頃には高齢者の数は今の二倍に膨れ上がる。ブラジル、チリ及びメキシコの中南米諸国も出生率の低下傾向から今世紀半ばまでにはその平均年齢が米国よりも高くなっていると予想されている。

総括すると、現在世界の四四％の人口を占める五九カ国で、出生率が人口代替率（二・一）を下回っており、その国数は増えている。国連の予想では、二〇五〇年までにはこの人口代替率を下回る出生率の国の割合が七五％に達するという。

この世界の少子高齢化のトレンドは、国家間の力関係と地政学にどのような影響をもたらすのであろうか？　以下に三つのシナリオを提示する。それぞれ、短期と長期に分けてその影響を分析する。

短期的ベストケースシナリオ（最も楽観的）

少子化により世界人口の増加が緩やかになっていくことには幾つかの恩恵がある。多くのエコノミストは、日本を筆頭に一九六〇年代から始まった東アジア諸国の大きな経済急成長は出生率の低下がもたらしたものと信じている。総人口に占める子供の割合が減るとともに、被扶養者依存率も下がり、その結果投資や消費により多くの資金が投じられるようになる。東アジアでは一九六五年から一九九〇年までの間に労働人口の成長率が被扶養者人口のそれの四倍の速度で上昇し、投資や消費と共に女性労働力の拡大にも繋がった。中国の急速な産業化は総人口に占める被扶養子供人口の割合の劇的な低下に支えられている。

次の一〇年では中東がこのいわゆる「人口動態の配当」を手にする可能性がある。中東のどの国も過去二〇年間で出生率が下がってきている。結果として起こっている平均年齢の「中年齢化」は被扶養者負担率を下げ、余った財資をインフラや産業発展のために投資できることになる。また、若い成年男子の割合が相対的に減ることで急進的な動きも減っていく可能性はある。中年齢化により人々は医療保障や老後の蓄えといった現実的な問題のほうに関心が高くなるためである。とはいえ過去の人口増の勢いが当分続くため、水資源やその他の中東での天然資源の獲得をめぐってはかなりの緊張関係が予想される。この人口増の圧力も少子化と共に徐々に減じていく。また、中東やその他の途上国での高齢者の割合の伸びはこれまでの歴史や世界のどの地域でもかつて経験したことのない速さで進んでいる。

先進国の世界の人口とＧＤＰに占める割合は着実に低下してきており、それが世界における影響力も低下させている。同時に、先進国の中では米国の人口とＧＤＰの割合が今後も着実に増えていくことから、少なくとも先進国に対する米国の影響力は強化されていく。

米国にとっての三つの最大の脅威は、持続不可能なほどに高い医療コスト、エネルギー資源の海外依存、そして規制が効かず肥大化した金融部門である。今の米国の困難な政治状況からして、これら三つの問題は手に負えないようにも見えるが、実際は政策や技術面で比較的簡単な変更を行うことで全て対応可能なものばかりである。ほかの先進国の例を見れば、米国が国民の健康に悪影響を与えずに国民一人当たりの医療支出を今の半分に削減することは可能である。スイスは国民一人当りのＧＤＰ額はアメリカより七〇％も高いが、それを米国の国民一人当りのエネルギー消費量の半分で実現している。その秘密は鉄道の効果的な利用である。そして、アメリカが直面しているこれらの問題はロシアや日本、そしてＥＵという大国や地域が直面する人口動態の衰退という政策的解決策や自律的回復のメカニズムのない大問題とは比べものにならない。

理論的には世界の効率的な金融市場は高齢化の問題を緩和するはずである。日本と欧州が年金資金を比較的若い人口を有する国々の発展する市場に投資し、そのリターンで長期的財政赤字を減らしていくことは可能であろう。投資を受けたこれらの国々ではその資金を使って開発を進めることで、彼ら自身の将来の高齢被扶養者負担増を充分賄える経済発展を果たすことは可能である。先進国との間で継続的な貿易黒字をあげているインドや中国のような国々では海外の大規模な資産を取得することも可能となる。このベストケースシナリオではグローバル化の継続と世界の金融市場の統合、そして貿易収支の均衡が持続可能なレベルで収まることを前提としている。保護主義の復活や高エネルギーコスト、テロの恐怖といった問題などからこの前提が過去二〇年で見られたペースで前進する保証は必ずしもない。

途上国から先進国に移民が大量に流れることは現在の地域ごとの年齢格差を是正していく助けにはなる。米国は移民を魅了し、アメリカに同化させることに成功することで人口増のトレンドを保っている。欧州や日本が参考にできるモデルといえる。ただ、大量の移民の受け入れは安全保障や政治面での懸念から制約を受ける可能性もある。理論上は高齢化社会は若い移民の受け入れで恩恵を受けるはずだが、実際には高齢化社会は文化的自負を失わぬようますます生粋・純血主義への傾向を増しているように見える。

先進国では、高齢化問題を女性と高齢者自身の労働参加増によりある程度緩和できる可能性がある。現在、ＥＵでは六〇歳人口のうち、五〇％の男性と四〇％の女性がまだ現役で働いている。欧州委員会の予想では、ＥＵ二五カ国の一五歳から六四歳までの年代層の労働参加率は二〇〇七年の六五・五％から二〇二〇年には六九％にまで上昇すると見ている。増加の理由は女性の労働参加率増である。もしこれが実現すれば欧州の労働力は二〇一九年までは増え続ける。同時にワークライフバランスの改善を意図した家族控除や柔軟な勤務体系といった施策は、スカンジナビア諸国やフランスで出生率の改善と女性の仕事従事の両立に成果をあげている。

短期的ベースラインシナリオ（現実的）

スウェーデン、ドイツ、英国及び日本などで年金支給年齢を高めたり、支給額の下方修正などを行ったりしているが、高齢者への支出を抑えること自体が政治的に非常に困難であり、社会の安定にもマイナスとなりやすい。

米国では老後の蓄え不足、過度の消費者借入、民間年金プランの低収益性、高騰する医療費、そして世界同時不況に伴う自宅の時価減少などから、平均的退職年齢を迎える第二次世界大戦後生まれの団塊の世代（ベビーブーマー）は非常に悪化した老後環境を迎えることになる。二〇〇九年四月に公表されたバークレー・グローバル・インベスターズの世論調査では、アメリカの団塊の世代の、しかも老後の蓄えのある人の五八％が死ぬまで働き続けると回答している。

ところが米国はもとより世界共通のトレンドとして、働き続けることで老後の厳しい環境に対応するという動きも健康問題により邪魔をされつつある。高齢者の平均余命は貧困層以外はまだ伸びているものの、慢性病罹患率や体が不自由になる割合も同様に伸びている。一九九五年から二〇〇〇年の間、肥満と診断された成人の数は世界で二億人から三億人に増大し、そのうち一億一五〇〇万人は途上国に住んでいる。今や世界で一〇億人を超える人々が体重過多にあり、心臓病から糖尿病まで慢性症状の世界的流行病を作る原因になっている。同時に、高脂肪で不健康な加工食品が多い「西洋の」食生活が大量に世界に出回っている。現代の医薬品を用いた療法も米国では誰にでも手の届くものとなっているにもかかわらず、高齢者の健康や生産性を改善することに全く役立っていない。

これらのトレンドは「生産的高齢化」の黄金時代がやってくるという予測とは全く異なるものとなっている。一方で技術の急速な進化のトレンドは多くの労働者の技能を急速に陳腐化させている。個別には優れた貢献をしている高齢者もいるが、彼らは今のところその世代の中の少数派である。

子供のいない高齢者が増えていることも問題となっている。平均的退職年齢に近づいている米国人の約一七%が子供を持ったことのない人々で、欧州ではこの割合が二〇%から二五%と見られている。たとえどれだけ社会福祉の進んだ国であっても、それぞれの国の医療体制に沿った対応を理解し医療機関を探したり、介護が必要な場合に介護施設を探したりする面倒を見てくれる家族がいないとすれば大変なことになる。ましてや、老人福祉が整っていない国においては子供のいないことによる個人の経費負担は膨大になる。二〇〇〇年代初頭において中国の都市部に住む高齢者は平均三人の成人の子供がいて、必要に応じ面倒を見る負担を分担できたが、二〇二五年にはその数が一・三人にまで減少する。

一九九〇年代を通じ、そして二〇〇八年に始まった世界経済危機に至るまで、世界銀行やその他名だたる世界機関が高齢者対応として持っていた老後の財政的準備に関する常識は、個人の貯蓄と統合された資本市場への投資を増やすことがベストであるというものであった。

公的年金では現役世代が退職者を支える構図で、人口増が続く限り自分が支払った掛金に対するリターンも気前のよいものとなる。人口増が見込まれない場合、そのリターンは生産性の増大か給与の増大幅の中に限定される。それに対し、資本市場への投資のリターンは人口動態の落ち込みを補って余りあるものとなり得るというのが世銀などの常識の前提であった。

世界中でこの発想は在来型の公的年金プログラムを停滞させ、代わって個人が退職前に基金を積み上げ、雇用主や時に政府がそのマッチングファンドを提供していく、いわゆる「個人年金口座」の実現を推進した。英国、豪州、スウェーデンはこのアプローチのリーダー格である。カナダは政府が公的年金基金を民間経済に投資するという点ではハイブリッド（混合）型を志向している。

理論的には、高齢化社会において、各世代が老後に備えて事前に資本市場に投資し、その金が最終的に新たな世代の生産性を高めることに繋がれば完璧な構図といえる。しかしながら、現実的には今回の世界経済危機で老後の蓄えのかなりの部分が消失してしまった。世界の金融市場が明らかに過度のリスクをとってしまった結果である。さらに、人々から事前に投資された金は次の世代の生産性を高めるために使われず、住宅ローンやクレジットカードなどの融資条件を下げることで今の消費を促す方に使われてしまった。今回の危機の影響が来る一〇年にいかなる影響を与えるかはまだ明らかではないが、以下のような幾つかの明白なトレンドもある。

・銀行と金融市場に対する規制が強まる。
・欧米の消費者に象徴される借金に基づく消費は減り、世界経済の成長エンジンとしての役割も減る。
・各国の国民は政府の役割として金融市場リスクや失業リスクからの保護を求める。
・労働年齢人口の停滞や減少は、生産性を劇的に高める「ゲームチェンジャー」的技術革新がない限り経済成長を遅らせる。
・資本主義やグローバル主義への無制限の楽観や信奉は減退する。

短期的ワーストケースシナリオ（悲観論）

ジョン・メイナード・ケインズやアメリカのアルヴィン・ハンセンのような一九三〇年代の大恐慌の目撃者は、恐慌の根源的原因を西側諸国の当時の出生率の低下のせいにしていた。すなわち、人口の増大は労働力を増大し、財とサービスの需要を増大させる。資本家は増える労働力を買い、増大した需要を満たす財とサービスを作り、販売する。この増大過程が投資家の動物的勘を維持していくことに重要な役割を果たしていた、というもの。英国の著名な経済学者ジョン・ヒックスはケインズの理論を研究した彼の代表的な論文において次のように述べている。

人口増によって可能となる市場の継続拡大への期待は起業家精神の維持・高揚にとっても良

いことである。たとえその時の発明発見が優れたものでなくとも、人口増は投資を力強く前進させ、従って雇用も増進させる。過去二〇〇年ものあいだの産業革命は実は革命そのものよりもその間の空前の人口増にもっぱら誘発された単なる永続的好況であったのではないかとの思いを抑えきれない。

今日、世界経済の停滞原因の分析はもっぱら金融制度に焦点を当てている。投資銀行やヘッジファンドなどのシャドーバンキングの急成長や新しい金融手法の複雑で合成・複合的性格、モラルハザードの問題、高すぎるレバレッジ（自己資本の低さ）の問題などである。しかしながら、そこから一歩離れると、こういった過度のリスクを取らざるを得ない根本的な原因として、実業の分野に高いリターンをもたらす投資機会が少なかったからであり、投資機会の減った原因が人口増の弱まりにあったのではないかとの考えを抑えきれない。

日本経済の停滞の始まりは一九八〇年代末の労働人口の伸びが低下し始めた時と一致する。西側諸国の人口増の低下は過剰供給力の根本原因となっているとの議論があり、過剰供給が見られる国ではそれを輸出に振り替えている。外資の還流や資産価値上昇に支えられた消費者金融の拡大は米国や多くの欧州諸国で長い間、高い消費需要を維持してきた。ところが減速する人口増加率を前に、この消費トレンドは消費者のバランスシートの悪化や消費の飽和もあって持続不可能なものとなってしまった。ｉＰｏｄの需要にしても高画質テレビの需要にしても世帯数と人数に制約される。

もしこの分析が正しいならば、次の大恐慌を避けるには人口が増え、消費者のニーズも強い市場において効果的にその消費需要を増大化させていくことである。この需要増大は自然に自動的に発生し、長期的に継続すると考える向きもいるかもしれない。実際はそうではなく、経済的にも社会的にも混乱を伴う変化を経ていく必要がある。

アフリカやロシア、そして多くの中東諸国では不正腐敗の問題から民族対立といった手に負えないように見える問題を抱え、これらを乗り越えなければ大量で豊かな中流層を作り出すことはできない。インド、中国、その他輸出志向型の国々では経済を再構築し国内消費を刺激する必要がある。ただそれも簡単ではない。彼らの国内のエネルギー消費や食料価格を急騰させず、また大きな輸出先である米国に対する資金の還流を絶やすことなく、かつ、急速に高齢化していく国民に対する社会保障を提供しながら国内消費を活性化するということは並大抵のことではない。そして温暖化ガス排出と気候変動問題の相関関係を真剣に捉えるならば、この人口増の消費に基づく持続的経済成長を模索する世界の中流層育成化の動きは、さらに大変困難なものとなる。

二〇二〇年代の問題とは

二〇二〇年代には今起こっている人口動態の最大の影響が登場してくることになる。その頃には世界のほとんどの地域で大量の団塊の世代の人々が一度に高齢者の問題を経験していることになる。同時に「若者の塊」のジュニアの問題が中東の様々な地域で発生している可能性がある。中東諸国の出生率は一貫して下がってはいるが、それでも元々「若者の塊」と呼ばれる大量の人数を抱える年代層が子供を持つとその絶対数はまた塊となる。具体的には一五歳から二四歳までの若者の人口の増加率は一九九〇年から二〇〇五年で二・六％であったものが、二〇〇五年から二〇二〇年でいったん〇・九％にまで下がる見込みで、これは最初の「若者の塊」が二五歳以上になっていくからであるが、次に二〇二〇年から二〇三五年ではその増加率が一・九％に急増する。これはそのジュニアが一五歳以上になっていくためである。

国際戦略問題研究所の地政学戦略家のネール・ホウとリチャード・ジャクソンはこう解説する。「二〇二〇年代に生じるこのジュニアブームは過去二〇年から二五年のあいだで出生率の落ち込みが最も早く、したがって若者人口の減少が最も急速に起こっている国で最大となる。例えば、イランは一九八〇年では六・六の出生率であったものが二〇〇五年には二・一にまで下がり、一五歳から二四歳までの人口は二〇〇五年から二〇二〇年までのあいだに三四％も減少するが、二〇二〇年から二〇三五年の間にまた三四％増大する。これはジュニアブームのおかげである」と。多くのほかのイスラム国も二〇二〇年代に同様のジュニアブームを迎える。

中央アジアの旧ソビエト共和国の多くもまた二〇二〇年代にこのジュニアブームを迎える。モンゴル帝国、ペルシャ帝国の時代からロシア、大英帝国の時代まで常に大国のぶつかり合う場であった中央アジアは、膨大な埋蔵量の天然ガスや石油などが確認されていることから新たなる大国間の地政学上の競合に巻き込まれかねない。南米でいまだ不安定なペルーやベネズエラでも二〇二〇年代にこのジュニアブームを迎えると予想される。

二〇二〇年代には今日の男女間比率の不均衡の問題の帰結を世界の様々な地域で目撃することになる。通常であれば、一〇五人の男児出産に対し、一〇〇人の女児が生まれてくるが、インドではそれが一一〇対一〇〇、中国では一一七対一〇〇といびつになっており、この不均衡は良くない結果をもたらしかねない。今日、中国で「失われた女の子」と呼ばれる男児に対する女児不足は、将来の花嫁不足を意味する。中国では二〇二〇年に三〇〇〇万人もの結婚適齢の男性の超過数（総数から同年代の女性を差し引いた数）が生じている。インドでも同様である。

二〇二〇年代には少子化に伴う軍の兵員不足と、高齢化に伴う財政不足が各国間の戦争の戦い方や、戦う相手を左右する。その頃には、米国は、自らの国境を超えて大量の常備軍を国外に投入できるだけの十分な兵員と装備品を持つ唯一の国となっているであろう。しかしながら、二〇二〇年代には軍役に適合できる健康なアメリカ人の総数は大幅に減っており、また財政支出に占める「高齢者保障費」の割合の増大が軍の装備品調達を抑制している可能性がある。確かに、国の力は大規模な陸軍や海軍を組成し、維持する力では必ずしもなくなっているが、一方で軍事力を投入する技術、例えばレーザー誘導兵器、ステルス航空機、ＧＰＳ航法装置、原子力空母、といったものを支える技術力は米国政府が大量の投資を行うことで築いてきたものであり、もし年金や医療保障の政府支出を現状のペースで増やすならば、二〇二〇年代には米国はもはやかかる技術投資の余裕を失っているかもしれない。

全く同じ論点で米国の海外開発支援の将来も懸念される。

遥か遠くインドを見ると、その人口動態がもたらす将来は複雑である。二〇二〇年代にはインドは中国を抜いて世界最大の人口国となる見通しである。インド南部では出生率が落ちていることから高齢化も始まってはいるが、中国で見られるような高齢化の速さではない。インドの六五歳以上の人口は現在の六〇〇〇万人から二〇五〇年には二億二一〇〇万人に増大していると予想される。そしてその期間の人口増分の内の四〇%が高齢者内で生じる見通しである。これらは高齢者の大きな増大と見えるが、それでも二〇五〇年頃のインドの六五歳以上の総人口比はわずか一三・七%で日本や欧州の今日と比べても遥かに低い。

インドの人口動態の別の特徴として、地域や信教、教育の違いで出生率が大きく異なることが挙げられる。特にイスラム系共同体とヒンズー系共同体との間で顕著に異なる。二〇〇一年の国勢調査ではイスラム系の出生率が三・〇六、ヒンズー系が二・四七であった。また、教育を受けた女性と非識字の女性とのあいだに顕著な出生率の差があり、都市部の女性で高等教育を受けた女性の出生率は一・六であるのに対し、地方の非識字の女性は平均四・一となっている。

中長期的（二〇年〜五〇年先）ベストケースシナリオ

適切にさえ管理されれば、現在世界中で起こっている人口動態の変化は新たな時代の安定と繁栄、そして文化的かつ政治的成熟をもたらす可能性がある。これは特に、出生率は落ちつつも労働人口はまだ増加している地域ならなおさらである。現状全ての先進国で見られる人口代替率を下回る出生率も、両親にとっての子供を産み育てる費用を削減し、仕事と家庭生活の間の緊張を緩和する施策を取れば上昇するかもしれない。

二〇〇〇年の時点で四〇歳であった欧米の女性への出産に関するアンケート調査では、妊娠出産可能な適齢期の最後を迎える彼女らは、もっと子供を産みたかったと回答している。この一九六〇年生まれの女性の中で、アメリカ人女性は平均二・三人の子供を欲していたが、実際に産んだ数は一二%少なかった。欧州の女性はこのギャップがもっと大きかった。この世論調査を受けた欧州の女性が望む数の子供が生まれていれば欧州大陸の人口減の見通しも変わっていた。

継続的技術革新は生産性の向上をもたらし、高齢化社会であっても利益をもたらしてくれる。ただ、その利益のより多くの部分を健康保険に支払っていくことになる。それでも、医療提供の効率を高めることで被保険者の負担を減らすことは可能である。例えば、典型的なアメリカ人は年間の食料を確保するため、年間二六〇時間仕事をしなければならない。ところが農業の生産性が最近の向上率の三分の二のレベルで上昇し続ければ、二〇四〇年には家族の食料は年間一六〇時間分の労働で賄えることになる。

世界の人口増のスピードが落ちるかあるいはその絶対数が減少し、「若者の塊」と呼ばれる突出した若年成人男性が減少していくと天然資源の獲得競争は減り、環境が改善され、全般的により平和で豊かな世界をもたらすであろう。戦略家筋の何人かは世界中で生じる高齢化が「老人の平和」をもたらすと語っている。一人っ子世帯が世界の主流となれば、軍の人員損耗に対する世間の許容度が下がり、徴兵に対する抵抗が増していくであろう。

中長期的ベースラインシナリオ

もし欧州の現在の出生率約一・五が二〇二〇年まで継続する場合、今世紀末までに欧州の人口は八八〇〇万人減る。欧州各国の出生率が不変であれば、二〇五〇年の時点で人口減少を避けられるのは国連の予測ではフランス、イギリス、アイルランドおよびルクセンブルクのみである。そして、これらの国々であっても急速な高齢化は避けられない。フランスの場合、労働人口は二〇五〇年までに九％以上下がり、高齢者人口は七九％増える。

二〇五〇年までに欧州では一〇〇人の現役労働者に対し、七五人の退職者がいる勘定となる。スペインとイタリアでは退職者対現役労働者の比率は一対一になると予想されている。今世紀半ばまでには、欧州のほとんどの成人は親戚がいなくなる。イタリアでは五分の三の子供たちが兄弟もいとこも叔母も叔父もおらず、両親、祖父母そしておそらくは曾祖父母のみの直系家族のみとなる。移民の社会であっても、子供の数が二人以上という家庭は非常にまれになっている。

もし米国が現在の出生率と移民受け入れ率を維持できれば、アメリカはその国民規模を大きく増やし、欧州や日本に比較して地政学的力を増大させることができるであろう。ただ、今のトレンドではほかの先進国同様の出生率にまでいずれ下がる可能性がある。主な人種の中で、ヒスパニックのみが人口代替率を超えている状況にある。

一方、米国が移民率を今以上の高さで継続できるかはわからない。というのもテロに対する安全上の懸念が高まっているからだ。もう一つは移民に対する文化的な反発がある。また、移民の「供給」の低下の可能性もある。メキシコの人口動態学者は同国の出生率が公式発表の二・五はもとより人口代替率をも下回っていると語る。プエルトリコはすでに出生率が人口代替率をかなり下回っており、年齢の中央値が三一・八歳という状況で、もはやアメリカに移民を送り出してはいない。中南米と西インド諸島諸国の出生率は全般的に下降しており、ブラジルやチリ、キューバなどを含め人口代替率を下回っている国もある。

仮に中国の経済成長率が現在のペースで続けば、二〇二〇年までに米国に追いつく可能性がある。ただ、真の経済大国として登場する前に、人口動態の問題にも対処すべきであるが、まだその素振りは見られない。仮に将来の出生率の大幅な回復を見込んだとしても、国連は二〇五〇年までに中国の四人に一人が高齢者になっていると予想する。出生率の回復が大幅でないシナリオにおいては、二〇五〇年に中国は現役労働者二名で一人の退職者を支えていく超高齢化社会になっていると予想する。

世界全体として、国連などの予想では、世界の総人口は今四〇代と五〇代の人々が生きているうちに、そして今の子供たちが引退する前に下降し始める。有名な雑誌「ネーチャー」に発表されたオーストリアの著名な国際応用システム分析研究所による調査結果によれば、世界人口は二〇七〇年以前にピークを迎え、急速に下降する。このシナリオにおいて、人口増があり得る分野は六〇歳以上のカテゴリーのみとなる。

中長期的ワーストケースシナリオ

ある生物学者は、現代の人類が、子供の数が少ないほど適合性の高い、成功しやすい環境を作り出していると考えている。ますます多くの人類が都市部に暮らす状況下、子供は両親にとって経済的恩恵はもたらさず、むしろ経済的成功にとっては高くつくため、この環境に適合した成功者は子供を作ろうとしない。まだ成功できていない多くの人はこの成功者を真似ようとする。

「途上国のすべての地域で出生率が下がり始めた様々な状況やその低下と最も相関関係のありそうな教育、報道、近代化のイデオロギーといったものが示しているのは、他者が行っていることを行いたいという欲求が少子化を促しているということである」と、ハーバード人口・開発調査センターのアラカ・マルワデ・バスは説明する。

そうなると将来の子供はどこからやってくるのであろうか？　子供たちは、この現代環境と対立する人々、すなわち大家族を経済的かつ社会的債務としてしまう新しい試合のルールに「納得」せず、原理主義的あるいは熱狂的愛国心からその試合自身を拒絶するような人々から生じるのかもしれない。そうであるならば、我々の未来は原理主義にかかっているのかもしれない。

2. スパルタとアテナイにみる人口動態の変化による戦略的影響

ジェームズ・R・ホームズ（米海軍大学校戦略担当准教授）

大災害などで人口動態に衝撃が襲った時にそのリアクションは国によって異なる。ペロポネソス戦争をその一つのモデルとして取り上げてみたい。減少していく人口状況から超保守的スパルタの指導層はリスクを避け、アテナイはそれを大胆な行為の機会と捉えた。その違いはなぜ生じたのか？

カール・フォン・クラウゼヴィッツの『戦争論』がアテナイとスパルタの行動を理解するうえで有意義な判断を提供する。国家の力はその兵力と意思の両方が作り出すものであるとクラウゼヴィッツは語っている。人口が減っているという事実は戦力面でいかなる影響を与え、そしてその意思に与える影響はどうであるか？　本章では相対する両国の政体の性格の違い、使用可能な資源規模も含めた社会の規模の違い、そしてそれぞれの社会を襲った人口動態の衝撃の性格の違いを分析する。こういった過去の古典的前例を学ぶことにより、今日の学生や専門家に人口動態と国家間のパワーポリティクスの関係を正しく捉える問題意識を与え、彼らが政策決定者に適切な解決策を示せるようになるかもしれない。

クラウゼヴィッツのレンズを磨くと

今日、世界中のいたるところで少子化から人口動態の下降傾向が始まっている。米海軍の軍人で歴史家のアルフレッド・セイヤー・マハンが「人口規模」は海上兵力を決定する六つの要素の一つと掲げたように、人的資本は国力の原動力の一つであるため、一国の人口動態は外交と国家戦略に明らかな方向性を与える。人口があまりに少なければ政策の選択肢の自由度が限られていると感じやすい。アテナイとスパルタの古典的な事例を検討することで今日の分析者は外交と国家戦略形成に関係する要因と傾向を明らかにし、判断の材料を集めることができる。

古代のこの二つの超大国は紀元前四三一年から四〇四年まで長期戦を戦った。スパルタの大勝利は同国をしてギリシャの国際的秩序の頂上に登らしめた。スパルタは当時最強と考えられた歩兵部隊の力を持続するために、スパルタ市民の市民権取得条件を厳しく規制した。遺伝的に完璧でない幼児は捨ててしまうなど、平時であってもスパルタの市民が人口を拡大することに制約がかかっていた。しかしながら、この制約は人口的に自らのマンパワーを抑え込むと共に、自然災害に対し脆弱な社会をもたらし、結果として人口動態を衰退に追いやり、国の社会と経済システムの発展を阻害した。紀元前四六四年に大地震がこの都市国家を襲い、スパルタのマンパワー不足問題を深刻化させると共に、奴隷の反乱を誘発し、結果としてこの都市国家が依存していた労働力供給体制を弱めた。指導層はこの危機的状況に対し、新兵採用の対象を大胆に拡大するといった政策よりも徐々に状況に対応していくやり方を選択した。技術革新に目を向けないスパルタはアテナイとの長引く戦いを通じ戦力を継続的に失っていく自らの様子に苛立っていた。たとえ戦場での損耗が軽微であっても、それがスパルタの指導層の次の戦略的な判断や野望を抑圧した。

一方、アテナイはペロポネソス戦争を通じた自らの人口動態の問題に耐えた。アテナイ議会もその市民権はアテナイ生まれの人間に限定したものの、スパルタが採用したような遺伝的選別までは行わなかった。「一等市民」のペリクレス将軍の要請で、アテナイ議会は地方の住人も市の城壁の中に移動するよう命じた。これによりスパルタの陸軍がアッティカに侵攻した際にも、市民は市内のシェルターに避難することでスパルタの破壊行為を免《まぬが》れ、アテナイ軍の地上防衛の負担を避けることができた。

一方で、このペリクレス政策は、疫病が市内に狭く押し込められた市民を襲った際には悲惨な状況を引き起こした。伝染病と軍事的な後退などで当時強力であったアテナイ海軍の熟練の漕ぎ手や舵手は極端に減っていった。この人手不足の状況に対し、スパルタとの戦争の後半期においてアテナイ議会は止むを得ずその徴兵方針を変更し、市民権付与の要件を緩和、アテナイの戦艦トリレメス（三層構造の漕ぐ戦艦）の乗員候補を増やした。

人口動態の衰退はスパルタの指導部をより一層注意深くさせたのに対し、アテナイ指導部はその冒険主義を控えることはなかった。実際、アテナイは人員不足の悪化にもかかわらず、向こう見ずな軍事行動に打って出る行為を繰り返した。その意味では、人口動態と国家戦略の間に予見できるような一対一の関係は存在しない。この基本的な洞察は現代の戦略家に対しても示唆を与えるものである。

それではなぜ、人口動態の衰退の圧力が国によって異なる行動を呼ぶのであろうか？　マンパワーに対する一撃が生じた場合、国の指導層がリスク回避の気持ちを持つのは自明であろう。賢い指導者なら限られた資源の損失を最小限に抑える形で重要な目標達成を図る政策を決定するであろう。そのような保守的な考え方は戦争のような、チャンスと不透明性と恐怖や悪意といった暗い情熱に満ちた行為の意思決定を行う場合に特に明らかになる。戦争は国の生存をかけた行為である。冒険を最小限にとどめることで、国は全てを失う事態だけは避けられる。資源を倹約し、大切に使う。人口が減っていく国はあえて全てを賭けて戦うことはしない。結局、冷静に真面目であることが人口動態上の衰退を迎えている国の指導層にとっての最良の資質のように見える。

ところが、ペロポネソス戦争からはマンパワー不足を知った国の中でも以上の率直な論理に挑戦しているところがある。なぜか？　古代ギリシャの歴史家トゥキディデスの傑作『ペロポネソス戦争の歴史』に解を求めてみた。この本にはこの戦争に関する歴史的なデータがまとめられている。トゥキディデスは歴史学の父であると共に国際関係学における先祖様でもある。従って、彼の著作は外交と戦争という永続的テーマに光を当てると共に人口動態がいかに外交政策や国家戦略に影響を及ぼすかという点でヒントを与えてくれている。このトゥキディデスの見解と共に、それを補う形でヘロドトス（ギリシャの歴史家）とクセノフォン（ギリシャの司令官で歴史家）並びに昨今の専門家の意見も紹介する。

カール・フォン・クラウゼヴィッツの国力を定義する公式は、交戦中の二つの国への人口動態の衝撃の影響を測るものさしを与えてくれる。スパルタが陸上を支配していたとすれば、アテナイは海を支配していた。トゥキディデスは海洋力を富と海軍兵力の産物と定義した。繁栄する海洋国家は海上貿易で富を築き、それを海軍と商船の船に投資していく。従って、アテナイの国力を検討するに際し、その強さを富と海軍力とその意思で定義した。アテナイの指導部は海軍の資源を周辺地域での戦いに費やし、物量でアテナイに劣っていたスパルタに敗れた。

アテナイとスパルタの両国に三つの広範なマトリックスと仮説を当てはめて比較検討する。

①政体の性格

仮説として政体の性格が人口動態の変化に対する社会の反応を形作るというものがある。アテナイは民主主義国家であったのに対し、スパルタは奴隷労働に依存した寡頭《かとう》政治体制にあった。人口動態の衝撃はスパルタの生来の慎重で保守的な気質を強化し、アテナイの行動を放任したように見える。地震の悲劇と奴隷の反乱がなぜスパルタを慎重にし、疫病に打たれたアテナイが今まで以上に戦争に打って出ようとしたのかをはっきりと理解することが大切である。

②社会規模の性格

地上戦がスパルタの強みであり、ギリシャ世界におけるスパルタの野望を実現する鍵であった。

スパルタの社会は従って支配力のある陸上軍を前方展開していくことに向けられていた。そこから憲法、法制、組織・機関を崇拝する非常に保守的な政策が重視されるようになった。これに対し、アテナイの社会は海上貿易と商業、そして海軍艦隊の上に成り立っていた。リスクを積極的に取り、実験を行うことでその海洋国家の繁栄が支えられていた。その二つの特徴はアテナイの法制や組織機関に具現化されていた。陸上国家と海洋国家の自然災害（地震や伝染病）への対応は自ずと異なるのかもしれない。

③人口動態の衝撃の性格とタイミング

地震は突然やってきて国と社会に大きなショックと荒廃を残す。スパルタの地震の場合には、スパルタの歩兵戦士の数を減らしていくトレンドを作り、寡頭指導層の注意を国内治安と政体維持に再注力させるきっかけとなった。この地震はペロポネソス戦争が始まる三〇年前の比較的静かな状態の時に発生した。アテナイの場合はその人口動態の傷を地震のような単発ではなく、数年に及ぶ疫病被害やスパルタからの度重なる侵略行為として受けた。スパルタの指導部は人口動態のストレスに保守的に対応したのに対し、アテナイの指導部の台頭する世代はペリクレスの記した防衛戦略から離脱し大胆に反応した。

「スパルタ」災害が保守主義を強化

トゥキディデスはスパルタとアテナイの戦争が長期化した理由をアテナイの国力の成長と共にそれがスパルタにもたらした警戒心のせいにしている。スパルタのような覇者は、台頭してくる国、特に民主国家アテナイのような革命的な力に対して自らの優位を簡単には譲らない。ギリシャの土地と海を攻撃してきたペルシャをスパルタとアテナイが力を合わせて紀元前四八〇年に撃退してまもなく、両国のあいだに敵意が芽生え始めた。ペルシャとの戦いの後も「スパルタはアテナイとの間に自らの覇権を共有する準備はできておらず、一方アテナイのほうもスパルタがアテナイの野望を詮索しにやってくることを受け入れる準備はできていなかった」と米国の高名な歴史学者ドナルド・ケーガンは記している。

トゥキディデスは、当時の国際政治をもっぱら人口に象徴される国力の問題としてしか捉えていない。スパルタの人口は大地震が襲うまでは着実に増えており、結果としてギリシャ世界においてその覇権を獲得する余裕があった。歴史家のトーマス・フィギュエリラは次のように述べる。

スパルタは社会的にもその構成上も他国との違いが顕著であったものの、紀元前七世紀末までは規模的には他のギリシャ都市国家と差はなかった。六世紀に入ってスパルタの人口は増え出し、その結果、人的損耗のリスクを取れる準備のできた政府は攻撃的な外交政策をとり始めた。

ただ、スパルタは国内にある豊富な人的資源を優先的に軍隊に組み込むことはしなかった。エリート軍団の数も紀元前五世紀を通じ減少傾向にあった。アリストテレスはスパルタの全領土、すなわちラコニアには一五〇〇もの騎兵と三万もの重装備歩兵を支えるに十分な人口があったはずであると見積もっている。スパルタはかつてまたその近隣にあったメッシニアを征服し、メッシニア人を農奴とした。フィギュエリラは、その結果メッシニアにはギリギリの生活レベルで暮らす農奴が六万人はいたと計算している。

アリストテレスはまた、「かつてスパルタには一万のエリートクラスの歩兵スパルティエイツ（Spartiates）がいた」と報告している。このエリート軍団はスパルタの武勇とその後の覇権を確立する基礎となった。彼らはギリシャの戦争の支配的な陣形となった「ファランクス方陣」の最前列を占めた。このエリート軍団に採用されるにはアゴゲ（Agoge）と呼ばれる教育を経て、かつシッシティア（Sysstia）と呼ばれる軍の食堂に資金貢献する必要がある。この会食の費用を払うために、クレロス（Kleros）と呼ばれる、市から農奴と共に提供される耕作地の生産性を高める必要があった。この手配により、スパルティエイツとなればその後は生活のために別途働く必要がなくなり、平時の戦闘訓練や戦時の戦役に百パーセントの力を発揮できることになる。

このエリート軍団の数はペルシア戦争の始めの頃にはピークに達していた。ヘロドトスはこの戦争の頂点の戦いであるテルモピュレの戦い（紀元前四八〇年）の時点でスパルタの力も頂点にあり、エリート軍団の数は約八〇〇〇人であったと見積もっている。一年後のペルシャの侵略を食い止めたプラタイアの戦いではその数が五〇〇〇人に減っている。このわずか一年でのエリート軍団の数の違いからして、スパルタの指導層が国の置かれている脅威環境にもかかわらず、軍役対象年齢の若者を前線に送らず予備役に留め始めていたことが窺える。

このような数値から判断して、当時のスパルタの法律や政策が国の潜在力をフルに軍事力に動員することを妨げていたとみられる。アリストテレスはスパルタの統治体制と指導者が人口増大を促しつつも、多くの市民を貧困の状態に維持する政策をとっていたことを非難している。すなわち、「出産を促す法律」がありながら、出生後の若者を適切に支援していくことを怠った政治だとしている。「できるだけ多くのエリート軍団を望んでいる政治家は市民に対しできるだけ多くの子供を持つことを法律で奨励した。すなわち、三人の子供の父親は駐屯地勤務義務を免除され、四人の子供を持つ父はすべての徴税を免除される法律を作っている」。そしてスパルタの社会も同様の出産支援を行っている。アリストテレスはこの市の支援策を褒め称え、「彼らは子供への真剣な注意を払い、しかも貧富の差なく、国の共通の財産として支援している」と語った。「ただ、多くの子供が生まれても、その与えられる耕作地が狭いままでは彼らは皆貧しいままである」とアリストテレスは苦言も呈している。スパルタの法律では、エリート軍人一人当りに、生活に充分困らない一つの耕作地と応分の農奴を与えていた。その後、この法律が改定され、エリート軍団は相続を通じ複数の耕作地を集積することが認められるようになった。その結果、貧富の差が拡大していった。また、このシステムは農奴の質にも依存していた。結果として大量の農奴をうまく使いこなせなかったエリート軍人や、その後のスパルタの経済や政治システムは、徐々に衰退していき、没落した。スパルタの指導層が必要な土地改革を断行できないままに紀元前四世紀までにはスパルタは非常に貧しく没落し、またマンパワー不足に陥った。紀元前三七一年のレウクトラの戦いにおいてテーベ軍に敗れたのもマンパワー不足が原因であったとアリストテレスは見ている。実際、わずか七〇〇人のエリート軍団で戦いに臨んでいる。ファランクス方陣の最前列の不足分は市民以外の自由人兵士が埋めた。

このように、人口動態は紀元前四世紀のスパルタの没落に決定的な役割を果たした。スパルタの国力が衰退するとともに、それを取り戻そうとするニーズも高まった。そうなると、トゥキディデスの言う力の論理として、アテナイの力と影響力を減らすことがスパルタの戦略的優先順位の上位に位置づけられた。そのような状況で大地震と農奴の反乱が起こったのである。紀元前四六四年、スパルタの指導者は都市国家のタソスから秘密の要請を受けていた。タソスはアテナイ主導のデリアン同盟の加盟国であったが、金鉱の管轄権などの問題でアテナイと争っていた。さらにはアテナイがタソスの近くに新たに植民地を設ける計画を持っていることにタソス国民は憤っていた。一度アテナイ陸軍がタソスに侵攻した段階でタソスはスパルタに対しアテナイの力の中心地であるアッティカに侵攻し、アテナイによるタソスの包囲網を解かせるよう嘆願した。

スパルタにこのタソスの嘆願に応える条約上の義務はなかったが、英国の歴史家のN・G・L・ハモンドによれば「スパルタはアテナイの力と野望がいずれスパルタの海洋同盟加盟国を脅かす存在になることを恐れていた」。このため、スパルタ議会は極秘裡にこのタソスの嘆願に合意することに決め、その合意を公に発効する直前に大地震が襲ってきたのである。従って、アッティカへの侵攻は中止となった。帝政ローマのギリシャ人著述家プルタルコスは紀元前四六四年の夏に起きた地震について以下の記録を残している。

我が国は歴史上最も悲惨な地震に見舞われた。地は裂け、テイゲタス山の幾つかの山頂は崩れ去り、スパルタ全市が破壊され無傷で残ったのは五件の家屋のみであった。

大地震は二〇万人以上のスパルタの兵士の命を奪った。エリート軍団もかなりの割合で犠牲者となり、その割合が七〇％にも及んだとの推定もある。いずれにせよ、アテナイとのペロポネソス戦争の後半戦以降の歴史において、スパルタは非常に少なくなったエリート軍団で臨むことになる。地震は軍の質を下げ、その結果スパルタの国力を衰退させた。次世代のエリート軍団を継ぐ予定であった若者たちは訓練中の体育館の崩落で犠牲となり、それを補う出生増はなかった。国力がクラウゼヴィッツの言う軍事力と意思の生産物であるなら、スパルタの国力は紀元前四六五年から四六四年にかけて大きな低下を迎えた。

スパルタ社会は農奴の労働力に依存しており、特にスパルタはギリシャの都市国家の中でも市民に対する農奴の比率が最も高かった。そこに襲った大地震は国内の治安の支柱を崩壊させ、スパルタ寡頭体制を危機にさらした。農奴の反乱はすぐさま勃発し、まずユーロタス平野から蜂起した。スパルタの二人の君主のうちの一人のアルキダムス王はスパルタ市民に対し、瓦礫の下の家族や財産を探すのをいったん止め、武器を持って反乱者を鎮圧するように命じた。次にメッシーナ系の農奴が立ち上がり、メッシーナ人の反乱に加わった。反乱はラコニアを蹂躙《じゅうりん》しスパルタ全土を危機に陥れた。

かかる状況下、スパルタはアテナイに反乱鎮圧の助けを求めた。アテナイ議会では急進的民主主義者のエフィアルテスがアテナイとしてはスパルタを助けず反乱がアテナイのライバルを崩壊させるのを傍観すべきと主張したが、ギリシャ世界におけるアテナイとスパルタの二頭覇権体制を擁護するシモンは、ギリシャが天秤棒のもう片一方の仲間を失うことでギリシャ全体が不安定にならないようにスパルタを支援すべきと主張し議会を説得、最終的に四〇〇〇人もの重装備した歩兵をスパルタ救済に送り込んだ。ハモンドによれば、アテナイやプラタイア、その他の同盟国の支援がスパルタを「消滅の危機から救い出した」。紀元前四六三年までにはスパルタは十分に回復し、反乱者に対し反撃を加えられるようになった。そうなるとスパルタ指導層はスパルタに残るアテナイ兵士が民主主義の考えをスパルタ市民に刷り込み、政府を転覆させることを恐れ、アテナイ兵士に早々に本国に戻ってもらうようにした。こうしてアテナイ人はスパルタにとり救済者からまた元の外部脅威に戻った。

地震の影響は広範で長期に及んだ。この災害はスパルタを根底から揺さぶった。農奴の反乱と併わせ、軍におけるエリート戦士の割合を減らし、農奴と市民の割合を逆転させた結果、農奴は為政者の継続的な心配の種となった。紀元前四二五年には、アテナイ軍がスパルタを包囲し、その分遣隊をスファクテリア島で捕虜として捕獲した。その頃にはスパルタは、エリート軍団一二〇人を含む二九二人の捕虜を見捨てて、戦いを挑むよりも平和的に解決することを嫌がらない体質になっていた。あるいは人質救出作戦を取る大胆さも失っていた。農奴の反乱に懲りたスパルタの指導部は人口増や軍の編成においても慎重に進めたため、本来国力の中心である陸軍の編成も抑制的になった。

前記のスファクテリア島の事件はギリシャ諸国の目にスパルタの凋落として映った。ギリシャ随一と言われていたスパルタ歩兵の分遣隊がスパルタより劣っているとされるアテナイのしかも軽装備の兵士に降伏し、さらにはスパルタ指導部が平和的解決に妥協したというスパルタの弱体ぶりはギリシャ世界を驚かせた。さらに弱り目に祟り目であったのは、その凋落ぶりからかメッシニアが大胆にもスパルタのホームグラウンドのラコニア内に攻め込んできたことである。

これら一連の出来事は人口減少の戦略的な影響を証明している。そして人口減少の影響は単に量的なものだけでなく、為政者の姿勢、意思にも影響を与えた。本来、アテナイのような新興国が台頭してくる早い段階で積極的に、攻撃的にこれを牽制し、ギリシャ世界における自らの優越性を維持すべき機会があったにもかかわらず不作為に見過ごした背景に人口動態の影響が見て取れる。

「ギリシャ人の中であなたがたスパルタ人だけが積極性がなく、自己防衛にしても何かをすることによる防衛ではなく、何かしそうだと見せているだけで結局なにもしない。そして敵の力がまだ小さいうちに潰しておかず、当初の倍ぐらいの力になって初めて慌てふためく」とコリント人の密使は記している。つまり彼に言わせれば、スパルタ人は慢性的に対応が遅く、受け身でリスクを避けがちであるため、外交に失敗していると。アルキダムス王も、スパルタのそのためらいがちの姿勢を「高貴な伝統に鼓舞された慎重な国」とリフレーズしながらも、多かれ少なかれそういった傾向を次のとおり認めている。

対応が遅いこと、ぐずぐずしやすいことなどは我が国の特徴でよくコリント人から批判される点であるが、恥じ入ることはない。彼らが非難する性格とは賢明な慎み深さという性質であり、そのおかげで成功に対しても謙虚でいられ、不幸な出来事に対しても他国民に比べ屈せず忍耐強いのである。我々は勇猛でありかつ賢明であり、それが我々を我々たらしめている秩序である。

地震と農奴の反乱がスパルタの政治家の心の中に和平と戦争と外交に関するある種の考え方の

種を植え付けたというのは幾分推論がすぎるかもしれないが、相応の根拠はある。国家戦略を純粋に論理的に計算するならば、人口を急激に減らすような一撃は保守主義を浸透させやすい。少なくなったマンパワーと資源において、かつ国内治安の不安定な状況下、スパルタの指導層はリスクの伴う意思決定には慎重に臨んだに違いない。クラウゼヴィッツの口調に倣うならば、大規模で長期間の努力を必要とする意思決定を、しかも国内の社会的かつ政治的な体制が転覆の危機にある時に行うには正当な政治的目標が必要である。

繰り返しになるが、紀元前四六五年から四六四年にかけての大地震と農奴の反乱は三つの大きな影響をスパルタに与えた。一つは大量の死者発生による人口減、並びに自由人と奴隷人口の比率の変化（奴隷比率の増大）である。特にスパルタの軍事力を支えた歩兵が数多く失われたこと、そして明日のエリート軍団を夢見ていた世代を多く失ったことはスパルタの内外に対する治安体制を大きく揺るがした。実際、ハモンドに言わせれば、地震は「ギリシャ社会の力関係をひっくり返した」。地震の後は、スパルタはペロポネシア同盟をリードしたり、アテナイ同盟諸国をアテナイ人の圧政から解放したりするに十分な指導力があるようには見えなくなった。

二番目にこの悲劇はスパルタの経済と政治体制を混乱に陥れ、それがさらに兵力を削減させたことである。フィギュエリラはスパルタがペロポネソス戦争の末期に向けて徐々に農奴の社会進出を進める機会を広げたことを評価している。農奴はトラキアでの戦いではスパルタのブラシダス将軍とともにスパルタのために戦っている。ネオダモデスと呼ばれる新たな兵士の階層が設けられ、自由になった奴隷が従軍している。奴隷など下層階級の中でも優秀で上昇志向の強い者にこういった機会を与えることで、社会の中で彼らが自らの運命を変えることを可能にし、結果として彼らが反乱を続ける動機を抑えていった。

一方で、農奴を耕作地から解放することでスパルタのエリート軍団の農耕地を耕作する労働力が減り、多くの軍団兵士はその耕作地からの収入が減ったために軍の食費を支払えず、エリートとしての地位、土地、そして農奴を失っていった。エリート軍団の凋落はスパルタ軍にエリートマンパワー減少の問題も与えていった。指導層もこれを見過ごせず、そのエリート不足を補うべく、従来エリート軍団の地位を長男が継承していて次男以下には何らステータスを与えていなかったものを、新たな軍の階級を設け、次男以下を採用することとした。この新たな階級はペレポネシア同盟の外国の人間でスパルタのエリート軍団と共に教育を受けた者にも開放された。しかしながら、スパルタはマンパワー不足の全てを部外者でフルにカバーすることはできなかった。

三番目に、この災害はスパルタの伝統的に保守的で、法と慣習を墨守《ぼくしゅ》するあまり規則的対応の性癖をさらに強化させてしまった。スパルタの政治体制は変革や政策並びに戦略の大胆な変更を望まず、指導層の地位保全を優先した。その指導層は静的で、動的なアテナイとは明らかなコントラストをなしていた。英国の古代ギリシア研究家コークウェルは、スパルタの王が現実に即した適応をそれなりには進めたものの、「世襲の立場の王は基本的に前任者踏襲であり、新たな実験や革新を行う人物ではなかった」と解説している。結局、大地震も農奴の反乱もスパルタにとっては大変な出来事ではあったものの、その国を心底変革するほどのインパクトをもたらさず、従来からの慎重さと保守性を強化することはあっても変化させることはなかった。そしてスパルタは、かなり先のことではあるが、軍の人員不足のみならず、戦争の戦い方の革新についていけず最終的に滅びることになる。

「アテナイ」災厄はギャンブルを志向させる

大地震がスパルタのリスク回避型の性癖を証明しかつ強化するものであったならば、伝染病はアテナイの人々が持つ冒険心に火をつけたといえる。ヘロドトスは紀元前六世紀から五世紀に入る時点で、アテナイには三万人の成人男性市民が暮らしていたと見積もっている。この数は紀元前五世紀半ばには五万から六万人にまで膨らんだとみられる。繁栄を招く制海権を持った海洋帝国をアテナイが築けたためである。

富と支配力はアテナイ人を大胆にした。スパルタを訪れたコリント人の代表がアテナイの大胆不敵な行動について語り、スパルタ議会にアテナイに対する宣戦布告を嘆願している。コリント人は、エネルギッシュで行動力に溢れるアテナイ人と比較して、スパルタ人は無気力であるとスパルタ人を評価しなかったが、一方でアテナイはいずれ落とし穴に落ちるとも指摘していた。アテナイ人は「技術革新中毒であり、その発想は構想から実行までの迅速さで特徴づけられる」とコリント人は表現している。

米国の歴史家ジョン・Ｒ・ヘールはこのアテナイの特徴を海上国としての生い立ちに関係づけている。海の生活がアテナイ人に革新的な文化を育てさせ、それがその後の産業、商業そしてせっかちな気性をもたらした。一方で領土防衛の厳しさから常に敵の侵攻に対する警戒と準備を必要とした。国内の共同体ごとに文化は異なっていたが、それぞれの優れた分野が互いのギャップを埋めることを助けた。

アテナイ人が、戦略的計算において不注意に見えたのもその民主主義の副産物であった。組織的チェックがシステムには組み込まれていなかった。議会は時にその政治的目的に対する費用とリスクが全く不釣合の戦略を承認していた。コリント人は、「アテナイ人が国力以上に冒険を冒し、判断力以上の大胆な行動に出て、危険の中にいると生き生きとしている」と表現した。

そういったアテナイ人の性癖は伝染病の対応にも出た。ペリクレスの命令でアッティカに住む住民は全て市の城壁の内部に暮らしていた。これは万一スパルタがアテナイに進撃してきても大掛かりな陸上戦闘を避け、市民はアッティカの城内にあって身を守り、スパルタへの反撃はその地方の水際の街を襲撃するという戦略であった。予想どおりスパルタ陸軍は紀元前四三一年にアッティカを襲ってきたが、中には攻め込めず、糞尿を田舎に残していった。その影響が真っ先に出たのがピレウスで、ここはアテナイ人がエーゲ海に出る出口であったが、最初に伝染病の被害を受けた。トゥキディデスは、エチオピア発の疫病がエジプトやリビアの港を経てギリシャのこの地にたどり着いたものと推察している。

トゥキディデスの報告によれば、病を最も激しく受けたのは患者を診る医者であった。この疫病は無差別にかつ容赦なく市民を襲った。猛者も弱者も伝染後は七日ないし八日で死に、死肉を食べる鳥や獣も死骸を避けた。その被害者数は、死亡率としてはドイツ三〇年戦争や第一次世界大戦のフランスのソンムの戦いや第二次世界大戦のスターリングラードの戦いに匹敵するもので、アテナイ市民の四分の一ないし三分の一を失った（この疫病に加えてペロポネソス戦争の結果、紀元前四〇四年に降伏した段階で市民数は半減していた）。

疫病は死をもたらしただけでなく、市民社会の絆を弱めた。美徳や一般の人が持つ情熱は失せ、罹患していない人々は伝染を恐れ、病人をもはや助けない。途中までは宗教への期待もあったものの、伝染病の被害が圧倒的になるにつれ人々はそれすらも捨てた。

アテナイは信心深い社会で、亡骸の処置を適切に行うことを大変重要視していた。ところが伝染病の結果、埋葬の儀式を放棄してしまったことはアテナイのモラル崩壊を象徴した。伝染病が襲う直前にペロポネソス戦の最初の戦死兵士に対する感動を呼ぶペリクレスの追悼の式辞が読まれてから間もない時期だっただけに、その落差は目立った。

トゥキディデスの分析では、アテナイの民主的統治はそのままペリクレスという偉大な一等市民の指導の賜物であった。彼はその知的能力のみならず市民の感情をコントロールすることにも優れていた。ところがこの疫病の影響は市民の彼への反感を生んだ。市民を城壁内に住まわせた彼の防衛戦略は結果として疫病に脆弱な環境をもたらしたため、評判を落とし、議会内で対立する平和党の和平戦略を優位にした。ペリクレスは議会での最後の演説で、市民に対し、アテナイの版図を無理に拡張しようとしたり、スパルタ陸軍と真正面から衝突したりする戦略を避け、彼の従来の防衛戦略を裁可するよう説き伏せた。

しかしながらほどなく彼は病に倒れ死んだ。彼の死でアテナイはその統治のはずみ車を失い、国の統制は失われた。この偉大な指導者の死はアテナイの政治エリート層の代替わりを加速し、一方で従来あった市民の感情を律する影響力も失われた。紀元前五世紀初頭のペルシャの侵入と大量殺戮を食い止めた英雄的世代が引退するのを見届け、若い世代は自らの栄光を求めた。トゥキディデスがアテナイで最も野蛮で愚鈍な男と称したクレオンのような典型的扇動政治家やアルキビアデスのような無謀な指揮官がパワフルな修辞句を駆使して議会を扇動し、自滅の道に進ませた。例えば、シシリー侵略という彼らが唱導した悲惨な意思決定は大失敗に終わり、アテナイの比類なき繁栄と富をもたらした海洋国としての力の元であった海軍艦隊と多くの若手兵士を失った。アテナイ議会はシシリーの状況も知らなければ、扇動者の言うシシリー侵略の政治目標の価値すら正確に理解していなかった。

米国の軍事史研究家ハンソンによれば、疫病のアテナイに与えた最後の大きな影響は海洋帝国への偏執病的こだわりである。伝染病の結果人員不足となったことを意識し、陸上戦のリスクを避けるようにすると共に、同盟国が帝国から離脱しようとする気配が見えた場合には予防的先制攻撃をとり始めた。例えば、島国同盟都市国家のメロスで、アテナイは男性を皆殺しにし、女性と子供を奴隷にした。ペリクレスは生前、都市国家間の合意同盟としてのアテナイ帝国が僭主政治国家に堕落することのないよう警告していたが、結局、伝染病はアテナイが持っていた僭主政治気質を強化し、議会が論理的な政策や戦略を作り出すことを妨げた。

人口動態上の衝撃の全体的な捉え方

古典的ギリシャの軍事における人口動態の衝撃についての本章の一つの結論は、人口動態の衰退は慎重な行動を促すということであろう。冒険的なアテナイであっても彼らのセンスで慎重に動いたといえるのであろう。同盟関係が悪化して大規模な反乱が生じる前にアテナイが先制して同盟国を攻撃したのは彼らの直感であろう。先制攻撃により、それを行っていなければ反乱鎮圧にかかっていた膨大な軍事費を抑えることができたともいえる。ただ、動機は防衛的で保守的であっても、そのやり方は無謀で攻撃的なものであった。

クラウゼヴィッツが作った軍事行動の是非判断の思考過程は、ここでも適用できる。彼は政治家と指揮官が敵国と自国の国力や置かれている状況を検討するだけでなく、それぞれの政治的な目標に置いている価値、国民や政府、そして軍の能力、さらには第三国がどちらに親しみを持ち、開戦後どのようなアクションを取るかといったことをよく事前評価してから軍事行動に出るべきであるとしている。クラウゼヴィッツのこの言葉をよく理解するならば、戦略家は人口動態の影響をも考慮し、自らの戦略に反映していくことができよう。

改めて、ペロポネソス戦争をクラウゼヴィッツのプリズムで見てみよう。スパルタの大地震が与えた人口動態への突然の一撃と農奴の反乱の衝撃は、スパルタの外部環境が比較的良い状況下に起きている。大地震は鋭いトラウマを残しはしたが、アテナイの疫病のような社会への継続的な苦悩の影響はなかった。反乱は、いかなる社会にとっても、生存し命を保っていくことが最も重要であるという価値観を押し上げた。幸い、外部から侵略してくる危険性がなかったため、スパルタは時間をかけて都市の再構築と反乱の鎮圧に傾注できた。復興は長年大切にされてきた憲法と法の下で行われたため、大胆な変革を求める声を抑えた。

まとめれば、地震とその後の出来事はスパルタの政治体制を変えることはなく、従来の規範が維持された。

アテナイの場合、疫病は最強の敵との戦闘中に起こり、アテナイの生存を揺るがした。アテナイの民主主義は無謀な行為を牽制し英知を積み上げる組織機関を欠いていた。皮肉にも一等市民の政治家は寡頭政治のスパルタではなく、民主主義都市国家のアテナイにいた。ただ、結局、伝染病はその一等市民政治家の防衛戦略の信用を落とし、議会はより攻撃的な戦略に向かった。疫病が去った後の議会はペリクレスが行ってきた慎重な政治管理のたがが外れ、ペリクレスが慎重に管理してきた戦略目標に対する収入と支出のバランスを失い、結果としてさしたる国益もないままに、国庫を疲弊させ、海軍を犠牲にし、マンパワーを減らした。

人口動態の衝撃は政策や戦略を確かに慎重なものに変えるかもしれないが、人口動態だけを持って先読みができるかといえばそれほどの信頼性はない。ペロポネソス戦争の間に生じたそれぞれ異なる種類の人口動態の衝撃は両国のそれぞれの個性を強化する形に働いた。結果的には、これが少なくとも当面はスパルタには良い方向で働いた。

今日の政治家や学者が現代の戦略的環境を見渡す際に、人口動態の衰退期にある大国や新興国がその外交政策を保守的な、抑制的なものにしていくであろうと仮定すべきではない。今日においても、スパルタやアテナイが経験したような大災害、大災厄はあり得る。二〇〇四年に南東アジアを襲った津波は二五万人もの命を奪い、二〇一一年の東日本大震災は二万人もの死者・行方不明者を出した。幸い、大きな伝染病は発生していないが、第一次世界大戦末期のスペイン・インフルエンザはまだ記憶に新しく、その犠牲者は第一次世界大戦の犠牲者とほぼ同規模であった。最近の鳥インフルエンザや豚インフルエンザは、現代でも新種の伝染病が大量の犠牲者を作り出す潜在力があることを見せつけた。むしろギリシャ時代よりグローバル化している現代のほうが伝染のリスクは高いかもしれない。

スパルタとアテナイの故事は、権威主義的政体が自由主義的政体よりも自然災害に対しよりよく対応したという結論を導きやすい。確かにスパルタの地震対応はアテナイの疫病対応よりも優れていたかもしれないが、スパルタはその時は平時にあり、戦時下のアテナイとは異なる。また、スパルタの地震対応は長期的には必要であった変革・改革を含まなかった。結局、地震は長い時間をかけてスパルタの国力を下げ、最終的にスパルタはギリシャ世界における覇権を失った。

アテナイはさらに困難な衝撃に直面し、ペロポネソス戦争でも最終的に敗れ、スパルタからは僭主政治を押し付けられたが、その後、平時には国力を徐々に取り戻した。戦時下では、アテナイの手に負えない民主主義は愚行を繰り返したが、平時にはそれが国力の急回復に貢献した。長期的にはアテナイのほうが権威主義的スパルタよりも抵抗力が強かったと歴史は証明している。

以上のスパルタとアテナイの教訓をあえてアジアに当てはめてみるならば、権威主義的で人口動態の衰退期に入りつつある中国は、はずみ車がよく回転している民主国家で強力な人口増大の恩恵を受けているインドに比べ、様々な問題に対応する能力には優れている。

本当にそうならば、中国はスパルタのように厳しい環境下でも決定的な失敗を避けながら慎重に歩を進めることになる。ただ、スパルタの例からもわかるように、権威主義政体がどこまで巧みに有事を切り抜けられるかは個々のリーダーの資質にかかっている。スパルタの代々の王は無能ではなかったが、一方で、都市国家が長期的に抱える問題の解決には能力を発揮しなかった。中国が自然災害や戦争そしてその他の危機にどのようにうまく対応できるかは政治指導層の技能と徳に依存している。これに対し、アテナイの例は、多くの人々の知恵を集積することに慣れている自由な政体が長期的には災害・災厄に耐え、復活できる可能性が高いことを示している。

インドのシン首相の才能は大切だが、それがインドにとっての全てではない。であるならば、困難な時期においては北京に賭けるよりもニューデリーに賭けるほうが賢明といえよう。

3. 地政学と人口動態の密接な関係

フランシス・センパ（ウィルケス大学政治学准教授）

人口動態の勢いと人口の世界における分散の状況は大国間の力関係に影響を与えるものだが、その具体的な影響は地政学の観点で最も見えやすい。米国の人文地理学者サウル・B・コーエンは地政学を「地理という環境条件と国際的な政治力の関係」と定義した。地理は国際政治の研究において最も重要な要因である。理由は、地理要因自身は常に不変であるためだ。土地の集まり、沿岸海域、海洋といったものは有史以来変わらないものの、その影響力や戦略的な意味は技術や科学の進歩と共に変化してきている。ある国が地理上どこに位置するかはその国の国力の重要な要素となる。

地理以外に国力を形作る重要な要因として政体や経済、天然資源、国の結合力、そして国民とその資質といったものがある。その中で本章では国民の要因、特に相対的な人口規模とその分配と組織力が世界の力関係に与える影響について見ていく。

地政学と人口動態の戦略的意味

人口と地理それ自体が大国間の力の差を決定するものではない。大国は一般的に広範な大地を支配し、大きな人口を保有していた（帝政ロシアとソ連、ドイツ帝国とナチのドイツ、アメリカ合衆国）が、一方で中国やインドは広範な地域を占有し、巨大な人口を保有していたものの大国ではなかった。反対に、比較的小さい島国で、優秀だが比較的少ない人口を持った大国（英国と日本）もあった。また、オーストラリアのように巨大な島の土地を支配したが大国の地位を達成するには人口が十分でなかった国もあった。相対的な地理上の位置や人口密度、組織、年代構成、教育レベルといったものは皆重要な変動要因である。

人口の相対的な分配と組織力、増大と減少は常に世界における力関係を評価する際の重要な要素であった。プリンストン大学の人口学専門家のフランク・W・ノーテスティンは一九四四年に「各国の成長率の違いは人々の経済生活や政治環境、軍事的潜在力に強い影響力を持ち、ある国の将来の軍事的潜在力を分析するには人口の変化を慎重に評価し、できる限り先を見通すことが大切である」と記している。この偉大な古典的地政学理論学者は国力の相対的見積りにおいて人口動態分析を常に重視していたわけである。本章では相対的な国力の見積りにおいて人口動態要因を強調していくが、人口動態要因それ自体は戦略的意味を持たない。地理と経済、産業化、グローバル化と情報革命、文化、政府の性質並びにその他の地政学的要因との文脈で人口動態が検討される時に初めてその戦略的意味が出てくる。

偉大なるイギリスの地政学理論学者のハルフォード・マッキンダー卿は一九〇四年の論文「歴史の地理軸」において「世界における実際の政治力のバランスとはいついかなる時においても地

理条件（経済的にも戦略的にも）と国民の相対的な数、成人男子の数、素養、組織力といったものが作り出す生産物である」と述べている。

「ハートランド」を制する者が世界を制する

この論文においてマッキンダー卿はユーラシア大陸の北方中央の地域を世界政治の「軸地域」と呼び、将来、世界帝国が出現する場合の基盤となる地域と説明した。過去に、この軸地域から出現した一連の遊牧の民が、ユーラシア大陸の辺境の地である欧州やアジアの先住民を脅かしたことを紹介している。しかしながら、遊牧民の襲撃者は、欧州にまで覇権を持続するために必要なマンパワーと技術を持っていなかった。凶暴で軍事的に聡明なモンゴル人たちは最終的には自らが征服した土地に住む、人口に勝るロシア人、中国人、中東のイスラム住民及びインド人に吸収されていった。

このマッキンダーの論文が発表される頃には産業革命や科学技術の革新が陸上輸送革命（鉄道や自動車）をすでにもたらしており、それと共に東欧や中欧並びにロシアでの人口増大は「軸地域」の地理的優位をうまく活用するに十分なマンパワーをもたらしていた。マッキンダーはこの点について、次のように語っている。

欧州とアジアを繋ぎ、船ではアクセスできないが、かつては騎馬遊牧民が活躍した世界政治の軸地域は今日鉄道のネットワークでカバーされている。ロシアは今やモンゴル帝国に置き換わっている。ロシアはフィンランド、スカンジナビア、ポーランド、トルコ、ペルシャ、インドそして中国に圧力をかけ、大草原の騎馬民族の襲撃の遠心力に置き換わっている。世界の力の均衡の混乱は軸地域にあるロシアにとって有利なかたちで働き、鉄道は欧州とアジアの辺境地にまでその力を派生させ、ユーラシア大陸の資源へのアクセスを利用することで世界帝国への道のりも見えてくる。

マッキンダーはロシアとドイツの同盟か、中国と日本の組み合わせのいずれかが軸地域ベースの世界帝国を実現するに十分な人口をもたらすと推測していた。

この論文から一五年経ち、世界は第一次世界大戦の帝国の戦いで激震したものの、マッキンダーはその地政学上の考えをさらに発展させ、彼の最も著名な本となった『民主的理想と現実』を著した。彼は軸地域を「ハートランド」と呼び換え、この世界帝国の基盤地域の定義と特徴を、従来のユーラシアの「偉大な大陸」からより広範なユーラシア―アフリカの「世界島」と再定義した。彼はその中で、過去の大陸国や海洋国の衝突を改めて検証し、説得力のある世界の地政学地図を描いた。そして世界の力の均衡における人口の配分と組織力の重要性を再度強調した。

マッキンダーは地政学上の戦いにおける人口の相対的重要性を幾つかの史実に基づいて描写している。例えば、古代エジプト人はナイル河が作り出した峡谷一帯を支配することで地域の大国としての地位を得た。この峡谷は人々の広範な物質的基盤をもたらし、そこを拠点としてエジプトはさらにその版図を拡大できた。古代ギリシャのドリス人はギリシャ半島にあった強大な人口を強みとしてギリシャ文化以前に繁栄していたクレタ島の人々を征服した。そして、ドリス人より人口が多く、より組織化されたマケドニア人はギリシャの都市国家を征服し、遠征を通じ、東地中海一帯を支配した。その後、ローマ帝国は地中海とその周辺の地の支配を確立した後に自らの強大な人口と資源を用いて英国の島々のほとんどを征服した。

こういった古代の歴史を振り返ると、ユーラシア大陸のハートランドは当時、戦略的拠点としては利用されておらず、その理由はその一帯の人口、すなわち「マンパワー」が十分でなかったためとマッキンダーは説明している。イスラムのサラセン帝国は現在の中東の地に居を構え、北東に進行してハートランドに入り、一方北アフリカを横切り「ジブラルタル海峡からマラッカ海峡まで、すなわち大西洋の入口から太平洋の入口まで」帝国の版図を広げようとした。「この壮大なサラセン帝国の構想も一つの致命的な欠点、すなわちそれを支えるマンパワー不足により実現できなかった」とマッキンダーは説明する。

その同じ欠点である十分なマンパワー不足がその後のハートランドを拠点とした襲撃者たち（漢民族、アヴァール遊牧民、タタール遊牧民、トルコ人、マジャール人、モンゴル遊牧民）がその政治的支配を、マッキンダーが沿岸地と呼んだユーラシア大陸の辺境地にまで及ぼし続けることを困難にした。

「一〇〇年前以前には、ハートランドを拠点に世界の自由を脅かし始めるに十分な人口の基盤を持った帝国は存在しなかった」とマッキンダーは結論づける。しかしながら、一九世紀半ばに「巨大な三つのマンパワーの基盤」とマッキンダーが名づけたプロイセン王国、オーストリア―ハンガリー帝国、そしてロシアの三大国がハートランドに勢ぞろいした。その人口規模と共に、産業革命の進展はこのハートランド構想に地政学の潜在力を与えることになった。

マッキンダーは国家間の力の均衡に与える相対的人口の重要性において、その人口力は単なる数だけではないことを理解していた。ただ、「他の条件が同じであれば、数が最も決定的な要件である」とも記している。マッキンダーは、人口の重要性が「ゴーイングコンサーン」と彼が呼ぶその社会的組成と切っても切り離せない関係にあると記している。「マンパワーは現代において組織、すなわち継続的組織体（ゴーイングコンサーン）という社会構成要素に非常に大きく依存している」と。一つの国も、その人口が経済的も政治的にも、また軍事的にも「社会の勢い」を作り出せれば、一つのゴーイングコンサーンであると記す。

マッキンダーは一九一九年にはドイツとロシアがゴーイングコンサーンになっており、「ロシアがその十分なマンパワーによりハートランドの最初の住人となった」とする。さらには、十分な軍事力と組織力を持ってハートランドを制する国はユーラシアとアフリカをつなぐ世界島を効果的に政治支配する力を得ることができるとしている。この世界島には全世界の人口の一六分の一四が含まれると彼は語っている。この本においてマッキンダーは地政学の意味をより覚えやすい表現で次のように記した。

この偉大な大陸、すなわち世界島が将来一つの統一された海洋大国のベースとなるとしたらどうであろうか？　規模で劣る他の海洋国もこの統一海洋国に戦いを挑むであろうが、その結果は運命づけられている。

第一次世界大戦で見られたように、英国と米国もこの運命からは逃れられなかったとマッキンダーは言う。「ドイツがフランスとの短い前線で守備を固め、その戦力をもっぱら対ロシアに傾注していたならば、世界は名目上は平和ながらも、全てのハートランドを支配するドイツ東ヨーロッパによって曇らされていたであろう。この場合、英国とアメリカの島国の人々はそのドイツがもたらす戦略的な危険性を手遅れになるまで気づいていなかったであろう」

その時から二四年を経て、第二次世界大戦の最中のドイツとロシアがハートランドの支配を競って戦っていた頃にマッキンダーは『丸い世界と平和の獲得』を著し、彼の地政学の命題を改めて記した。この論文は一九四三年の「フォーリン・アフェアーズ」にも掲載された。彼はそこでソビエトロシアがこの大戦後に世界の中の最強の陸のパワーとして登場し、その「量と質共に十分な」人口によりハートランドを占有すると見通した。大戦後、英国と米国はこのマッキンダーの考えを学び、冷戦時の戦略の根拠となった「封じ込め」戦略を構築した。

「英米的アプローチ」と「欧州大陸的アプローチ」

マッキンダーの世界政治の研究に対するアプローチは、アメリカ海軍の歴史家であり戦略家のアルフレッド・サイヤー・マハンの研究に似ている。一八九〇年初頭から亡くなる一九一四年までマハンは多くの本と論文を著し、英米の地政学の観点から世界政治を分析した。マハンは、世界の海洋秩序において傑出した地位を築いた大英帝国とその海軍力を非常に高く評価した。彼は再三にわたりアメリカの政治家と国民に大英帝国を見習うことを促し、そしてアメリカ合衆国がいずれ世界の舞台において大英帝国に取って代わることを正確に予想していた。

彼の古典『海上権力史論―一六六〇年～一七八三年の歴史に及ぼした海軍力の影響』の冒頭、マハンは一国の人口を国力の重要な要素と位置づけている。その後彼が世に出した論文や書籍においても、一貫して国力のバランスにおける人口動態の重要性に触れている。例えば、一八九三年にマハンは、米国がハワイを併合し北太平洋地域における支配力獲得に動くべきと提言しているが、理由として、そうしなければ「圧倒的規模の中国人」がその力の空白を埋めてしまうためと説明している。

その一年後の別の論文においてマハンは、「中央アジアと北方アジアを埋め尽くす大量の人口」が米国の国益に与える脅威について警鐘を鳴らしている。一八九七年の論文「二〇世紀の一つの見通し」においてマハンは、「西欧諸国を包囲し、人口で凌駕し」、最終的には西側の科学技術知識を習得する日本、インド、および中国との衝突を予見した。論文「アジアの問題」においては、「四億人もの大量の中国人が一つの有効な政治組織体として結合し、最新の技術で装備され、その人口にしては手狭な領地内に押し込められている様子はもはや落ち着いて観ていられる状況ではない」と語った。さらには「国際状況におけるアメリカの国益」において、マハンは欧州におけるドイツの拡大する脅威の理由として、当時の欧州で最大の人口と最高の人口増加率を挙げた。

マッキンダーとマハンは英米的アプローチを地政学に進めていったが、ドイツの研究者のフリードリッヒ・ラッツェルとスウェーデンの政治科学者のルドルフ・チェーレンは欧州大陸的アプローチを地政学に当てはめる役割を果たした。現代の人文地理学の父と考えられているラッツェルと、『生命体としての国家』を著し、その中で「地政学」の表現を作り出したチェーレンは、国家を、生育、発展、衰退、死滅する生命体として捉えた。両者共に世界の権力構造は領土と国力増大を求めた終わりなき戦いに関与できる巨大で成長過程の国々によって支配されていると見ていた。二人の概念には地理と国家の関係、並びに人口と国家の関係が非常に重要な地位を占めていた。彼らの地政学理論において一つの譲れない論理は、大規模でかつ増大中の人口を抱える国はその居住空間を拡大し、そのために世界政治を支配しようとするというもの。

一九二〇年代と三〇年代の間のいわゆる二つの世界大戦の狭間において、退役将軍でミュンヘン大学の地理学講師カール・ハウスホーファーを筆頭にしたドイツの地政学論理学者らはラッツェル、チェーレン、マッキンダー並びにマハンの理論や概念を呑み込み、ドイツを中心に据えた世界地政学へのアプローチを作り出した。ハウスホーファーたちは地政学に関する月刊誌を創刊し、人口政策を含め、様々な観点からドイツの世界戦略を取り上げた。

ドイツの地政学者たちは世界を幾つかの大きな「環地域」に分け、ドイツがその「居住空間」を拡大し、その拡大した空間を適切に活用し運営するために必要な人口を増大していくことを提唱した。「新たな空間の支配力」はハウスホーファーが提唱してきた主要な考え方の代表的なもので、その成否は人口の規模と組織化、そして分配に大きく依存する。ハウスホーファーは「空間の支配力」の不足がいずれ大英帝国の衰退をもたらすと予想する一方で、彼の同僚のＧ・サイファートは「中国人が新たに移り住み、落ち着いた先で強い人口の圧力」をかけることで実現している「空間の支配力」を高く評価した。「どの国民もそれぞれ特定の成長力」を持っているが、「中国人ほどに広範でかつ長い期間、そしてあれだけの統一性を持って支配力を拡大させた国は他にない」とサイファートは記している。

ドイツの地政学者はその後の第三帝国の人種イデオロギーに繋がった人種差別的論理で批判を受けていたが、ハウスホーファーと彼の同僚は、世界政治は大規模で、よく組織化された人口を持つ大国によりますます支配されていくと見ていた。ハウスホーファー自身、ドイツの政治家に対し、ロシアとその広大な領土空間を征服しようとするのではなく、同盟を組むことを促していた。この同盟が実現していたならば、マッキンダー言うところの、ハートランドに基盤を持ち、武力と組織化された十分な数の人口を有する世界に覇を唱えられる同盟となっていたであろう。

人口とその組織化と分配が世界における国力のバランスに与える影響はエール大学のニコラス・スパイクマン教授も認識していた。彼は一九四〇年代初頭に地政学に関する古典的な書『世界政治におけるアメリカの戦略』と『平和の地政学――アメリカ世界戦略の原点』（芙蓉書房出版・奥山真司訳）の二冊を著した。マッキンダーと同様、彼も古い世界（Old World：ユーラシア大陸とアフリカ大陸）の圧倒的な潜在力を認め、その一帯を支配することを世界的な力への鍵としたが、彼はこの一帯をハートランドと呼ばず、ユーラシア大陸の周辺地帯（西欧、中東及び東アジア）と呼んだ。

東西冷戦の地政学

人口は「それ自体潜在力の大きさを指し示すものである」とスパイクマンは書いている。世界における人口密度を基に各国の国力図を描くことは可能であると彼は説明した。さらには「ある地域の人口密度はその地域の強さと緊密な関係を持つ」とも語っている。もちろんスパイクマンは人口と人口密度だけが相対的国力を決定するものではないことは認識していたが、一方でその二つは産業生産力、政治組織体、国家としての結合力、天然資源、地理的位置、そしてその他関連する重要な要素と共に国力を定める方程式に反映されなければならない要素と認知していた。

古い世界は新世界（New World）の一〇倍の人口を保有し、産業化と技術の広がりは大量の人口を保有するインドや中国が大国に成長していくことを促していくとスパイクマンは語っている。従って、ユーラシア大陸の潜在力は非常に大きく、米国は敵対的な国家やその同盟関係がユーラシア大陸の覇権を目指すことを着実に阻む戦略を追求すべきと述べる。この考え方は基本的にマッキンダーの理論に沿うものであり、米国の第二次世界大戦後の「封じ込め」戦略の基礎を形作った。

その封じ込め戦略の知的生みの親であるジョージ・F・ケナンは世界の力の均衡における人口密度と組織化の重要性を同様に認知していた。一九五〇年代初頭の執筆で、ケナンは、戦争の規模が拡大し、高度な兵器が登場し、巨大な人口をコントロールする時代において、「それに対応する大規模な軍事力は世界でもごく限られた地域でのみ作り出される。すなわち、主要な産業力があり、資源へのアクセスがあり、そして教育レベルや技術的熟練度の高いマンパワーが備わっている地域である」。ケナンはそのような地域として、北米、英国、日本、ドイツ及びソ連を挙げている。

一九四五年にハロルド・スプラウトとマーガレット・スプラウトの夫妻が著した『国力の基盤』において、二人は「ある国の国際的な地位を概括的に見積もる際に、一つの論理的な出発点は人口である。人数、年代構成、健康度と非識字率の低さ、そしてその他の資質といったものがその国の地位に関する方向性を提供してくれる」と書いている。スプラウト夫妻は国の潜在力を表現する計算式を次のように記している。「マンパワー＋経済資源＋装置と技能＋組織力＋気力・士気＝潜在力となり、潜在力は国力として発揮され得る」。

第二次世界大戦の灰の中から登場した冷戦の地政学は人口動態分析の影響を受けた。ソビエトの指導者のレーニンは、共産主義と資本主義の戦いの雌雄は、最終的にはアジアのより大きな人口を持つ国々の判断により決するであろうと信じていた。冷戦の地政学的議論が一九四〇年代半ば頃より本格的に始まると、人口と人口のトレンドが冷戦の戦いの進め方に影響を及ぼし始めた。

一九四九年に組まれた中国―ソ連ブロックはソビエトロシア及び東欧衛星諸国の産業力と中国本土の強大な人口を組み合わせたものであった。この組み合わせは西側諸国に対しユーラシア大陸ベースの世界帝国の非常にリアルな見通しを突きつけるものであった。この動きは偉大なフランス人戦略家レイモンド・アロンをして「ロシアは、マッキンダーがかつて世界制覇の必要かつほぼ十分条件とした『世界島』の実現を事実上あらかた達成してしまった」と嘆かせた。

同様にアメリカ人の冷戦戦略家ジェームス・バーンハムは、ソ連共産主義帝国を「解放」するか、さもなければこの動きを巻き返すべく攻撃的戦略を採るべきと主張した。バーンハムはその理由として、「もし共産主義がすでに征服している地域の統合化に成功するならば彼らの完全世界制覇は確実となる。現在のソ連の領土だけを見てもその最終的な結果を予見することは十分に可能である」と説明した。

米ソによる「第三世界」諸国の自陣営への取り込み争いや、ニクソン大統領が中ソ間の分裂を西側の戦略優位に最大限活用したことの背景は、地政学と人口動態の相互作用で説明できる。米国の封じ込め戦略の最も基本的な土台は、ソビエト帝国のさらなる人口や領土の拡大を阻むことにあったためである。

現代における地政学と人口動態の相互作用を議論する前に、歴史上のその相互作用について簡単に触れる。一六世紀から二〇世紀初頭まではヨーロッパ中心の地政学の時代であった。この間、欧州内の力の均衡は一つの大国の出現か、大国間の同盟関係により度々脅かされた。オーストリアースペイン・ハプスブルク、ルイ一四世のフランス、革命時のフランス、ナポレオンのフランス、大英帝国、そしてヴィルヘルムのドイツとオーストリアーハンガリー帝国の同盟はそれぞれ最もパワフルな帝国を欧州内に築き、相対的に最大の人口を誇っていた。

欧州中心の地政学時代は欧州が米国の介入を受け入れた第一次世界大戦と共に終わった。第二次世界大戦の結果は勝者及び支配者としての米ソの登場を促し、荒廃した大陸と疲れ果てた大英帝国と共に欧州時代の終焉を加速した。欧州はその後に起こった冷戦において戦闘指揮官ではなく従属者となった。その頃までには米ソは欧州のどの国よりも遥かに多い人口を抱えていた。

実際、両国の人口は第一次世界大戦以前からすでに欧州の主要国よりも多かったが、米国では当時はその人口と経済力を常備軍に反映しておらず、ロシアは欧州に比べ産業化がはるかに遅れていた。両国のこの時点の状況は人口それ自体が必ずしも戦略的意味を持つものではないということの証左であった。

冷戦期間中、中国―ソ連ブロックは西側ブロックに対し、当初決定的な地政学上かつ人口動態上の優位を持っていたが、その後の中ソ間の分裂、ソ連経済と政治体制の基本的な弱さ、そして米国の対外問題専門家ウォルター・ラッセル・ミードが言うところの「海の秩序」を保つための西側の技術の進展といったものが最終的に西側諸国の勝利をもたらした。

イスラムの台頭と欧州の没落

冷戦後は地政学を過去の歴史の灰と位置付ける人々も登場した。フランシス・フクヤマは『歴史の終わり』を著し、米国の歴史学者エドワード・ルットワックは「地経済学」が地政学に置き換わったと主張した。ジョージ・H・W・ブッシュ大統領は「新たな世界秩序」を宣言した。民主党大統領候補であったビル・クリントンは一九九二年の選挙活動で「今は経済優先だ、馬鹿」の発言で地政学の卓越性や重要性を侮蔑した。

一方で、イスラム世界には、短期的には米国と米国の世界における国益への攻撃のため、長期的にはイスラム帝国あるいは世界帝国を建立するという、より遠大な目標のため軍備と計画の準備を進めているグループがいた。この地政学的展開は人口動態の要因も持っていた。ハーバード大学のサミュエル・ハンティントンがその著書『文明の衝突』(集英社・鈴木主税訳)において指摘したように、「イスラムの復活」は「華々しい人口増加率」により焚き付けられている。彼はまた、「イスラム諸国での人口爆発は米国の近隣諸国や世界全般と比べてはるかに大規模である」と説明している。ハンティントンは国連の人口統計値や将来見積りを確認しながら、イスラム人口は一九八〇年時点で世界の一八%を占めていたが、二〇二五年までには三〇%を超え、その人口は圧倒的に一〇代と二〇代の若者中心で占められると記した。

ハンティントンは人口増に刺激されているこのイスラム復活の地政学上の重要性を次のように説明した。

人口が増えれば、より多くの資源を必要とし、その結果、人口密度の高い地域あるいは急速に人口が増えている地域の人々の圧力は外に向かい領土を占有し、人口動態的に動きが少ない地域の人々に圧力をかけようとする。従って、イスラム人口の増大はイスラム教徒とその他の人々との間のイスラム世界国境沿いでの紛争の主な要因となっている。急速に増大する一つの文化圏と人口の停滞するもう一つの文化圏が併設している場合、両社会の経済と政治に軋轢《あつれき》を生みやすい。

二〇〇一年九月一一日の同時多発テロの五年も前の時点でハンティントンは、イスラム圏と西側諸国との間の文明間の準戦争と彼が称する地政学的衝突を予想していた。

冷戦後のもう一つの重大な地政学上の変化は、資源と国力の欧州からアジアへのシフトである。これはソビエト帝国の崩壊やそれに伴う以前の東欧、中欧並びに旧ソ連共和国であった衛星諸国の独立、欧州の大国間競争の終焉と世界政治に対する欧州各国間のより「平和的」アプローチ、西側技術と情報革命の世界中への拡散、そしてアジア各国の相対的人口優位といった様々な要因の結果である。

すでに触れたとおり、過去四世紀の世界政治の焦点は欧州であった。世界の力の均衡を脅かす大国の登場もそれに抵抗する対抗勢力の登場も欧州の中から出現してきた。オーストリア・スペイン・ハプスブルク然り、ルイ一四世のフランス革命とナポレオンのフランス然り、ウィルヘルムのドイツ、ヒットラーのドイツ、欧州はもとより世界までも制覇しようとしたソ連も然りである。英国が率いた同盟などによるこういった大国への抵抗も然りである。

二一世紀は二〇世紀に始まったこの偉大なる欧州の衰退を目撃しているところである。

実際、それは第一次世界大戦の悲劇であり、欧州の地政学的崩壊を急速に早めた。第二次世界大戦と冷戦は欧州の地政学的優位を棺に詰めた後の残りの釘を棺の蓋に打ち付けるものであった。欧州の偉大な力は物理的にも精神的にも二〇世紀の戦争の痛手を被った。二つの世界大戦は欧州の数千万人もの生命を奪った。同時に、信教心の低下、社会における女性の役割の変化、贅沢の蔓延《まんえん》、避妊や中絶の増加などが欧州大陸の多くの地域で出生率の低下をもたらしてきた。

これらの動きは欧州主要国における植民地主義からの撤収の時期と重なりあう。米国の思想家ジェームズ・バーナムがその代表作『自由主義の終焉』で指摘したように、一九一四年の世界地図は欧州に支配される世界を示していた。一九六四年のそれはもっぱらユーラシア大陸の西端の半島に閉じ込められた欧州を示している。欧州の植民地主義の終焉は欧州としての進歩や寛大さの表れではなく、撤収の結果である。地政学上の撤収は今日、より一層明白である。

欧州の人口減がもたらした地政学上の撤収

米国のカソリック神学者ジョージ・ワイゲルは欧州が「システマチックに自らの人口を減少させており」、「人口動態的に自殺する」プロセスにあると書いている。イギリスの歴史家ニオール・ファーガソンは欧州が「一四世紀の黒死病以来、持続的な人口減少を経験してきている」と嘆く。こういったぞっとする見通しや予測は国連の人口統計でも再確認されてしまう。世界で出生率が最も低い二〇カ国中一八カ国は欧州にある。欧州には人口代替率（二・一）を超える国は存在しない。ロシアを含めた全ヨーロッパ人口は二〇〇〇年の七億二八〇〇万人から二〇五〇年には六億人にまで減少していると予想されている。米国の政治コメンテーター、パトリック・ブキャナンが書いているように、仮にこの人口動態のトレンドが続くならば、「西洋文明の揺りかごは墓場と化している」であろう。

米国戦略国際問題研究所（ＣＳＩＳ）の最新の調査結果では先進国の人口は一九三〇年では世界の二五％を占めていたが、二〇〇五年ではわずか一三％となっている。二〇五〇年までには一〇％を切ることは間違いない。さらには、一九五〇年において人口の多い順に上位一二カ国中五カ国が欧州にあったものが、二〇〇五年にはわずか一カ国となり、二〇五〇年にはゼロとなる見通しにある。この報告は、欧州諸国が少子高齢化の中で慢性的若年労働力不足に陥り、それが欧州の経済と安全保障に重大な問題をもたらしかねないと警告している。

ジョージ・ワイゲルは「人口動態の真空地帯は着実にイスラム圏からの移民で埋められてきて

いる。過去四〇年の間に彼らは欧州内に落ち着くと共に、生粋の欧州人よりもはるかに多産である」とし、この人口動態のトレンドと急進的イスラム教の広がりから「欧州が闘争的イスラム教徒でかつ待ちに待った欧州ハートランドでの勝利を手中に収める時が来たと信じている人々の影響を受ける、あるいは支配される」可能性に警鐘を鳴らしている。

欧州の少子高齢化は大国間の地政学的競争から撤収したタイミングと一致する。この現象は米国の歴史・政治史家ロバート・ケーガンの著作『ネオコンの論理―アメリカ新保守主義の世界戦略』(光文社・山岡洋一訳)の中で鮮やかに分析されている。ケーガンはホッブスの「力の世界」から現代のヨーロッパが撤収し「戦争の歴史後の平和と相対的繁栄の天国」の状態に入っていると表現する。その結果、米国と欧州が世界の統治法や国際問題解決のための軍事力と外交力のバランスに関し、同一の視点を共有しないという分裂状況を作り出している。これはNATOの将来と世界全体の力関係に影響を与えていくことになろう。

NATOはその防衛的な性格から加盟国間の戦略的分裂には耐えきれないであろう。米国と欧州が重要な戦略的問題に対する方針を乖離《かいり》させるほどにその同盟の基盤も弱まっていく。そしてこの乖離は中欧や東欧の旧ソビエト衛星国を新たにメンバーとして迎え入れNATOが拡大している状況下で生じている。同盟規模が拡大するのにその絆が弱まるのはおかしいとの反論もあるであろう。

NATOへの中欧と東欧諸国の加盟は、ロシアの将来の領土拡大路線の復活に備えた安全保障上の保険といえる。これらの国々は米国が彼らの安全と独立を担保してくれる最終的保証人とみている。ただ、西欧諸国はもはや最終保障行為を行わない。この安全の保障約束は一九四九年の同盟構築以来同盟関係をつなぎ続ける糊となっていた。ソ連の崩壊により、この安全の保障はドイツ、フランス、イタリア、英国並びにその他の西欧諸国にとって関係性が乏しくなった。

長期的には、欧州の少子高齢化は当該地域の国力を弱めていく。かつての世界の偉大なる力の集合体であった欧州が、その力を失っているという感覚は世界の安全保障問題に対するアプローチを力の対応から多国間調整型に変化させ、各国間の調整努力や、時に自国の外交政策をＥＵに委ねるといった一歩引いた姿勢へと向かわせる。

米国とＮＡＴＯ同盟国間の緊張関係の原因をジョージ・Ｗ・ブッシュ大統領と彼が主張する単独主義のせいであると非難する向きは、それ以前から始まっている両者の世界観における根本的乖離の影響を見落としている。世界の見通しに対する根本的な食い違いはアメリカの政権が交代しても変わってはいない。

ヨーロッパの衰退はアジアの相対的な力と影響力の台頭と時を同じくし、相対的にアジアの力を目立たせていく。アジアではグローバル化が西側からの教育、技術並びに科学の進歩の流入を加速し、大量の人口を誇る中国やインドを満たしている。この変化は欧州とアジアの主要国間の人口の不均衡をより重大で地政学上意味のある差にしている。この相対的な人口増と人口減は兵役世代のマンパワーや労働力、そして知的付加価値製造力といった人口の内訳によっても違ってくる力の差となる。

世界の脅威はアジアから

一九四〇年代にニコラス・スパイクマンは世界制覇の鍵はユーラシア大陸の周辺地域――ノルウェイから中国東部までの大きな弓状の地域――の支配能力であると記した。二一世紀の今、この周辺地域内のヨーロッパの部分はアジアの周辺地域と比べ相対的にその重要度を落としている。二一世紀の戦略的中心はトルコ半島からマハンがかつて「議論を呼び、議論されてきた地」と表現した朝鮮半島までの半月状の地域であろう。そこには中東、ペルシャ湾、南西アジア地域も含まれ、南西アジアはイスラム原理主義とテロ組織のベースにもなっていることから米国が二つの戦争を戦ってきており、またインドとパキスタンという敵対する核保有国が存在する。またこの地域にはエネルギー資源が豊富な旧ソビエト共和国の中央アジアや、中国、ロシア、日本、韓国が互いに影響力と覇権を競い合う東アジアも含まれる。

アジアの周辺地域には紅海からベンガル湾、シナ海を経て日本海に至る海上ハイウェイも含まれる。この海上ハイウェイはスエズ運河やアデン湾、ホルムズ海峡やマラッカ海峡、そして台湾海峡といった海上交通の要衝・難所が含まれる。

ヘンリー・キッシンジャーはアメリカのアジアとの関係を「英国と欧州大陸の過去四世紀の関係」に喩《たと》える。「世界で最も人口が多い国々と大量の資源並びに勤勉な人々を有するアジア圏がアメリカに敵対的になればアメリカの国益に反することになる」と書いている。

ズビグネフ・ブレジンスキーは国連の統計値を引用しながら、二〇二〇年までにアジアは世界の六〇％の人口を占めるのに対し、欧州は九％であり、北米に至っては五％となる。アジアには世界で台頭する経済力と軍事力を持つ中国とインドの二大国がある。「世界の安全は極東がどのように進化していくかによって大きく左右されることになる」と記している。

米国のジャーナリスト、ロバート・カプランは中国が過去二〇年で華々しくその軍事力を拡大してきており、インドは間もなく世界第三位の海軍力を保有することになり、日本の海上自衛隊は英海軍の三倍の規模にあり、パキスタンや韓国はフランスやイギリスよりも国内総生産比でより高い軍事支出を続けていると語る。また、アジアの活力とエネルギーは「我々をかつての世界の伝統的な国家関係に連れ戻し、そこでは休みなく同盟関係を有効活用し、競合先からの協力を引き出すといった権謀術数が求められよう」と書いている。

米国務省に勤務していたトニー・コーンはポリシー・レビューに寄稿し、「世界の地政学において二つの大きな変化が起きており、世界経済の重心が大西洋から太平洋に移っていることと、アジアに『第二の核装備時代』が到来し、それと共に過去三世紀続いた西洋の軍事優位が終わりを迎える」と述べている。

国際問題において国力を定義する人口増大や人口密度といった要因を鑑《かんが》みると、世界の秩序に対する次の大きな脅威はアジアから登場するといえよう。アジアには三つの大陸サイズの大国（中国、インド及びロシア）が控えており、その内の二カ国は経済成長が著しく、かつ大規模な人口を抱えている。中国、インド、ロシア、パキスタン及びイスラエルは核兵器を保有し、イランと北朝鮮は近い将来核兵器を保有することになる。朝鮮半島や台湾海峡での危機発生は日本をして核兵器クラブへの参加を促しかねない。中国とインドは軍事力に重点投資を続けており、海上兵力とその他の戦力投入能力を高めている。イスラム原理主義のテロリストの多くはアジアにベースを置きアジア内で活動支援を受けている。急速に成長するアジア経済と人口は世界のエネルギー源のより多くのシェアを求めていくことになる。

本章で注目した新しい人口動態と地政学上のリアリティは米国のアジア・太平洋地域重視戦略に反映されている。米国の軍事・外交資産はますますアジア・太平洋地域に投資されている。なぜなら米国の安全保障上の国益を欧州よりもアジアにより多く保有するためだ。この新しくまた劇的な米国のアジアシフトは当該地域の人口動態と経済、政治のトレンドが継続する限り続く。

相対的な人口動態の衰退は長い目で見て最終的に国力の低下をもたらす。少子高齢化の傾向にある欧州、日本、及びロシアは以前に比べ地政学的にその存在感を失ってきている。先進国における米国の緊密な同盟国である欧州と日本の衰退は、世界の海洋秩序を支えていく責務を米国が将来より多く背負い込むことを意味する。欧州と日本は平和維持活動や人道支援介入任務を増大させるかもしれないが、冷戦後の秩序を支えていく役割については減少していくであろう。このように、人口動態の衰退はかつての大国が冷戦後の国際的和平と安全を支える力を弱めることになる。

ロシアの人口動態の衰退は中国にとって地政学上の前進の機会を与える。実際、ロシアの極東地域では中国からの移民がロシアの人口不足に伴う真空地帯を埋めている。中ロは人口動態的に下降線の大国ロシアと、経済・軍事的に上昇基調でかつ人口もまだ必要以上にある大国中国が互いに国境を接して近接しているという特異なケースであり、上昇基調の台頭する国が下降線をたどる国の脆弱性につけ込もうとする可能性が高い。

世界の力関係は静的ではなく、また一寸先は闇である。一九世紀末から二〇世紀初頭にかけての日本の台頭を予見したものは誰もおらず、一九八〇年代末から一九九〇年代初頭にかけてのソビエト帝国の平和的崩壊を予想していた人間もいなかった。地理や人口の優位性は、政府や社会の無気力あるいは不正腐敗により減殺される。国の指導者の構想と意図並びに政府の性格といったものが相対的な地政学状況を和らげもし、あるいは悪化させたりもする。ドイツがビスマルクに率いられたか、ヒトラーか、はたまたヘルムート・コールかによって地政学状況を変化させたことは理解できよう。

とはいえ、やはり人口動態とその将来の傾向は常に国力の判断に大きなウェイトを占める。「長い目で見て、地政学は相対的人口のトレンドのインパクトを避けることはできない」というレーニンの言葉はけだし名言といえよう。

第2章　アジアの勃興と足並みの乱れ

1．日本　日没の国？　日本の人口動態の変化が戦略的に意味するもの

トシ・ヨシハラ（米海軍大学校アジア太平洋研究担当教授）

日本が人類史上かつてない人口動態の変化に向かっていることはよく知られている。長年、学者や政策決定者は日本を急速に高齢化する社会の古典的ケースとして取り上げてきた。先進国の将来が今後どうなっていくのかを研究してきた彼らにとって、世界の高齢化のフロントランナーとして日本は、日々その様子を提供する格好の研究対象となっている。その研究の多くは日本の高齢化がその経済と社会に与える影響に焦点を当てている。これは頷ける。世界をリードする経済大国の一つである日本が、人的資本を経済成長の原動力に変換してきた力を高齢化で失うことになるとすれば、それは世界にとっての悪い予兆となる。一方、日本を調べている人々は、日本の少子高齢化の国家安全保障と防衛力に与える影響の視点を欠いている。

この人口動態の変化の安全保障への影響は非常に重要であり、それは単に国土防衛に必要な物理的なマンパワーへの影響だけでなく、日本の国際的責任の遂行能力にも関わってくる。突き詰めればこの少子高齢化の日本の安全保障への影響は二つの問題に凝縮される。一つ目は、日本は自分の国を自分で守る能力を失っていくのかという疑問。もう一つは、日本は国際社会において今果たしている平和と安全のための貢献を維持できなくなるのかどうかというもの。

これら二つの疑問に答えるべく、本章では（１）日本の基盤的防衛力に少子高齢化がいかなる問題を与えるかについて焦点を当て、（２）少子高齢化が日本の世界における戦略的地位にいかなる影響を及ぼし得るかの二つのシナリオを仮定し、（３）さらには日本だけでなくアメリカやアジア地域と世界の安全保障環境といった広域的戦略環境上の影響にまで検討を広げてみた。この章の一つの結論は、すでに始まっている少子高齢化の圧力は日本の政策意思決定者と防衛計画立案者が将来打ち得る手の選択肢を狭めており、彼らは苦しい選択を迫られるというものである。

日本の人口動態の将来

日本の人口動態の行く末は誰が見ても不安を覚える。国連統計によれば、日本は世界の高齢化の進行、出生数の減少、人口の減少のいずれの分野においてもトップに位置している。若者の数に対する高齢者の数の比率の増大は世界の最先端にあり、その高齢化の速度は今後さらに加速すると予想されている。

「日本の大きな高齢化の波は出生率の低下、寿命の増大そして極端に少ない移民に象徴される、いわば完璧な人口動態の嵐の結果である」と研究者のリチャード・ジャクソンとニール・ホウは説明する。日本は戦後急激な出生率の低下を生じている。一九五〇年代には平均出生率は二・五八であった。一九六〇年代と七〇年代にはそれがそれぞれ二と一・九八にまで下がり、人口維持に必要ないわゆる〝代替率〟の二・一をその時点で下回っていた。日本の出生率はさらに下がり続け、直近の一〇年において一・二八で底入れした。日本の出生率は国連が〝人類史上空前〟と表現するところまで落ちた。その結果、日本人の年齢の中位値は二〇〇九年時点で四四・四歳、六〇歳以上の人々の割合は二九・七％となっている。国連の予想では二〇五〇年に日本の中位値年齢は五二・三歳、六〇歳以上の割合が四一・五％になるとしている。絶対数としては二〇一〇年の総人口一億二六五〇万人中三八六〇万人が高齢者数であったものが、二〇五〇年には総人口一億八五〇〇万人、高齢者数四五〇〇万人と予想される。

高齢化の問題とは別に、低下が続く出生率の結果、人口減少傾向も続いている。国連人口部では日本の人口予想に三つのケースを設けている。一つは最も楽観的なケースで、二〇〇五年のピーク人口の一億二七〇〇万人から二〇五〇年に一億一四〇〇万人に減少するケース。最も悲観的なケースはなんと三〇％も人口が急減し、二〇五〇年には九〇〇〇万人にまで減っているケース。

日本の公の予想値もこれらの予想を確認するものとなっている。二〇〇二年に日本の国立社会保障・人口問題研究所は二〇五〇年の日本の人口を、一億人をわずかに超える程度と予想し、そのうちの三五・七％を六五歳以上の高齢者と予想した。ところが、四年後の二〇〇六年には、同研究所は予想値を改正し、総人口を九五〇〇万人、高齢者比率を三九・六％とし、少子高齢化が当初予想以上に進展したことを確認した。一方、日本の民間の研究所では、総人口は二〇五〇年には九四〇〇万人にまで減少すると予想している。

この迫りくる人口動態の問題に日本の防衛関係者も気づいている。首相官邸主導の「安全保障と防衛力に関する懇談会」は二〇〇四年に日本の包括的国家安全保障のあるべき姿を初めて概括する報告書を上げた。そこでは日本の地域と世界における責任の拡大を予想していた。同時に、日本の防衛を改善する努力を妨げる制約要因、すなわち人口動態問題に直面している事実も述べ、明白に、減少する出生率を主要な制約要因に掲げている。この報告書は日本の安全保障政策と国防の優先順位並びに自衛隊の定量面と定性面の体制の概要を示す二〇〇五年以降の国防計画の大綱の方向性を示す基盤を提供した。

懇談会で指摘された少子化の懸念を反映するかたちで、この大綱も「このように防衛力の果たすべき役割が多様化している一方、少子化による若年人口の減少、格段に厳しさを増す財政事情等に配慮する必要がある」という一文を挿入している。その結果、大綱は「自衛隊の任務の多様化・国際化、装備の高度化等に対応し得るよう、質の高い人材の確保・育成を図り、必要な教育訓練を実施する」としている。

この防衛計画の大綱以降の安全保障環境の急速な変化から、日本政府は改めて懇談会を招集し安全保障戦略の方向性を議論した。その結果出された二〇一〇年の「新たな時代の安全保障と防衛力に関する懇談会」の報告書では、「日本がその平和と安全を守り、繁栄を維持するという基本目標を実現しつつ、地域と世界の平和と安全に貢献する国であることを目指すべきであること、別言すれば、日本が受動的な平和国家から能動的な『平和創造国家』へと成長すること」を提唱している。しかしながら、同報告書は「急速に進む高齢化社会と減少する出生率は防衛力に必要な資源を割り当てることを難しくしかねない」ことを認め、防衛予算が将来増大する可能性は認めてはいない。二〇一一年以降の防衛計画の大綱においても「社会の少子化・高学歴化と自衛隊の任務の多様化等に的確に対応し得る」必要性を認めている。

同様に、毎年防衛省が発行する防衛白書でも少子高齢化が隊員募集に悪影響を及ぼし得ることや自衛隊隊員の定員数に下方圧力を与える可能性が高いことを明確に記載している。例えば、二〇〇五年度の白書では自衛隊に入隊応募資格のある一八歳から二六歳までの男性の数が一九九四年に九〇〇万人でピークを迎えたと記している。言い換えれば、隊員募集対象者の母数は過去一〇年以上減少し続けている。二〇〇六年時点の一八歳から二六歳までの男性の人口は六六八万人で、ピーク時から一二年を経て二五％減少したことになる。

国連統計値はもっと大きな減少を示している。国連の世界人口予想（World Population Prospects）では日本の一五歳から二四歳までの男性の数は一九九五年の九五〇万人から二〇〇五年には七二〇万人にまで減っている。防衛省は隊員募集できる男性の数が二〇一八年頃には五五〇万人ないし六〇〇万人にまで減少すると予想している。一つの比較として、米国の場合、一八歳から二四歳までの入隊募集対象者の母数は一九九五年比で二〇二〇年には一六％増える。二〇三〇年までに同じ年代層の日本人男性は四八〇万人にまで減少する。これらの予想値は将来自衛隊に入隊募集できる母数は持続不可能なレベルにまで減少する可能性を示している。

これらの予想や統計値は日本が低成長の先進国の人口問題の先頭を走ることを予想している。

日本は二〇年後には今よりも小さい国になっており、人口動態予想上最悪のシナリオでは自衛隊はその隊員所要数のニーズを満たすことすら困難になっている可能性もある。一方で、国土防衛から平和維持活動まで人的資本の必要性を強調する安全保障のニーズは減ることはなくむしろ増大する。このマンパワー不足と増大する安全保障ニーズのギャップが日本の安全保障にどういった影響をもたらすかはまだ不明である。ただ、いずれにせよ今の段階から人口動態と安全保障をリンクして将来を明確に予想するいくつかのシナリオを用意することは、日本が今後直面する問題を具体的に予想することに役立つはずである。

低成長先進国のシナリオ

低成長に陥っている先進国では国家安全保障上の危機をもたらす二つのシナリオに直面する。最初のシナリオは力の不均衡と国家間の対抗意識を前提とする。特に、人口動態は成長率が逆のトレンドにある国家間での対抗意識に直接影響を与える。二つ目のシナリオは、脅威から身を守ったり、危機に介入したりする能力が不足している状況を、より微妙な費用対効果に基づき行うことだ。この場合、人員不足は当該国家の地域や世界における秩序維持の役割を果たす戦略的な選択肢を徐々に失うことになる。一つ目のシナリオが国家間の戦争をも想定するのに対し、二つ目は兵力の国際展開能力が減少するとともに国際的安全保障の枠組みから撤収していくことを予想する。

日本に関しては、一つ目のシナリオは今のところ蓋然性は低い。人口の大きな不均衡がもたらす安全保障のリスクに直面するものの、地理も含め日本の置かれている戦略的立場が抑止力として働くためだ。一方、二つ目のそれは日本がアジアや世界での安全保障の責任を拡大しようとするほどにその戦略的計算の中で重要なシナリオとなる可能性を秘める。さらに重要なことは、この二つのシナリオは互いに排他的ではないということ。もし日本が二つ目のシナリオの目標を効果的に達成できなければ、確率は低いものの一つ目のシナリオが頭をもたげてくる可能性は高まる。

シナリオ1　力の不均衡

この力の不均衡シナリオは国家間の人口の大きな差が両国間の通常兵力のバランスにおいて大きな不均衡を作り出すことを前提にしている。そのような不均衡は理論的に両者の戦略地政学的計算を刺激し、戦争に繋がりかねない。より巨大なあるいはより早く成長している国は侵略に向かいやすい。国力のより小さい近所の国を圧倒できる人的資本の巨大な備蓄があるためである。一方、より低成長の国、あるいは圧倒的に人口の小さいほうの国では力の不均衡が取り返しのつかないほどに拡大する前に相手国に先制攻撃を仕掛けようと考えるかもしれない。

しかしながら、そのような単純な攻撃的思考にブレーキを踏ませる四つの抑制要因がある。一つは地理の重要性。もし、当該の二国が陸続きでなく海で隔てられている場合、攻撃的野心は減殺されやすい。例えば中国と台湾の間には巨大な人口の不均衡が存在するが、両者の間に九〇マイルを隔てた海があることが何十年もの間、侵略行為を防いできている。

二つ目は、仮に両者が陸上の国境で接していても防衛しやすい地形によっては侵略や先制攻撃の誘惑を妨げやすい。山やジャングル、河川などの侵攻を阻む地形は十分に物理的な緩衝地帯となりやすい。もし一方の国が大きな領土や聖域を持っているならば、その戦略的潜在力を最大限に発揮し持久戦や消耗戦を展開する可能性を示すことで、侵略者の野心を抑止することも可能になる。一九七九年の中越戦争において、規模では圧倒的に勝る中国が目に見えた戦利なく甚大な人的損失を被ったのは、もっぱら侵攻ルートの作戦環境が困難を極めたためである。

三つ目は人口の大きな差のある二カ国がともに核兵器を保有している場合には直接の侵略行為を抑止しがちである。核兵器の破壊的な威力はたとえそれが抑制的な攻撃であっても、人口密集地域になされれば受け入れがたい苦痛を生じる。過去一〇年間でインドとパキスタンの間に開戦瀬戸際の危機が数回生じたが、両者ともに一九九八年に核兵器の実験を実施していたことから、カシミール地方の長年にわたる対立が実際の紛争に発展するまでには至ってはいない。パキスタン側は、通常戦では兵力規模において圧倒的に勝るインドに対し勝ち目がないため、核兵器による先制攻撃戦略をインドに対する抑止効果として明確に採用している。

最後に、人口の大きいほうの国はその人的潜在力を信頼性の高い攻撃能力に変換できなければ意味がない。軍事技術の進展により、質はますます量に優っている。小国であっても一流のハイテク軍事力を持てば大国の持つ量に対する劣勢を十分に挽回できる。小国のイスラエルは人口規模で勝るアラブの近隣諸国との戦いに繰り返し勝利を収めてきた。理由はイスラエルが作戦能力の優越と兵器の技術的優越性を重視してきたためである。一方、アラブ諸国は数では圧倒的に勝る兵力を持ちながら、それを効果的な戦闘部隊に仕立て上げることができなかった。

以上のような要因が日本にいかにあてはまるであろうか？　北東アジアにおいて日本の脅威となり得る規模の人口を有する国は中国のみである。中国自身、迫り来る人口動態の危機を想定する必要があるが、現状、その人口は日本の一〇倍以上である。歴史に基づく反日感情、領土問題、そしてアジアにおけるリーダーシップ争いの芽といったものの存在がこれまで何度となく両国の関係を乱してきた。両国の争いは避けられないものと見る向きもあろう。

しかしながら、人口動態に基づく争いの発生を抑制する四つの前出の要因はすべて両国の間に存在している。最も顕著なのは日本と中国が東シナ海と黄海で隔てられていること。ちなみに上海から那覇までの距離は五一一マイルある。もし中国が九〇マイル幅の台湾海峡を超えて台湾に侵攻できないならば、日本も当分の間は中国の上陸作戦に襲われる可能性は低いといえよう。日本の山脈に覆われた地形やいくつかの非常に人口密度の高い都市部の存在は、仮に中国が日本本土への上陸に成功したとしてもその後の作戦展開を非常に困難にする。小規模ながらも中国が保有する核兵器の標的には在日米軍基地が含まれているが、これもアメリカの核の傘が日本をカバーしていることをもって抑止されている。最後に、中国の過去二〇年以上もの軍事力の近代化努力には目を見張るものがあるものの、日本の自衛隊は小規模ながらも世界一流の海軍と空軍を持ち、中国の侵略を抑止するに十分な致命傷を与える能力を保有している。よって、人口動態の違いに基づく両国間の争いの勃発は当分の間は現実的ではないといえよう。

シナリオ２　資源のミスマッチ

このシナリオは低成長の国が四つの理由で内向きの変化を迎えるシナリオである。第一に、人口減少が、戦闘に求められる人材の募集対象の数をいずれ必然的に減らしていくこと。二番目に定年退職者人口の増大が、彼らが必要とする社会保障支出を増大させることで防衛予算を抑制し、隊員募集費用や隊員の訓練並びに維持に必要な支出を制約してしまうこと。三番目に、現代の兵力を指揮し、運用する高い能力を持った人材の獲得が、より雇用条件の良い民間部門との競争においてますます困難になっていること。四番目はリスク回避型の意思決定が特に高齢化が進む民主主義国家の政府の意思決定の特徴となってきていること。高齢化する選挙民は気質的に懐柔的な政策を支援しがちになり、核家族世帯は数少ない彼らの子供を危険なところに送り出すことを拒むようになる。

以上四つの理由から、低成長の国はますます人員不足を技術的解決策で補おうとする。特に、長距離精密誘導兵器や無人兵器、その他ハイテク機材を採用することで自軍の人的被害の可能性を抑えつつ想定脅威に対するしっかりした対処能力を維持する。

しかしながら、縮小するマンパワーを技術で補おうとする傾向は自らの新たな病理を作り出してしまう。より少ない人数でより高い技能を必要とする非常に高価なハイテク兵器を操作する状況において、意思決定者はその高価な資源を失わないようリスク回避の傾向を強くしていく。さらには、アフガニスタンやイラクでの過去一〇年の戦闘の結果、技術力だけでは限界があることが如実に判明している。ドナルド・ラムズフェルド元国防長官が進めてきた兵器の〝変革〟は確かに通常戦においては目を見張る作戦上の成果をあげたが、その後の反乱を鎮圧できなかった。これは通常戦闘以外の幅広い軍事作戦には引き続き実際の人間が必要であることを強調している。テロリストの避難場所を提供する亡霊のような国が存在する限り、相当数の兵員を動員し、その無法地帯に兵員集約型の安定化作戦を展開する必要がある。

より長期的には、さらに厄介な結末が控えている。たとえ先進国の中に地域的なあるいはグローバルな秩序を保つ政治的意志があるとしても、減少する人口と安定化作戦にとっての技術投資の効果の低さは作戦への参加自体の再考を促すことになりかねない。仮にマンパワーと技術力の組み合わせが安定化作戦のニーズをもはや満たすことができないとわかれば、意思決定者の戦略的判断は麻痺状態を来す。以下のピーター・ピーターソン（ピーター・ピーターソン基金理事長）の議論は、先進国の厳しい選択を適切に表している。

仮に軍事資本（カネを使った兵器）で兵員投入を代替するにしても、その兵力展開の選択肢は危険なほど限られている。脅威に面している先進国にとっては二つの極端な選択肢——比較的安価な低強度対応（対テロ攻撃と巡航ミサイル外交）か高強度対応（戦略兵器による全面的攻撃）——しかない。

言い換えれば、先進国は脅威の度合いに比例した軍事行動を行うことができなくなるということ。もっとドラマティックな表現を用いるなら、先進国は英国が二つの世界大戦の間に採った融和政策のようなものか、あるいは冷戦初期にアイゼンハワー政権が採った大量核報復戦略の両極端の狭間に捕らわれてしまうということ。不作為か過剰反応かの選択肢に直面し、地域の大国や世界の大国は複雑に錯綜する安全保障の責務を果たすことが困難になるか、あるいは最初からそれを放棄することになるかもしれない。

迫り来る安全保障戦略と自衛隊の力量

この二つ目のシナリオがおそらくは日本の将来の苦境を最も端的に表している。前述のとおり、日本は来る人口動態上の危機を安全保障の面からも明らかに認知している。しかしながら同時に日本はここ数年、以前ならば避けていた幅広い海外作戦に参加することを約束してきている。例えば、二〇一〇年の「新たな時代の安全保障と防衛力に関する懇談会」の報告では国際的な安全保障環境を改善していくことは日本の安全保障にとって、国の物理的な防衛と同等に大切なことであるとみなしている。委員長は「国際社会に存在する様々な脅威やリスクを低減するために行動することによって、日本が国際社会における存在価値を高め、同盟、協調関係、さらにはもっと広く外交力を強化することによって、日本自身の防衛力と相まって、自国の安全保障目標を実現する」とはっきりと主張している。

実際、報告書は、世界の安全保障環境の安定化任務への自衛隊の参加を〝主たる任務〟の一つと指定している。国防と国際的安定化任務の両立を図るため、この懇談会は日本が自助努力を行うと共に日本の主たる同盟国である米国と協調して行動すること、そして韓国やオーストラリア、NATO、インド、中国、ロシア及び国連と多層的安全保障協力を図るべきと宣言している。

委員長はさらに、バラバラに起こるのでなく同時多発型や継続的に発生する複雑な有事に適切に対応できる能力を持つことを目指すべきと論じている。報告書はより具体的に、新たな任務を自衛隊に付与することを提案している。その中には弾道弾並びに巡航ミサイル防衛、テロ対応、離島・領海・領空・排他的経済水域の防衛、邦人救出並びに災害対応が含まれる。懇談会はこれらの脅威が同時に発生する可能性に再度触れ、自衛隊の即応能力と有効性の実現を強く求めた。

二〇一〇年以降の防衛計画の大綱はこの懇談会の主張を再確認し、国の安全保障と国際的安定は不可分であり、より積極的に国連の平和維持活動に参加すると共に、人道的支援、災害支援、海賊掃討作戦など非在来型の安全保障問題にも積極的に取り組むと約束している。

自国に近いところでの任務としては、弾道ミサイル攻撃に対する防衛、サイバー攻撃対応、敵の特殊任務部隊の襲撃への対応、日本の離島への侵入の撃退、日本の領海と領空の警戒と、侵入の阻止と大量破壊兵器攻撃の影響の管理といった能力をこの大綱は求めている。加えて、自衛隊は不断の諜報活動と監視・偵察活動を継続し、一方で他国の軍隊と共同訓練や共同演習を行い、国際平和協力活動に従事しなければならない。日本の防衛計画責任者は明らかに自衛隊を非常に忙しい状態で半永久的に保つ計画にある。

日米同盟の題名の下でここ数年出されている政策書は、グローバルな安全保障問題に決定的に前向きな日本のこの姿勢を支持するものとなっている。二〇〇五年二月の日米安全保障協議委員会（SCC。日本の外務大臣、防衛大臣と米国の国務長官、国防長官による両国間の最高位の公式協議）において共同声明が出され、グローバルな共同戦略目標が大胆にうたわれた。特に国際平和協力活動と世界のエネルギー供給の安定化を、両国がより一層の緊密な協力を必要とする分野と位置づけた。その年の一〇月、SCCは上述の共通戦略目標を再度確認した上、両国がその目標達成のために柔軟な能力を備えることを求め、また両国以外の第三の参加者にも門戸を広げることとした。

二〇〇七年のSCCにおける共同声明は、自衛隊の主任務が国際平和維持活動や国際的災害支援活動、周辺事態対応を含むように再定義されたことを主要な進展と強調した。二〇一一年六月のSCCでは地域安全保障の維持、世界的公共財へのアクセスの確保、中東での安定化の促進、国際協力の強化を含む二四もの共通戦略目標を掲げた。その際の共同声明では二〇〇五年と二〇〇七年のSCCでうたった共通目標を明示的に支持し、両国の同盟関係の世界的使命の永続的性格を強調した。日本がより大きな世界的責任を背負い込むほどに、自衛隊に対する要求と、それに伴うストレスが乗数的に増えていくことは間違いない。

冷戦後、日本は一貫して現役隊員二四万人体制を維持してきており、これは全人口の〇・一八%に相当した。一方、米国では人口の〇・五%が現役の軍属となっている。もし、日本が隊員総数を今のレベルか、人口に対する比率を今のレベルに保つのならば次の一〇年も人口問題の圧力を凌ぐことはできる。二〇二〇年頃の日本の人口が一億二三〇〇万人程度に縮小しているとしても、対総人口比を〇・一八%に保つのであれば隊員数は二三万一〇〇〇人に減る程度である。もし、二〇二〇年でも隊員数を二四万人に固定維持するならば対総人口比を〇・二%に上げる程度で済む。

だが日本が国際的活動を自衛隊活動のポートフォリオに組み込むならば、これらの兵力レベルではおそらく不十分となろう。例えば、国際的作戦に積極的に参加し、兵力投入能力を自負する欧州の中規模な軍隊の能力は日本にとって有効な基準点となるであろう。その中の英国とフランスはともに人口のおよそ〇・三%の現役兵員数を保有している。もし、日本が英仏並みの兵力規模を保有しようとするならば追加で一四万人もの人間を募集採用し、訓練し展開する必要が出てくる。募集対象となる男性の人数が減っている状況を勘案すれば、そのような隊員拡大は困難といわざるを得ない。

ただ、隊員数は日本の国際責任を実行する能力を測る単なる一つの生指標《ナマ》に過ぎない。指揮官や下士官の年代構成はもう一つの有益な定性的指標といえる。理想的には一〇代後半から二〇代前半の若者が下位の階級の多くを満たしているのが健全で活力のある軍隊といえよう。しかしながら、自衛隊の年代構成はその理想と全く逆の状況にある。自衛隊では、指揮官の中で最も低い三つの階級の退官年齢は五四歳と高い。従って、陸上自衛隊の場合、五二歳の指揮官の六〇％は一陸尉か二陸尉の地位に留まっている。この階級の集団としては、陸上自衛隊は米軍の同階級集団よりも二〇歳以上歳をとっている。陸上自衛隊の隊員全体の平均年齢は四一歳で米陸軍よりも約七歳年長である。前出の二〇一〇年「懇談会」報告書でも、前線部隊を率いる階級の低い指揮官の平均年齢は米軍や英国軍の同じ階級群の指揮官に比べ歳をとっていることを認めている。

同報告書はさらに、自衛隊は全体的に高齢化しているとさえ記している。純粋に作戦運用の観点からすると、米軍は自衛隊の戦術的指揮官の過半数がその与えられた任務に対し歳をとりすぎていると見ている。言い換えれば、自衛隊がその新しい任務を効果的にこなしていくためには単に隊員数を増やすだけでは十分ではないという状況にある。

さらに、この高齢化組織構造は新規隊員募集の差し迫った問題点を一部隠している。下位の階級の指揮官ポストを二〇年から三〇年もの間、ある年代層が占めていることにより、そのポストを新規隊員募集で代替していく必要性を削減してしまっている。比較として、米軍の場合、軍組織の中に残るためには一定期間内に昇進し続けねばならず、それができなければ強制的に退官させられることになる。この昇進か退官かのアプローチは、前線部隊を率いる部隊長のポストに着実に若い指揮官を配置することを可能にしている。もし自衛隊がもっとバランスの取れた年代構成を求めるならば、隊員募集の目標人数を嵩上《かさ》げする必要がある。対象となる男性の母数が減りつつある状況下で自衛隊が隊員募集の増枠目標を満たせるかどうかはなんともいえない。

もっと悩ましいのは恐らく、自衛隊が現在の様々な任務の重みに押しつぶされつつある兆候が出ていることである。陸上自衛隊の幹部の何人かはすでに人員不足の懸念を口にしている。元幹部学校長の樋口譲次陸将は、冷戦後になされた人員と装備の削減はすでに現在の組織を「圧迫し、骨組みだけの状態にしてしまっている」と主張する。そして、ミサイル防衛システムのような新たな兵器を配備することを急ぐ中で「日本が独立国として必要最小限保持すべき防衛力はすでに失われつつある」と結論づける。前線部隊の兵力は所要より二〇％も不足し、備えを著しく欠きつつある。その結果、「自衛隊が現在の兵力のレベルでは平和維持活動（ＰＫＯ）や海賊への対応、あるいは救難捜索任務を実行できるかどうかは疑問である」と別の陸自野戦幹部は嘆く。

海上自衛隊も同様の困難に直面している。米国主導の対テロ作戦を支援すべくインド洋に艦艇を展開した際に、日本のメディアはかかる国外任務が肝心の本土防衛にギャップを生じているのではとの疑問を呈した。海上自衛隊が保有する四つの護衛艦隊のうち二つ（時に三つまで）は常時訓練か修理・維持整備の状態にある。従って、インド洋に護衛艦隊を一つ派遣したとなると本土防衛に使えるのはわずかに一護衛艦隊となる。後日明らかになったこととして、元海上幕僚長の古庄幸一海将は、北朝鮮が不当な核兵器配備計画を持っていることを二〇〇二年末に認めたことを受け、日本が北朝鮮のミサイル発射を監視し続ける洋上能力に欠けていることを懸念していたという。二〇〇六年七月に北朝鮮が一連の弾道ミサイルを発射した後にも本土を守るべき海上自衛隊の護衛艦の使用可能隻数に関する同様の懸念が表明されている。

多くの任務に過剰にコミットすることに対し、古庄海将は海上自衛隊が近い将来限界点に達しかねないとの恐れを世間に広く表明している。過去二〇年もの間、海上自衛隊の隊員数は固定化されているなか、新しい任務が次々と加わったため、海上自衛隊は前方展開中の護衛艦の乗員や訓練中の隊員、支援部隊にいる隊員を吸い上げその新たな任務に充てるという一時しのぎを繰り返した。その結果、いくつかの艦艇では乗員数が定数より三〇％も少ない状況にある。もし人員需要が正しく満たされなければ「隊員募集や教育訓練、後方支援にまで至る組織的崩壊を生じかねない」と古庄海将は警告し、「このままでは海上自衛隊全体の戦闘能力が弱体化しかねない」と主張する。護衛艦四隻の退役を予定より早め、その乗員を乗員不足の艦艇に回すという現在の防衛省の計画はこの慢性的な人手不足の問題の深刻度を反映している。

長期的に、日本がより多くの艦艇とそれを運用する乗員を確保する術を持てるかどうかは今のところわからない。ただ、最先端の能力を持つ水上艦艇の価格が高騰している状況から日本がその隻数と人員を拡大することは事実上困難と予想される。例えば、最先端の弾道ミサイル防衛システムを持つイージス艦は法外に高い。加えて、イージス艦の能力はＰＫＯのような人手を多く要する任務に必ずしも合致するものではない。たとえ現代の艦艇が、省力化の進んだものであっても海上自衛隊がシーレーン防衛や大量破壊兵器の阻止、弾道ミサイル迎撃、大規模災害支援、国際協調作戦への参加などを通常の領海防衛への備えと共に行うためには、自らの規模を何倍にもしていく必要があろう。そのような拡大は現状、現実的ではない。

実際、前出の二〇一〇年の「懇談会」報告には、老朽化する船と航空機が必ずしも全て新品に代替されていく見通しにはない状況下、海上自衛隊は、より少ない資源でより多くの任務をこなさなければならないという多分に有無を言わさぬ表現が記されている。ただ、海軍兵力の弱体化の懸念に対し、懇談会は暫定的手段として装備品の使用期間の延長を海上自衛隊に促している。

予算面で、自衛隊は過去何十年もの間、ＧＤＰの一％枠という非公式な上限を課せられてきた。日本の防衛予算は例外なく増え続ける年金支出を含めた人件費が最大の割合であるにもかかわらず、その総額は絶対値でも増えていない。二〇一一年三月の東日本大震災後の復興予算の必要性から防衛支出にさらに縮小化圧力が加わるかどうかはまだ不明である。若く技能のある人材の獲得競争は、団塊の世代の定年退職が進み、その代替人材需要が高まるなか、人材の供給自身が先細っていることから激しさを増している。二〇〇六年度防衛白書は民間企業が団塊の世代の退職の波に備えて採用を増大させることから隊員募集は供給の逼迫に直面すると予想していた。この競争に勝って新たな人材を獲得し維持するにはより多くの報酬を支払う必要が出てこよう。

さらには、新たな任務の拡大に伴い教育訓練を通じ部隊の質を向上させるため人に関する経費はさらに早いペースで増え続ける。海外任務の増大は人員増員を必要とし、ただでさえ厳しく抑えられている防衛予算にさらなる圧力を加える。こういった状況は日本が進めようとする海外遠方への日本の貢献任務の投入・実行能力に必須の兵力近代化予算を奪っていく。

さらには日本の財政赤字問題があり、人口減による税収減はこの問題の悪化の可能性を高めている。将来の日本の財政政策に関する諮問委員会は二〇一五年までに日本政府の財政健全化を図るためには厳しい支出削減が必要になると予想している。同委員会によれば、支出削減だけで健全化を図る場合には、支出は現在よりも三二％少ない二〇〇六年度レベルの支出に抑える必要がある。その場合、防衛予算は七〇％削減することになると警告、これは国内の災害支援対応能力すら満たせないレベルになりかねない。そのような激しい削減は政治的抵抗に遭うであろうが、委員会が示したこの寒々とした財政状況からして防衛省の人員増の嘆願が近い将来聞き入れられることはないであろう。

技術崇拝の誤算

人手不足と予算不足の中で世界に対する安全保障の責任を拡大していくという日本の大胆な決心の根拠はなんであろうか。一言でいえば技術である。いわゆるＲＭＡ（Revolution in Military Affairs）と呼ぶ軍事技術革命を日本の防衛関係者は明らかに信奉している。これは第一次湾岸戦争の際に流行った概念で、先端技術は量的劣勢に打ち勝つことができるというもの。日本のような技術志向の国にとってはこの概念への期待が高いことは頷ける。ただ、技術への過度の信頼は特に戦争や紛争防止といった失敗の許されない環境において誤算を招きかねない。

二〇〇〇年に日本政府は「情報RMA：情報RMAと将来の自衛隊に関する研究」と題する報告書を発表した。これは防衛関係者の間で活発な議論を巻き起こした。同報告書は日本独自のRMAを追求することにより「最小限の反応時間で最も効率的な能力の発揮と即座に変化する状況に柔軟に対応できる防衛態勢」を構築できると論じている。人的資本のような乏しい資源のより効果的活用という意図を暗示する「効率的」という表現がこのRMAの期待される運用上の効果として際立っている。

このRMAという概念に取り組んでいるうちに、それに関連する言葉や言語のほうが表に出て、防衛白書など公式の書類に登場するようになっていった。実際、二〇〇七年度版白書ではRMAを完全に組織内の考えとして取り込み、白書の著者は輝かしい言葉でこのRMAへの熱烈な支持を記している。「情報通信技術に導かれた技術の進歩は華々しい戦闘能力の改良をもたらすのみならず、軍事力の根本的な変革をもたらした」とまで記している。

この技術に対する信頼は前出の幾つかの報告書の中にも登場してくる。例えば二〇〇四年の「安全保障と防衛力に関する懇談会」の報告書では、自衛隊の契約企業が情報技術を駆使することで兵器が発揮する能力をその総和から乗数的に飛躍させ、指揮命令系統の効率化、教育訓練の改善を図ることで新たな効率を実現させることにより、人員不足やその他資源不足を乗り越えることができるとの希望を記している。要するに自衛隊は「その組織を拡大せずに多くの機能を発揮」

しなければならないという。

二〇〇五年以降の防衛計画の大綱でも同様に、日本は「多機能で柔軟な、かつ有効な防衛力をその規模を拡大させることなく構築する」と宣言している。「日本政府は活用できる限られた資源をベースに、より大きな結果を達成できるよう、人員、装備品並びに作戦を合理化し、効率化する」と誓っている。言い換えれば、技術は自衛隊をして同じ資源か、恐らくはより少ない量で多くを実現させることを可能にすると述べている。

日本の防衛計画では兵員を代替する様々な技術的解決策が立案されている。一つの期待の持てる分野が無人システムの開発である。二〇〇九年一二月に自衛隊は日本で初の高速無人機（ＵＡＶ）の試作機の飛行試験に成功した。二〇一〇年度防衛予算では平時偵察任務用の中距離ＵＡＶの設計が進められた。国境警備やシーレーン監視から災害支援まで人間にとっては危険に過ぎる作業や、飽き飽きしやすい作業をこなすロボット技術を自衛隊はもっと積極的に開発すべきであると軍事評論家の兵頭二十八は論じる。

日本はまた別の技術的代替手段として長距離精密誘導兵器に興味を示している。自由民主党は二〇〇九年に政権を失う前に、日本の宇宙技術とミサイルを組み合わせる大胆な計画を防衛政策に関する一つの公約として掲げている。具体的には衛星と長射程巡航ミサイル、あるいは弾道ミサイルを組み合わせ、敵のミサイル基地を攻撃することを提案している。察するに、有人航空兵力による攻撃の代わりにミサイルを使うことで脅威度の高い状況における人的被害のリスクを抑える狙いであろう。

自衛隊の政策や戦略並びに資源に関する議論はドナルド・ラムズフェルド元国防長官の米軍〝変革〟への執着を思い出させる。ラムズフェルドは、ハイテクに基づく「ネットワークで繋がっている」兵力は多くの目標を少ない資源で達成できるという論理に基づき、特に人的資源を多く必要とする地上軍組織の編成や装備を削減しようとした。彼は、技術が数を凌駕できると論じた。当然この論理は高強度の戦争に対し最適化されている兵力は、低強度の任務を追加の支援なしに遂行できることを想定している。主要な戦闘作戦に備えて設計された日本の高度な兵力もまた、その既存の資源だけで安定化作戦を遂行できるというロジックである。

しかし、そのロジックには少なくとも三つ問題がある。一つは、そもそも、軍の変革あるいは部分的なRMAであっても、それを行うには金がかかる。一九九〇年代の米国の経験が物語るように、ハイテクの情報依存型戦闘に向けて軍隊を変革しようとすれば調達コストは急騰する。迫り来る財政問題を抱える日本ではその科学技術の技術革新に厳しい制約が課せられるであろう。

二つ目は、技術的洗練度は劣るものの数で勝る敵軍は、その数を一気に展開することで小規模なハイテク型兵力を圧倒することができる。前出の「情報RMA報告」も、「もしRMA前の従来型軍隊が大量の兵力でRMA型軍隊を圧倒してきた場合、RMA軍隊が精密誘導兵器を展開したとしても敵の圧倒的兵力に押さえつけられてしまうので、いくらRMA型軍隊であっても劣勢を挽回するのは困難であろう」と記している。例えば、中国はその巨大で陳腐化した部隊をある特定の敵にぶつけることで相手の負担を増し、一方でもっと近代的な軍隊を他の目的に回すという芸当が可能である。

三番目に、人道的支援から破綻国家対応まで非伝統的脅威に対し、ハイテク兵器は効果を発揮しにくく、むしろ現場に部隊を貼り付ける能力が求められる。防衛省の内部のシンクタンクが指摘しているとおり、戦争は往々にして「戦闘後の秩序回復と秩序の再構築期間において大規模な軍事活動を必要とする」。よって、防衛計画立案者は今日の安全保障環境においては平時と有事の中間のような性格の継続的防衛作戦を必要とする状況があり得るとの了解の下、期間延長型作戦行動にも対応できる持続性を検討しておく必要がある。このシンクタンクの著者は戦闘終結後のイラクの教訓を意識している。また、二〇一一年三月の東日本大震災もまたマンパワーが重要であることをはっきりと思い出させる出来事であった。第二次世界大戦後の日本の歴史上最大の兵員動員となったこの震災対応任務では一〇万人を超える隊員が招集されている。

ということで、技術のみでは伝統的な国土防衛はもとより、ますます広がっている安定化任務に至るまで、その遂行には明らかに限界があるということである。この大震災対応の教訓は、日本が持つ国際的平和維持活動への貢献の大きな思いを縮小させる必要があるということかもしれない。将来、日本は大掛かりな派兵を必要としない低強度で後方支援型の任務に限って国際貢献に参加するというように自制しなければならないかもしれない。

日本にとっての戦略的帰結

日本が発してきた政策的声明が軽い口約束でない限り、日本は純粋に世界に対する安全保障上の責任を拡大していく意図を持っていると考えるのが賢明である。そうでなければ、かつてない内部能力の再評価や世界に向けた意思表明などは行わなかったであろう。国際社会の中で日本が人口的に縮小しているという将来を見つめるときに、日本にとって今考えておかなければならない重要な検討事項と判断事項がある。

一つは日本の外交安全保障政策と、それを達成するための戦略と、それを実現するための保有資源の間に明らかにミスマッチがあるということである。人員不足が予想される状況において、自衛隊が複数の、同時に発生し得るあるいはほぼ同時に起こる可能性の高い有事（例えば通常戦闘作戦と安定化作戦の組み合わせ）にまで対応できるかどうかはますます疑わしくなってきている。日本がその幅広い政策目標の達成を望むのであれば、日本の指導者ははっきりした優先順位――伝統的戦闘任務と日本が想定している非伝統的任務の中での重要度に応じた階層――を設ける必要がある。そしてその優先順位に基づき戦略と作戦と部隊編成を決める必要がある。例えば、マラッカ海峡近辺の海賊対応任務よりも人道的支援任務のほうが重要かどうかなどである。

二番目に日本の政策決定者はその新たな優先順位に基づく戦略の底流にあって、従来は当然のこととして受け入れていた前提を見直す必要がある。例えば、「国際平和協力活動」という曖昧な総称をもっと深く掘り下げ、具体的に何をどうするか定義していくべきである。戦争以外の軍事作戦は広範な業務をカバーすることになり、多くの異なる作戦上の所要を課してくる。もちろん日本は低強度の平和維持活動に対し、お印《しるし》程度の兵力を提供することは容易であろうが、人手の多くかかる安定化作戦に貢献することは恐らくはかなり厳しいであろう。よって、日本が差し迫った周辺事態やそれを超える世界の出来事——それらはどちらも流動的である——にいかに対応するかを議論する際には、状況を厳しく精査していくことが大切である。日本の指導者は、技術は人的資本の劣勢に打ち勝つとか、少ない資源でより多くのことが達成できる、あるいは一つの組織編成で国のすべての軍事目標が達成できるといった観念の誤りに気づくべきである。やりたいことを全てできるかどうかはまた別の問題である。

三つ目として、日本が国際的な舞台でもっと貢献すると誓約しながら、その約束を果たせない場合に日米同盟に悪影響をもたらしかねない。先に述べたように、日本のより大きな自負の表明は日米同盟の文脈においてもっぱら祝福されてきた。米国は明らかに日本に一層多くのものを望み、求めるであろう。

実際、前国防長官のロバート・ゲーツは、状況が許せば自衛隊を容易に海外に派兵できる恒久法の制定を日本政府が進める計画に対し、公に支持を表明している（現状、自衛隊を海外に派兵する場合、国会がその都度法制化を通じ承認する必要がある）。米国からのより大きな期待に応えることに日本が失敗した場合のリスクは、たとえそれが象徴的な目的の任務であっても両国の同盟関係の健全性を傷つける可能性がある。例えば、人口減少の圧力が強まるなか、米国主導の国際作戦から撤退せざるを得なくなる可能性は高い。米国からは強く「国旗を示せ」とか「軍靴で現場を踏め」といった要求が来るが、ホノルルのCSIS太平洋フォーラムでエグゼクティブディレクターを務めるブラッド・グロッサーマンと同フォーラムの角田智子研究員は「自衛隊にはその軍靴を履く足も、国旗を持つ手も不足している」と主張する。日本が同盟国が望む作戦に参加することを避ける姿勢や、参加できない場合の結末がどうなるかはまだわからない。

四番目に、より長期的には日本がその国防に関し米国への依存度を高めることは十分考えられる。この依存度拡大は諸刃の剣といえる。日本は自らの兵力を米軍のカウンターパートと統合するべきであると感じるかもしれない。インターオペラビリティ（相互運用可能性）を高めることは両国を戦略的に繋ぐだけでなく、そのような「共同化」は兵力の乗数的拡大効果をもたらし、規模の拡大が期待できない自衛隊にとってはより大きな戦闘能力を生じさせ得る。これは防衛省の情報RMAの概念にも沿うものとなる。今まで以上に継ぎ目なく米軍と共同歩調を取ろうとする防衛省の努力には、それにより自衛隊の運用効率を改善していこうとの意図がある。

もう一方で、作戦レベルにおいて米軍と統合化することは、日本単独であれば避けていた危機や紛争に巻き込まれるリスクを高め、日本の戦略的独立性を損なう可能性もある。例えば台湾に対する米中対立が生じた際に、アジア展開の米軍との緊密な連携にある自衛隊が不意にその対立に巻き込まれることも考えられる。さらには米国への依存が過剰依存に繋がり、日本の政策意思決定者が米国の日本防衛の約束に「ただ乗り」しようとするかもしれない。日本はその防衛責任を米国に手渡しし、自衛隊が中身のない利用不可能な軍隊となってしまうかもしれない。いずれのシナリオも同盟関係のあるべき姿にとって良いことではない。

五番目に、核武装という従来考えられなかった戦略的オプションを日本が検討するかもしれない。二〇二五年の国際社会の予想において、米国国家情報会議（National Intelligence Council）は人口動態の望ましくない傾向と、より一層深刻さを増す地域の軍事競争を日本にとっての潜在的不安定要因と捉えていた。著名な日本の政治家は長期的な日本の国力の下降と中国との軍事的競争に劣後しかねない見通しに苛立っており、その原因を全て少子高齢化のせいにしている。もし日本の政治組織体が、米国の日本防衛に対する決意が弱まっていると感じれば、この苛立ちもさらに強いものとなろう。一人単独で脅威に囲まれていると感じれば最後の手段として究極の兵器を追い求める可能性は十分にある。日本の将来の核武装の可能性に関する米議会報告はこの点を次のように強調した。

もう一つのワイルドカード（予想できない要因）として日本が急速な高齢化から大きな人口動態の問題に直面する可能性が挙げられる。その結果、日本は不安を強め米国への依存をさらに強めるか、あるいはもっと自主自立を強める国粋主義に拍車をかけるかもしれない。

この後者のワーストケースシナリオは今のところまだ可能性は低いであろう。ただ、どのような状況に陥ったら日本がそのようなワーストケースシナリオに行き着くかを検討することは価値がある。もし日米同盟に前述のようなネガティブな兆候が出てきた場合、両国のいずれかは、あるいは両国ともにその安全保障のパートナーシップに対する信頼を失いかねない。米国はその安全保障義務を放棄するかもしれず、あるいは日本がアメリカの核の傘の延伸に疑問を呈するかもしれない。米国の核の傘がなければ、日本は独自の防衛力強化のため核武装を真剣に検討するであろう。

実際、日本の観測筋は、かつてはタブーとされていた核武装の選択肢の検討をすでに開始しているとみる。ある日本のアナリストは「他人に提供される核の傘では年々着実に能力を向上させている中国軍の核ミサイルから日本を守ることはできない。日本は自らが自在に管理できる核抑止能力を保持する必要がある」と力強く宣言している。この日本核武装のシナリオは明らかに地域と世界の安定にとっての危険性を示している。

最後に、これまで日本にとっての憂鬱な予想を述べてきたが、一つ注意が必要である。本章では防衛予算に非公式な上限があるとか、自衛隊隊員の定員数といった主要な戦略的変数は当分の間変わらないことを前提にしている。ただ、日本にとって異常な環境が発生すれば急激な政策の変更は十分に考えられる。急激な変化を生じる場合や大きなショックが日本を襲った場合、これまで日本で深く信じられてきたことを揺さぶり、長い間培ってきた原理原則を破壊し、日本が戦略的方向性を大きく転換する可能性は残る。日本はこれまでにもそのような「回れ右」の旋回を行ってきた。鎖国を解いて開国したり、第二次世界大戦後にアメリカが率いる国際秩序を迎え入れたりしたことは日本の歴史においても決定的なターニングポイントであった。

同様に、現状維持からある日突然劇的な転回をする可能性を見落とすべきではない。日本に敵意を持つ南北朝鮮の暴力的なあるいは平和的な統一や、東シナ海での権利主張争いに伴う中国との海戦勃発などは日本の選択肢を根本から変更させかねない。台湾海峡紛争が生じた場合で、米国が何もしないと感じられたり、愚かな対応をしたりすれば中国による台湾の武力統一となり、これもまた日本にとってのゲームチェンジャーとなり得る。結論は、日本がこれまで自らに課してきた制約で避けられないものは何もないということだ。突然発生する有事が国際政治に与える影響の可能性について防衛計画立案者は常にあらゆる可能性を念頭に置くことが賢明であろう。

安全保障環境に与える危険性

「老人の平和？　高齢化世界における米国のパワーの将来」という挑発的なタイトルの記事の中で、筆者のマーク・ハース（米国デュケイン大学政治学科准教授）は世界の高齢化が大国間の平和的な関係を長期的にもたらすと論じている。世界の中で相対的に見て健全な人口動態を有する米国は欧州やアジアの主要国に対するリードをいかなる国力の指標においても広げていけると論ずる。この国力の差はアメリカの覇権を固定化し長期化させ、「よって米国とその他の大国との間の戦争や冷戦を生じる可能性を減少させる」と主張する。

この結論は当面もっともらしいものであるし、合理的に聞こえるが、他国の人口減少が米国にとって何を意味するかのみにもっぱら焦点を当て、国際政治の複雑さをあまりにも単純化しすぎているといえる。例えば、今日だれも日米間で紛争が発生すると真剣に議論する向きはおらず、これは仮に日本を襲う人口動態の問題がなかったとしても同様である。しかしながら、本書ではたとえ世界の高齢化が米国とその他の大国との間の紛争の可能性を抑えるとしても、人口減少は大国間のその他の関係を不安定にさせかねない点を強調してきた。日本のケースでは人口動態の問題が日米の同盟関係に多大な不安定要素を与えかねないことを示し、それが地域における対抗的手段の模索を促し、結果としてグローバルな問題に反響していく可能性があることを論じた。

以上、日本の人口減少に伴う安全保障上のジレンマ状況はもはや見過ごすことはできない。日本も、米国も、そして他の関係する国々も、この人口動態の変化が国際的な安全保障環境に与える危険性を見落としてきた。日本の人口動態の危機は疑いなく近づいてきており、それはかつてない戦略的変化を促す圧力を伴ってやってくる。高齢化がもたらす安全保障に関する悪影響を緩和しようと日本は苦悩の決定や選択を行ってきているが、その戦略と使える資源のミスマッチは時間とともに悪化しており、将来の決定や選択を一層困難なものにしている。従って、日本の政策決定者はこの問題が手をつけられなくなるほどに肥大化する前に一刻も早く注意を払い、解決に注力すべきである。

2. 中国　人口動態の混乱が地政学的に与える影響

ゴードン・G・チャン（フォーブスドットコムのコラムニスト）

人口動態上の異常をもたらした「一人っ子政策」

なぜ中国は人々の想像の中でとても大きく迫ってくるのであろうか？　理由はいろいろあろうが、最も重要なものは中国が世界で最も人口の多い国だからであり、その数は恐らく国境内だけでも一五億人に達する。人類の五分の一を占める人口のイメージは外国人を畏《おそ》れせしめ、中国人自身には偉大なる誇りを浸透させている。「中国の力の真の中心は何か？」。二〇〇九年に中国人に人気のウェブサイトが尋ねた。即座に「人口！」と答えが返ってきた。

もし中国人の多くが明らかに信じているとおりに「中国の台頭の真の原動力が力強い人口再生能力」であるならば、中国は今や吉とは反対の方向に向かっている。中華人民共和国の創始者の毛沢東は中国人の数を世界中できる限り増やすべきであると信じていた。この人口拡大路線の結果、一九七〇年代初頭には出生率が五・九にまでなっていた。この出生率はもちろんその後持続可能なものとは見なされず、北京のテクノクラートらは「遅、長、少」という人口抑制プログラムを国民が自発的に受け入れるよう促した。一九七〇年に第四次近代化五カ年計画が導入された際に初めて人口目標が設定された。中国の人口抑制策は有効に働き一〇年未満で出生率は半分に下がった。毛の後継者の鄧小平はそれでも満足しなかった。彼は権力の座についた後の最初の施策の一つとして一九七九年に一人っ子政策を制度化した。「恐らくは人類史上最大の社会実験」といえるこの強制的な人口抑制プログラムにより、中国の出生率は二・九から二〇一一年には人口維持に必要な代替率の二・一を大きく下回る推計一・五四にまで下がった。

中国の指導部はこの批判の多い政策の成功を自画自賛し、四億人分の出生を抑制したと誇っている。しかしながら、このまだ継続中のプログラムは今後数十年にわたり回復が困難な人口動態上の異常を作り出してしまった。ワシントンのシンクタンクのＡＥＩ（American Enterprise Institute）のニコラス・エバースタットが書いているように、「この中国の人口動態の問題は経済発展を抑制し、社会の調和を乱し、伝統的な中国の家族構成を維持していくことを非常に困難にしている。実際、この問題は中国の文明を根底から揺さぶりかねない」。

この基盤を揺さぶる問題には叔母、叔父、従兄弟がほぼ消えてなくなるという問題も含まれる。さらには男性の後継者を優先する社会において、中国の両親たちは女の新生児を殺し、一人っ子が必ず男の子になるようにし、また出産前の夫婦では超音波診断とその結果による性別中絶をすることにより女の胎児を根絶やしにしてきた。この「性別大量殺戮」の結果、中国は世界でも最も異常な男女比率を作り出してしまった。

二〇一〇年の中国国勢調査では出生時点の男女比が女一〇〇に対し、男一一八――世界の平均は一〇三から一〇六の間――となっている。幾つかの省ではその比率が一三〇を超えたと報告している。第二子はその比率が一四六にまで高まる。ある地域の飛び込み調査ではその比率は一五六もあった。

この異常な比率は必然的に奇妙な人口動態現象を引き起こしている。中国には女性よりも男性のほうが五一三〇万人余計にいる。この不均衡の結果、多くの男性は妻《めと》を娶ることができず、女性不足は売春を増大させ、その結果、数ある病気の中でもＨＩＶ感染率の上昇をもたらし、女性の不法売買を増やしている。中国の暴力団はロシア、モンゴル、北朝鮮、ビルマ（ミャンマー）、ベトナムなどで女性を拉致し中国に運び込み国内の「独身村」で売却あるいは再販売している。

中国は一人っ子政策を緩和することでこれらの問題を解決することができるであろうか？　中国は奇妙な人口動態のパターンを人為的に作り出したのであるから、やろうと思えばそこからの回復も人為的に行えるであろう。さらに、一人っ子政策は国内で嫌われ、国外では非難されていることから何らかの新たな方向性が出てくる可能性はある。

恐らくほぼ全ての中国の人口動態学者は、少なくとも私的な会話において、一人っ子政策が中国の発展のこの段階ではもはや意味をなさないと語るであろう。実際、この政策は一部の地域では執行すらされていない。この政策の最悪の条件などを改善する努力はすでに行われてきており、政策を撤廃する実験すらなされている。例えば、二〇〇八年五月の四川大地震で一人っ子を失った家族にはその適用を緩和するなどである。二人っ子政策が登場すると憶測する向きすらある。

中国政府高官は男女比率の不均衡を是正するのに一五年を要するとみている。ただ、それも中央政府が一人っ子政策を直ちに撤廃すると仮定してのことである。残念ながら、一人っ子政策はまだ存続しそうである。その第一の理由は、その政策が現状維持のために頑強に戦う巨大官僚機構によって管理されているためである。二番目に、人口計画を司る機構は、それが田舎であれ都会であれ、中国共産党による国民コントロールの手法の中で最も効果的な手段であるため。抗議活動や、その他社会的不満の兆候の増大に疲弊している今の中国において、ますます抑圧的になる指導層が一人っ子政策のもたらす権力を近い将来に放棄するとは予想しがたい。

三つ目の理由は、長年行われ、その正当性を熱心に弁護してきた人口抑制計画をここで転換することは共産党のそもそもの判断に対する疑問を招きかねず、ひいては党の正当性にも関わってくるためだ。一人っ子政策違反に対する罰則が時を経て厳しくなっている事実や政府高官が首尾一貫してこの人口抑制手段への支持を再確認してきていることも頷ける。

中国政府が明らかにその一人っ子政策を維持する決心をしていることから、我々はその長期的な影響、特に異常な男女比率がもたらすものについて検討すべきである。エバスタットが指摘するとおり、「中国の男女数のバランスはぞっとするような全く見たことも聞いたこともない方向に突き進んでいる」歴史上類を見ない現象のため、中国の将来に関しては様々な興味深い理論が登場してきている。

もしかなり先を凝視するならば、これらのシナリオは皆総じて安心を呼ぶ結果となるかもしれない。妊娠適齢期の女性不足は——空前の規模の移民を受け入れない限り——急激な人口減少を生じる。二〇四〇年までには始まる中国の急速な人口減少の結果、その外交政策も攻撃的ではなくなるはずである。急速に高齢化する社会は通常平和主義的なものになりがちである。

高齢者が支配する国々は戦いを好まず、万一、戦いを選択したとしても長期戦を遂行する資源がない。人口減少が一国の地政学上の野心にいかに影響を及ぼすかを見てみたいのであれば、恐らくは日没に近い日本を取り上げるのがアジアでは最適といえる。今のところ、人口減少は日本の自信を揺さぶっているように見える。その結果、前世紀にアジアを恐れさせた日本の侵略の再来は当面ありえないといえる。

ただ、中国の人口減少は少なくともあと一〇年かあるいは一五年は始まらない。そうなると、中国の偏った男女比率がその間、どのような影響をもたらすであろうか？　治安と人口動態の関係は新たな研究分野ではあるものの、悲惨な予想に関しては事欠かない。

異常な男女比率の結末

悲惨な予想の一つは米国の政治学者バレリー・ハドソンと英国の政治・外交専門家アンドレア・デン・ベアの話題の共著『葉のない枝達：アジアの過剰男性人口の安全保障上の意味』に明らかである。著者は、大規模な未婚の男性（いわゆる葉のない枝達）の存在と、リスキーな外交政策の選択の間に関連性を見出している。「男性比率の高い国での安全保障の論理は何らかの国家間の争いに有用性を見出しがちである」とハドソンとデン・ベアは論じる。

なぜか？　男性の年代構成と治安悪化の関係を共同で著したカナダのヨーク大学のクリスチャン・メスキーダとニール・ワイナーは、「支配層のエリートたち」が海外での軍事活動を仕向けがちであり、その理由は未婚の男性の攻撃性を自分たちでなく外国人に向けさせるためであると指摘する。

中国の人口動態学者たちはハドソンとデン・ベアの主張に賛成しているようである。『人口安全保障』の著者である正华と米红は、「葉のない枝達の存在は巨大な人類の悲劇」と記し、李建新は「中国の人口構成」の中で過剰男性人口を一連の「時限爆弾的要因」と表現している。

政府の今の指導者層もこの「葉のない枝達論」を明らかに受け入れているとみられる証拠がある。いずれにせよ、指導者層は中国史から多くを学ぶ生徒である。彼らはもちろん、一人の葉のない枝達であった朱元璋が明王朝を築き、それが別の独身の李自成によって滅ぼされた史実を知っている。次の清王朝もまた男女比率の不均衡の影響で荒廃した。「中国は葉のない枝達の巨大軍団を作っては自らを疲弊させるということを一九世紀の間繰り返してきた」とハドソンとデン・ベアは記している。

ハドソンとデン・ベアはまた、葉のない枝達の存在は、その社会の民主化を妨げるとの興味深い議論を提示する。「男子比率の高い社会は国内の暴力を鎮圧できる能力を持つ権威主義的政体でのみ統治できる」と。従って、両者は中国の「完全な民主主義」への見通しは乏しいと考えている。自由社会同士は互いの紛争解決のため戦争に訴えることはないといういわゆる民主主義平和理論を信じるならば、中国政体の自由化の遅れは究極的には地政学上の重大な結末をもたらす。

　我々は中国の問題をその結婚のできない男のせいにすべきであろうか？　確かにハドソンとデン・ベアの民主化に関する論文にもある程度の正当性があるかもしれない。李建新は、最近の大量の暴力事件の背後に「過剰な男の影」が潜み、彼らは将来の社会の安定維持にとっての問題を増幅すると語る。

　中国政府は今世紀最初の一〇年で特に顕著になっている市民の騒動を鎮圧することにおいて最近とみに抑圧的になっている。ほとんどの場合、男性が起こす社会無秩序の行為の増大に対し、中央政府は法の取締りと抑圧行為（不服従行為に対する典型的反応）を強化している。従って、社会の自由解放はまだ先のことになっている。

　過剰な数の男性と攻撃的外交政策の繋がりについてのハドソンとデン・ベアの論文の一部には無理があると思う。独身男性は確かに「男性の象徴的ホルモンのテストステロンで増強された暴力マシーン」――一見正しそうな性的偏見――であるかもしれないが、独身男性が非常に多くいるからといってその国が海外に乗り出していくことを必ずしも意味しない。一つには、葉のない枝達は国内で大変なトラブルを起こすので為政者は国内の治安を維持することにほとんどの時間を取られているため。数千万もの葉のない枝達は田舎を回り、また大都市のスラム街をうろつくけれども、そこからの帰結は海外との争いではなく、新たな市民の騒乱が生じることが最も予想される結末であろう。

ただ、中国政府は葉のない枝達の暴力に耐えるのと同時に、外交政策においては自己主張を強め敵対的にすらなっているのも事実である。恐らく、この新たな姿勢の最も重要な原因は人民解放軍の台頭であろう。二〇世紀最後の三〇年間で、共産党中枢の要職に就く人民解放軍の将軍や提督が少なくなるにつれ同軍は権力を失っていった。ところが、この傾向はこの一〇年で逆転した。胡錦濤前総書記に率いられたシビリアン指導者チームは中国中で目立った不穏な動き——悪名高い葉のない枝達に一部原因のある動き——の潮流におじけづいていた。そのため、共産党指導部は、秩序を維持し自らの権力を維持するため、一九八九年の天安門事件以来久しぶりに人民解放軍と人民武装警察の制圧力に最も依存するようになった。その結果、軍高官が最近影響力を増し、自らの力を行使する機会を保っている。残念ながら、彼らは中国の外交政策をより攻撃的な方向に押しやり、党幹部をして長い間大切にしてきた「機が熟するのを待ち、それまで低姿勢を維持する」という鄧小平の哲学を最終的に放棄させた。従って、たとえ異常な男女比率と中国の対外政策の間の関係付けが弱いとはいえ、ハドソン‐デン・ベア論にも一理はある。

異常な男女比率が外交政策の自己主張を強めることにつながっているとしても、それが将来にわたり継続するかどうかは必ずしもわからず、むしろ中国の外交政策を逆の方向に押し戻す可能性すらある。一人っ子政策の一つの帰結は武力の使用を従来以上に差し控える中国の社会的態度の変化といいえる。

近代において大国を戦争に導くことを防ぐ要因はなんであろうか？　最も重要なものは人的被

害に対する社会・市民の抵抗の増大である。産業革命以前の社会では、ある家族が息子を戦場で一人失ったことの悲しみは、その家族が通常は多くの子供を持っていることで和らげられていた。ところが一人っ子の国では、一人息子が戦場で死亡することはその家族の家系が途絶えてしまうことを意味する。そのような事態は血筋を継続させることに重きを置いている多くの両親にとって全く受け入れられるものではない。中国の「小皇帝」は利己的で、甘やかされ、わがまま――そのため国家のために自己犠牲をすることはなさそう――だが、現代の中国の両親は毛沢東時代の両親と異なり、彼らの一人息子の命をなんとか守ろうとする。

中国の専制政治下の指導者は、軍の海外対応を子供の親がどう思うかなどと気にするであろうか？　実は中国のような、まがりなりにもトップダウンの政治システムにおいては世論に対する感性が求められ、北京の指導層は極端な危険に晒されていることから、多くの民主国家よりも中国の政治システムは人民の人気により神経質になっている。従って、中国が最初に仕掛け、大量の犠牲者を出すような戦争はそれ自体過去の遺物となり得る。中国が次の二〇年間で欧州のような「厭戦」に陥ることはないであろうが、その人口動態の傾向から、「戦争をしない」トレンドに向かい始めていると今日の段階ですら言えるかもしれない。

もちろん、中国指導者層の心理についてはあくまで憶測するしかない。それでも、容赦なく押し付けられてきた一人っ子政策は、戦争や伝染病もない間にかつて見たことのない人口動態のパターンを作り出し、結果として中国の対外政策を劇的に変化させかねないものとなっている。少なくとも葉のない枝達が強力な大国の政府を揺り動かしているという点で、ハドソンとデン・ベアの主張は正しいといえよう。ただ、今の時点でそれがどう動くのかはわからない。

国境における人口の圧力

もちろん男女比率の不均衡は中国の外交関係に影響を与える人口動態的要素だけではない。今後一五年前後、中国の総人口は増え続ける。一五億人もの人々が、それだけの人間を支えきれなくなりつつある土地にぎっしりと詰め込まれることになる。日本の元首相が最近語ったように、アジアの人々の恐れは、中国が自らの生活圏を拡大しようとすることにある。

それが正しいかどうかは別として、中国というのは自らが獲得できる土地は全て獲得してきた。中国は地理的規模でいって世界第四位の国である。ただ、その国土は穀物を育てる平野が不足している。中国に地球上の人口の約二〇％が住むものの、利用可能な土地はわずか七％しかない。しかも、それが物語の終わりではなく、中国は毎年公害や砂漠化、そして危険極まる開発行為の結果、数千平方マイルもの耕作地を失っている。

要するに、中国の土地はいまだ増大するその人口を支えきれないということである。それでも中国が食料を国際市場からの輸入に依存することで満足するならばこの耕作地不足も地政学上の問題を生じることはない。ところが実際はそうではない。中国は食料自給できていると公に主張をしている中国政府のテクノクラートは他国との軋轢を増してでも海外での耕作地拡張計画を進めている。

　例えば、中国政府は国有企業に海外の農業用地を買収するか、賃借することを促している。今のところ、中国はその土地取得の矛先をもっぱらアフリカに向けているが、様々な理由からアフリカ大陸での農業は中国にとって必ずしも経済的ではない。中国は南東アジアにも農場を作っており、特にラオス、カンボジア、ビルマ（ミャンマー）そしてベトナムに中国からの労働者や移民が洪水のように押し寄せ、それらの国々と摩擦を生じている。そのような摩擦は中国西部の国境沿い、特にカザフスタンでも顕著である。

　二〇〇九年一二月にカザフスタンのナルサルタン・ナザルバイエフ大統領は中国がカザフスタンにおいて一〇〇万ヘクタールの土地を借りて大豆と菜種を育てる計画を持っていると発表した。この計画が発表されるとカザフスタン内で珍しく抗議活動が発生した。理由は同国の初代駐中大使の言葉を借りれば、カザフスタン国民が「中国によるカザフスタンの植民地化」を恐れたためである。

　一方、中国側はこの計画に情熱をかきたてている。中国市民がすでに数多くカザフスタン内に流れ込んでいるためだ。合法、違法合わせて五〇万人もの中国人移民がカザフスタン内におり、特に不法移民は一部のカザフスタン国民にとって「最大の脅威」とさえ見られている。驚くことに、中国人移民は最終的にカザフスタンのロシアとの国境近くに住むことになる。この面白い現象は実はカザフスタン政府の政策の結果で、中国人移民は中国との国境から離れたところに居住することを求められている。カザフスタン政府高官は中国がその大量の移民を使い、いずれ同国の国境周辺地域を中国の属領にしようとするのではないかと懸念しており、同様の懸念をほかの元ソ連邦の中央アジア諸国の指導者も共有している。中国人居住者は急速に拡大する中華街を中央アジアに作っており、地元の人々との間に摩擦を生じている。キルギスタンではすでに反中感情と摩擦、中国移民への暴力沙汰を恐れている。というのも、中国政府は海外にいる自国民が世界のどこにいても保護する能力を持っており、中央アジア諸国の指導者らは領内の中国人保護を口実に人民解放軍が西進するような事態は避けたいためだ。

中国政府も中央アジア政府に気は遣っており、その移民が中国との国境沿いから離れて暮らすように説得してきている。中国は中央アジアに領土を拡大する野望は持っていないし、中央アジアとの接し方は太平洋上の島嶼《とうしょ》国との関係づくりに似ている。すなわち、中国移民の存在を通じ影響力を創りだすというもの。中国はそれぞれの国々と友好的な関係を維持しようと努力してきたが、その巨大な移民の規模そのものが地元で懸念を引き起こしている。農業用地の賃借や買収計画も中央アジア諸国において問題を生じやすい状況にある。

実は、その問題はロシアにおいて最も顕著である。中国はすでにロシアにおいて農場として土地を賃借している。ロシアは中国が国境を接する一四もの国の中で最大の国である。ロシアの極東部、すなわちバイカル湖から太平洋までの大陸地に六三〇万人のロシア人が住んでいるが、ロシア全体でも急速に人口を減らしているなか、この極東地域はさらに早いペースで人口減少が進んでいる。そのため二〇一五年にはこの地域の人口は四五〇万人にまで落ちると予想されている。

一方、モンゴル東部の中ロ国境沿いの中国側には黒竜江省、吉林省と内モンゴルの三つの省がある。三省合わせて九〇五〇万人の中国人が住んでいる。その中でも上昇志向が強く休みなく働く中国人は人の多い自分の村を離れロシアに移り住んでおり、特に、ロシアが中国人観光客を歓迎する方針を打ち出し、またロシアの地域における影響力が弱まり始めた一九九一年以降、その動きが強まった。今や、どれだけの中国人がロシア極東部に居住しているかは誰もわかっていない。なぜなら、彼らの多くは当初与えられたビザで許された滞在期間を超えて住み着いているからだ。ただ、その数は、五〇万人は下らないとみられている。

ロシア政府の観点からはこの問題はまだ管理可能な範囲にあるという。合法移民であれ不法移民であれ、彼らはロシア極東部の景気を盛り立てている。彼らは青空市場で取引し、土地を耕し、トラブルは避け、ロシア人女性と結婚し、勤勉である。ロシアには外国人恐怖症――「中国化(Sinification)」という言葉を思い出せない時にロシア人は「黄禍」の表現を使う――が深く根付いているが、今のところ中国政府が中国人移民者を使ってロシア極東部を属領化する計画を持っているような根拠は全く見当たらない。

ただ、中国政府はそのような計画をわざわざ立てる必要もない。現在の移民の流れを放任し、彼らが移民先で地元に同化することに失敗することを確認し、後日愛国心を焚きつければいいだけである。そしてロシア側はその流れになりつつあると心配している。あるロシア軍高官は「我々は中国が過剰人口を有しているのを理解している。その一部の人々がこちらに移り住み、夥《おびただ》しい数の細い目をした子供を産み、そして政治的自治権を主張することにいずれなる」というロシア中央政府の懸念を語った。

ロシア極東部にいる中国人移民は有事の際に中国政府に保護を求めるであろうか？　移民者の一部は自分たちの役回りとして中国政府が最終的に介入する権利を主張できるような基盤づくりを現地で行っていると自覚している。いずれにせよ、中国人移民は一般的に排他的で地元に馴染まず、ロシア政府も彼らをロシア社会に溶け込ませようとはしていない。中国政府が望むと望まざるとにかかわらず、中国人移民とロシア人との間で人種的対立が生じた場合、中国政府が移民救助にやってくることは想像に難くない。ロシア極東部に住む中国人の取り扱いがいずれ外交問題化することは恐らく避けられないことであろう。

さらには、そういったことが、現在ロシアの管理下にある土地を含め、「喪失した領土」に関する中国指導層の中の統一民族主義者の不平などとも関連していくことになる。ウラジオストックの港も含めロシアが極東部と呼ぶ地域の一部は実際、清王朝が一時支配していた。清王朝が衰退した頃の一八五八年と一八六〇年に交わした中国側が「不平等条約」と呼ぶ二つの条約を通じこの一部の地域がロシアの手に渡ったのである。以来、中ロ両国はその取引に関し厳しい言葉の応酬を繰り返し、時には二七〇〇マイルもある世界で五番目に長い国境線沿いで交戦にまで至っている。とはいえ、一連の最近の合意（最後は二〇〇八年七月）により、両国は最終的に双方の領土を分ける国境線の線引きに合意している。しかしながら、ロシアと中国は互いの長い歴史上の経験から、いかなる国境線も最終ということはなく、特に過去に敵対し、今日でも競合する両国においては将来何があってもおかしくはない。人口動態の圧力に伴う不法中国移民の流入は実際の現場の事実をどんどん変化させている。次に両国が口論するとすれば、この継続する中国人のロシア領内への流入に関することであることはほぼ間違いない。

ロシア側の本件に関する対応は、極東地域のロシア軍の増強とロシア人自身の極東部への移住を奨励するといったものである。さらには、ロシア政府は全国で出産に対する金銭的報奨を行い出している。ただ、これらの対策のいずれもとりたてて効果をあげているようには見えない。ロシアは中国が必要とする土地と安価品市場を持っているため、経済的必然として中国からの移民は当分の間継続するであろう。そしてロシアはその結果、その地域の領土維持に関し、ますます危険性を感じることになる。

こういった中国人移民の存在を懸念しているのはロシアだけではない。モンゴルなどはもっと差し迫った恐怖感を持っている。今、モンゴルには一万人の不法移民を含め九万人の中国人がいる。これはモンゴルの総労働者数の約九％に相当する。その数値によらず、モンゴル人は中国人のプレゼンス自体に不安を抱いている。

モンゴルが中国に過敏なのは、ロシアと中国という二つの大国に囲い込まれたモンゴルの人口が非常に少なく、一平方マイルあたりわずか五・二人しかいないためだ。中国は人口密度で七〇倍、総人口で四二八倍大きい。二〇世紀を通じ、ロシアはモンゴルの独立防衛を長く支援してきたが、もはやそれは期待できず、今や多くの面で、モンゴルの存在は中国との関係により成り立っている。モンゴルの首都ウランバートルに住むアメリカ人コンサルタントは、「中国はわずか二日でこの国を侵略できる」と語る。

ある意味、中国はすでにモンゴルを侵略している。例えば、中国はモンゴルが外資に開放しているビジネス分野のほとんどを支配している。中国資本がモンゴルを乗っ取ることを妨げる目的のモンゴル政府による外資制限が及ばない分野ではさらに中国資本のシェアは高まる。一言でいって、中国は恐れられている。中国は国内では外モンゴルと呼ぶモンゴルをいずれ吸収する願望を隠そうともしない。外モンゴルの表現は中国を形作る三三もの省と省レベルの地区の一つである内モンゴルに関連付けている。中国政府はその地区を「自治区」と称するが、それは全体主義の発想に基づく誤解を招く表現となっている。モンゴル人は中国の支配的民族集団の漢民族が内モンゴル自治区内のモンゴル人を中国に同化させようとしているとみており、モンゴル自身の独立に対する中国の発想に懸念を持っている。

清王朝が一九一一年に崩壊したときにモンゴルは中国からの独立を宣言した。一九一九年に中国はモンゴルを再度中国に編入しようとしたがモンゴルは最終的に勝利し、一九二一年に現在の国家体制を築いている。中国自身も現在モンゴルを独立国と認知しているが、鄧小平は台湾と香港の次にモンゴルを取り戻すと語っていた。漢民族の人々は今日、モンゴルの国家的英雄であるジンギスカンは実は「中国人」であったと主張している。中国を征服したものは「中国人」という拡大的発想はモンゴルを再度属領化するための歴史的正当化ともいえる。中国の住人からしてもこのモンゴルとの一大統合（吸収）プロジェクトは意味がある。なぜなら、彼らはモンゴルの土地を必要としているからだ。

中国の人口動態問題の圧力は以上のように、その北方と西方の国境を隔てる国々との間の問題の震源になっており、南方の国々との軋轢も生じかねない。それでは東の方はどうであろうか？中国は台湾が欲しい。中国は台湾を三四番目の省と呼ぶものの、その実態は独立国に近い。中国は幅広い戦術を駆使し、台湾を本土に取り込もうとしてきたが、現状は相手を脅かす軍事力と経済面での甘言を同時に使い分けている。

経済的甘言として、中国政府は台湾の人々を中国に住まわせ、逆に中国人には台湾に住まわせることを奨励し、人口戦術を駆使した統合懐柔作戦を試みている。現状、一〇〇万人もの台湾人が「本土」に勤めており、一方、わずか二七万人の中国人（ほとんどが花嫁）が台湾にいる。

台湾の厳しい移民法により中国から洪水のように漢民族の人々が中華民国（台湾が自らを正式に呼ぶ呼称）に来ることはできず、チベットや新疆ウイグル地区で行ってきたようにはうまくいってはいない。従って、中国政府が経済協力枠組協定（ＥＣＦＡ）という二国間の貿易投資協定を二〇一〇年六月に台湾と交わした際に、中国の投資家に台湾訪問のビザを発給する条件を含めるよう強く求めたことも頷ける。多くの台湾人は中国から台湾への無制限な移民を許す可能性のある今回の新たなビザ発給ルールは台湾を中国の植民地にしかねないとして反対している。中国の戦術は些細なものであり、また前述のように相手の強い反対を招くかもしれないが、中国政府高官は明らかに中国の人口規模が人口の小規模な社会に対しては有効な武器になると信じている。

人口動態の傾向がもたらす将来の地政学上の結末

今、この現在を「中国の世紀」と呼ぶ人は多い。もし今現在がそうでないとしても、ほとんどの人が近いうちにそうなると感じている。欧米が台頭し、世界をリードした期間は本来中国が世界の出来事を支配するという自然の状態におけるごく例外的で短期的な中断であると言われることもある。実際、ジョンズ・ホプキンス大学のエリオット・コーエンは今日において中国を「世界で最も重要な力」と呼ぶ。

この評価が正しいかどうかは別として、中国人はこれまでの人類の長い歴史の中では世界をリードする立場できており、今もまた欲しいものを獲得できる時がきたと明らかに信じている。特に、今現在他国の管理下にある領土を最も欲しがっており、またその近海から外国人を排斥したい。ある中国外交政策専門家によれば、中国は「ゲームのルールを変えよう」としており、それは二〇〇九年末に年配の大佐が書いたように「世界一、最強の国」となるためである。

中国は確かに大きな野望を持っているが、人口動態の問題はその野望を最終的に台無しにしてしまう。人口動態は変えることのできない運命であろうか？　必ずしも人口動態はすべての将来を決めはしないが、少なくとも人口のトレンドは可能性の範囲を確実に定義し、一般的に事後の対応を許してはくれない。誤った政策が人口動態に悪影響を及ぼし始めてからそれを修正するのに何世代もの時間を要する。それが今まさに中国が直面する問題である。なぜならその政府の様々な政策は人口動態上何ら好ましい結果を残していないためである。

結果が出ない理由は、一つには中国政府が二つの矛盾する政策を追い求めたからである。毛沢東の人口増加速政策と、鄧小平の出生率低下政策は中国の今日の人口の振れをあまりにも大きく、あまりにも急激に発生させている。その影響は非常に苦しい結果をもたらし得る。

まず、この正反対の二つの政策は現在高齢の中国人の大きな塊を作り出し、彼らはすでに職を引退したか、これから定年退職するところにある。中国は簡単に言えばこれから「年齢の波」に激しく打たれる。二〇〇九年には「高齢者」（六〇歳以上）の数は七二五万人増えて一億六七一四万人となった。この年代層の全人口に占める割合は前年比〇・五％増えて一二・五％となり、史上最大の年間増となった。この年代集団は二〇三〇年までには倍以上になるとみられる。この中国の高齢化は人口動態学者が二、三年前に予想していた速度よりもはるかに速く進行している。

中国の高齢化が進むと、その労働人口はいずれ縮小する。中国は二〇〇四年からすでに労働力不足が続いている一方、労働人口はまもなくピークを迎える。人口動態学者の王広州はそのピークは二〇一三年にくると考えており、蔡昉は二〇一五年とみている。また、国家人口・家族計画委員会では二〇一六年とみており、一五歳から六四歳までで定義される労働人口はその段階で一〇億一千万人と予想される。

いずれにせよ、この労働者層は急速に緊縮する。国連統計では二〇一五年の九億九五八〇万人から二〇五〇年には七億八九〇〇万人にまで減る。労働人口の全人口に占める割合は二〇一〇年がピークで七二％であったが、現在は下降中であり、今後上昇することはないとみられている。

この下降が始まった段階が中国の「人口動態の配当」の終わりを意味している。中国の労働人口依存度、すなわち、子供と高齢者の労働人口に対する割合は一九六八年から減っていったが、二〇一〇年から逆に増え始めた。人口動態の配当は今や「人口動態の税金」になっている。蔡昉はこの配当の終了が中国の経済成長にとっての最大の脅威であると考えている。この配当理論は中国経済の世界に占める割合があれだけ急激に上昇しながら、その人口の世界に占める割合が緊縮している状況を説明しやすい。

中国の労働人口の変化はその経済をすでに揺さぶりつつある。例えば、重要な輸出部門での労働力供給の逼迫は、二〇一〇年五月の広東省のホンダの工場での無謀なストライキに至っている。ストライキ騒ぎはその後沿岸を上昇し長江デルタ地帯や天津、そして内陸の重慶、その他の地域に広がっていった。この一連のストライキは労働者側が大幅な賃上げを獲得したことで収まったが、その賃上げは結局その製造企業をして製造ラインを賃金の安い国に移すことに繋がっている。

中国が低付加価値製造業を卒業していくことは前向きな進展といえようが、問題はその低付加価値業務をより付加価値の高い業務に置き換えていく速度より速く元々の職が失われていくことにある。さらには中国の輸出製造業部門は輸出主導から消費主導の経済成長に移行する前に萎《しぼ》んでしまいかねない。いずれにせよ、我々は人口動態の要因がもっぱらのきっかけとなった中国経済の騒々しい変革を目撃している。米国の未来学者ジョージ・ギルダーが「世界で一つまだ手つかずの最大の資源を挙げるとすれば、それは中国人である」と語ったが、彼は全く正しかった。ただ、彼がそれを書いたのは一九八九年であり、今日であればこの発言はもはや意味をなさない。

今日、中国政府は高齢者向けの社会保障経費を考えなければならない。多くの高齢者はいまだに年金制度に属していない。高齢者の地位が高いほど政府支出は増え、また介護の責任が家族から政府に移るにつれ同様に政府支出は増える。こういった傾向が続き、一方、労働者人口とその総人口に占める割合が減少すると残りの社会に対する負荷は増大する。

人口動態学者は今日、中国の「逆ピラミッド」の話題をする。一人っ子政策のおかげで、一人の労働者は最終的に二人の両親と四人の祖父母の面倒をみることになるかもしれない。ほかの国々でも同様の問題に直面しているが、日本を含め多くの国々は中国に比べまだ良い状況にある。日本は世界で最も高齢者社会だが、一世代分を経て中国が日本よりも高齢化社会となる。二〇〇九年に中国の一人当りＧＤＰは日本のわずか五分の一であった。中国はこの状況を「豊かさを得る前に高齢化がくる」現象と称している。

もちろん中国の経済の実力には最終的には人口動態以外の要因も関わってくるが、今やその経済は人口動態の追い風要因に押し上げられるのではなく、逆風に転じた人口動態要因に打ち勝つ必要がある。一般的に、労働人口の減少や人口の緊縮は間違いなく経済生産活動を減少させ、それはより少ない資源消費を意味する。そして少ない資源は必然的に人民解放軍など国家権力を執行するところの予算の減少を意味する。「史上最も驚くべき人口動態の変化」は最終的に中国政府の海外への影響力行使の能力を減衰させる。

一時は中国の最良の友であった人口動態はまもなく敵になる。もちろん、人口の変化と国力の変化に明白な相関関係はない。例えば、米国は唯一の超大国の地位を世界の人口のわずか五％だけで獲得できているのであれば、中国はその五倍の人口において同様の地位を獲得できるはずである。しかしながら、もし中国が「赤ん坊の数は戦争を制する」と信じるならば、新生児の数の減少は中国政府の戦略上の懸念を生じさせよう。一人っ子社会において誰が中国軍の陸上兵士や乗員、パイロットの階級を満たすのであろうか？　軍人への潜在的募集対象者は数十年を経て急速に減少していく見通しにある。

しかしながら、その中国の人口動態の悪化の長期予想に対し、当面はいくらかの緩和要因もある。第一に人民解放軍は大学卒業生を勧誘し始めた。というのも彼らが就職難にあるからだ。今日、中国では高学歴であっても使用人やベビーシッター、排泄物回収業などの職を受け入れざるを得ない。二〇一〇年のある時点で、浙江省温習市の排泄物回収の八つのポストになんと一一〇〇人以上もの学卒者が応募したほどである。

このような状況下、軍の少尉の職を望まない人間がいるであろうか？　二〇〇九年には一三万人もの大学新卒者が人民解放軍に入隊した。この数は前年の三倍以上であり、二〇〇一年の六五倍である。軍が高学歴化することはその軍事能力の質を高めるため好ましいことといえよう。

二番目に、戦略的競争相手となるロシアや日本の出生率もまた低く、彼ら自身の「人口減少の爆弾」を抱えているということも中国にとっては悪くない状況である。さらには中国を囲む他のアジアの国々の出生率が中国より高いといっても皆、人口規模が小さい。ベトナム、ラオス、ビルマ（ミャンマー）、ブータン及びネパールは中国よりも高い出生率を持つがどの国も中国とは比べものにならない国力差にある。

ただ、インドは別格である。中国は明らかに人口（数）に憑りつかれており、その点で米国は最終的下降局面にきていると信じ、長期的にはインドを競争相手と認識している。米国に対するこの認識が正しいかどうかは別として、中国がインドを恐れるのは頷ける。おそらく一〇年前後でインドは中国を抜いて世界最大の人口を誇る国となる。この場合、中国は過去何世紀もの間保持してきた人口世界一の冠を失うだけでなく、その冠を最大のライバルに譲らなければならないことになる。国連の人口動態研究者はインドの人口増のピークが中国のピークの三五年後に来ると予想、その段階のインドの人口は中国よりも五億人も多いとみられている。インドの人口増の経済効果は間違いなく巨大である。ある中国の人口動態分析者によれば、今から二〇年後にはインドの労働人口が中国の倍になっていると予想する。「インドが中国を追い越す要因は何か？」と別の中国人研究者は尋ねる。「ナンバーワンは人口動態だ」。

中国の世界人口第二位への格下げが起これば、中国の覇権を数の重みから当然視する向きにはトラウマとなるであろう。中国政府には多くの人口崇拝論者がいるため、自らのやっかいな人口動態のトレンドは長期的悲観論を生み出しかねない。李建新は人口動態のために、中国が「最大のライバルのインド」に追い抜かれ、そのライバルが今世紀半ば以降の世界で支配的な立場になる可能性があるとみている。

中国は中国の差し迫った人口動態の衰退とインドの継続的人口増の状況をよく対比してモニターしている。中国は日の出前から戦略的に考える民族であり、一部の指導層はインドに将来にわたって打ち勝つために中国が対処できるチャンスは限られてきていると感じているはずである。「自国の人口が減少するのを目撃するときに、その国は二流国家に成り下がる」と北京大学中国経済研究所副所長の姚洋は語る。

過去数年で中国が自らの人口動態の良くない先行きに焦点を当て始めたことと、同時に中国の戦略家がインドを脅威として語り始め、人民解放軍に対し今後半世紀の間も有効な「教訓」をインドに教えてやるべきと促していることは偶然ではない。中国はまだ人口優位を持っているうちにインドを攻撃するであろうか?

良くない兆候がある。現状、中国とインドはヒマラヤの高度の高いところで小競り合いを繰り返している。しかしながら、どちらの国もアルナハル・プラデッシュやアクサイ・チン並びにラダフといった領土係争地を持つ国境沿いの町で実際に何が起こっているのか明かさない。両国はこれまで何度となく国境協議を繰り返してきたが、一九六二年の戦争に至った互いの主張点から一歩も前進できていない。

中国によるインド管理下の係争地への侵入の数は増えている。中国が今、軍事的手段に訴えているのは、放っておけばインドはいずれ数の優位を基にその権利の主張を強化すると懸念しているためだ。例えば、中国はインドがアルナハル・プラデッシュの係争地に移民者を大量に住まわせ、インドの立場を強化しようとしていると抗議している。人口動態の衰退的なトレンドが中国指導層の心に重くのしかかっている。

インド側は元首相のネルーが以前掲げた「Hindi-Chini bhai-bhai（インドと中国は兄弟）」のスローガンを今でも語り、両国はアジアの同胞であると促している。中国が仮に兄弟であるならば、それはアベル（旧約聖書に登場するアダムとイブの息子で弟。兄のカインに殺される）よりもカインといえる。例えば中国はインドにテロを仕掛けるパキスタンを支援している。二〇〇九年八月に中国国内で「戦略」という記事が発表され、中国の戦略家の一人で国防省にも関係しているこの記事の著者は、中国がインドを三〇もの国に分裂させることを検討すべきと語っている。中国の政策決定者の中で広く回覧されたこの論文は、同国において日増しに強硬化していくインドへの見方を反映している。

インド人自身も中国側の敵意に気付いている。インドの有名な防衛誌を編集しているブハラット・ヴェルマは二〇一二年までに中国が攻撃してくると予想していた。彼が言う「最終的教訓」

を中国がインドに教えると決めたかどうかは別として、人民解放軍は国境沿いの駐屯部隊を増強し、インドとの長期戦に耐えられるインフラを現場に構築中である。

さらに、中国は戦争のリハーサルを行っているようにすら見える。二〇〇九年八月のインドとの一三回目の国境問題協議が不調に終わったわずか三日後に、中国は「Stride-2009」という「かつてない最大規模の戦術軍事演習」を開始した。長距離兵力投入能力の改善を目的として、二カ月にも及ぶ大規模な演習にはチベット自治区とインドの国境への兵力投入も含まれた。一九六二年に中国は中国国内の基地から遠く離れたインドとの紛争地に兵力を投入してインドを驚かせたことがあったが、今回はその投入能力をさらに急速に増強している。簡単に言えばインドが融和を図りたいところに、中国はインドに対し圧力を積み上げている状況といえる。

こういった中国の姿勢が示しているのはインドに仕掛けられる時間が限られてきているという切迫感であろう。残念ながら、中国は明らかにインドを人口動態のレンズで見ている。

最も恐れている戦略的ライバルに確実に追い抜かれる中国の立場で考えれば、人口（数）でとらえる感覚が正しいものといえよう。結局、中国の指導者は現実的に判断し、人口規模ではインドと競争しないと決めた。権威主義国家とはいえ、さすがに自国民に対し発展途上初期の段階のインドの出生率を上回る人口増を命令することはできないとわかっている。インドの台頭を恐れる北京大学の姚洋も「誰も人口動態を変化させることはできない」と記す。

今は中国の世紀か？

数世紀にわたる野望の実現に向けて準備の整った中国にとって、人口動態の逆風が最悪のタイミングで吹き始めている。中国の地政学的地平線は拡大しているが、総人口はピークを迎えつつある。さらに悪いことに、その逆風のスピードがかつてなく速い。中国が次の日本になることはないかもしれないが、明らかに日本と類似の道の上を歩みつつある。人口と国力は不可分と常に信じてきた中国指導層にとってこれはゆゆしき事態である。

この急速に変化する人口動態は中国の戦略的思考にどのような影響をもたらすであろうか？現在の中国指導者層の上層部では公には人口のトレンドと外交方針をリンクさせてはいないが、「包括的国力」と表現するものに彼らが焦点を当てるのは、その人口動態の逆風を一つの重要な要因と考えているためとみられる。

彼ら指導者はテクノクラートとして国際的システムにおける中国の立場が最終的には経済力で判断されると知っている。そして、彼らは中国の経済力がもっぱら異常に増大した人口の配当によりもたらされていることも知っている。そして将来を見た時には加速していく人口動態の衰退の影響に打ち勝たねばならないこともわかっている。もしこのアーチ状の人口動態の図式が人口動態に対する緊急対応の必要性を喚起できないとしても、少なくとも彼らが目指す国の目標達成までの時間は、特にインドに対する敵意が強まる中で、ますます限られているという事実を了解している。そして、中国が人口減少と高齢化によりもたらされる限界を受け入れざるを得なくなる前に、まだやれることがたくさんあるとみている。

一方、もっと平和な発想の大衆によってもたらされる限界もある。権威主義であればこそ世論に敏感にならざるを得ない。中国は高齢化と共に最終的には今よりも穏和になっていくのであろう。ただ、日本のような静けさの状態になるまでにはまだ時間を要し、それまでは周辺の国々も今の中国との摩擦に耐え続けていく必要がある。

今や有名な「葉のない枝達」と異例に自己主張の強い外交政策との間に直接の因果関係を導くことはできないが、中国分析者のほとんど誰もが中国の政策決定者は男性が中心の若者の燃え上がる世論——特に米国や日本に関する問題——に縛られていることには気づいている。

人口動態はそれ自体政策を決定することはないだろうが、その決定者に何らかの影響を与える。日々の中で、人口のトレンドが中国の外交関係に際立った影響を与えることはないかもしれない。一〇億人を超える国民と「百万の真実」を有する地においては、いかなる特定の判断や出来事もたった一つの要因で決まることは恐らくないのであろう。ただ、人口動態は特に逆風の場合には多かれ少なかれその方向性を決めてしまう。

中国の最高指導者層は現状、彼らの手持ちのカードが悪いことを理解している。人口のトレンドは結局、「問答無用でそれぞれの社会文明を築き、破壊する」。人口動態学者の李建新が書いているように「人口は国家、社会、国民そして文明の最も基盤となる原動力である」。彼が正しいように、今世紀の扉は必ずしも中国に大きく開かれてはいない。

3. インド　人口動態のトレンドとアジアの戦略的地形図に与える影響

リサ・カーティス（ヘリテージ財団上級研究員）

インドはその歴史のほとんどの間、自らの急拡大する人口を将来の開発見通しや社会的かつ政治的安定性にとって不利益なものと見做していた。ところがここ数年の力強い経済成長と強固な軍事近代化計画並びに国際舞台への登場の自覚が人口動態のトレンドに対する認識を変えている。約一二億人の人口を擁するインドは現在世界第二位の人口国であり、二〇二五年頃までには中国を抜いて世界一位に躍り出るとみられている。人口の半分は二五歳以下というインドでは今後一〇年の間、毎年約一一〇〇万人が労働人口に加わる。

インドはハーバード大学の人口動態学者デビッド・ブルームが言うところの「人口動態の配当」という、労働人口が増えかつ被扶養者の数が減り、結果として貯蓄が増え資本が積みましされる国の急成長フェーズを迎えつつある。ゴールドマン・サックスの最近の研究結果によれば、インドは旧態依然とした労働法制を変え、より多くの女性を労働力に組み込み、教育訓練投資を増やすだけでGDPの年間成長率に毎年四％上乗せができるという。しかしながら、それだけの変化であってもインドにとっては大事《おおごと》で、政府と民間部門は相当の準備計画を今から進める必要がある。幸い、インドはこの若者の大きな人口の塊がもたらす課題を理解し、また男女の労働人口が膨れ上がることだけで自動的に経済が成長することはないと認識しているようである。

本章ではインドがその国力を、国境を超えて発揮していきたいというインドの欲求とそれに必要な能力に対し、人口動態のトレンドがいかなる影響を与えるかを見ていく。インドの若者人口の大きな塊は都市問題の拡大や地方でのナクサリズム（毛沢東主義）の増大といった国内問題をもたらし、政府を国内対応に忙殺させるのであろうか？　あるいは、しっかりと増大していく労働人口がインドの経済成長を加速させ、その結果、増えた国の歳入で軍事近代化を実現し、その兵力を海外に展開していく自負が生まれてくるのであろうか？

『インドを想像する』の著作で有名なインドの起業家のナンダン・ニレカニはこう表現する。

一〇億人の人口は人的資本の深い基盤を与えてくれるが、多くの人々が中流層に入ると共に消費とエネルギー利用を増大させ、その結果、環境や食糧生産、そして資源への非常に大きく、有害な負荷を与えかねない。

この章ではインドの人口動態のトレンドは新たな国内問題を生じるものの、一方で経済と人的資本の増大がもたらす利益がインドを地域の大国としてはもとより、世界の大国として台頭することを助けるであろうと論じる。インドはナクサライト（毛沢東主義者）の問題や、肥大化する都市化問題などの国内問題への対応により多くのエネルギーと資源を取られるであろう。ただ、だからといってインドの軍事近代化計画や世界における戦略的役割を高める能力までも取られることはないであろう。全体としてみれば、インドの若者の人口の大きさはインドの地政学上の目標を達成する資産として働き、国力をインドからアジア太平洋地域にまで広く発揮する能力に貢献する。

インドの人口政策の歴史

インドの初代首相のジャワハルラル・ネルーは家族計画が社会経済と家族の幸福、そして国家計画にとって必須であると強調した。初期の頃の五カ年計画はどれも人口政策を強調しており、一九五二年四月には人口政策委員会が計画委員会の中に創設された。この委員会は家族計画政策を唱道し、公的健康プログラムを制度化することに注力した。一九六一年に発表された第三次五カ年計画は「人口増の安定化目標が開発計画の中心になければならない」と謳っている。これらの努力にもかかわらず、人口は一九五〇年代にかなり増え、六〇年代では年間平均二・五%の割合で増え続けたため、人口抑制計画策定者を苛立たせた。

一九七〇年代半ばには、インディラ・ガンジー首相は人口増加率を減らすべく思い切った手段として強制的不妊治療キャンペーンを行ったが、国民の大きな怒りを買った。報道によれば、一九七五年から一九七七年の緊急事態規則（Emergency Rule）が適用された間、不妊治療は一三五万件から八〇六万件にまで増えた。反対に、一九七八年の総選挙でガンジー与党がひっくり返され、ジャナタ党が政権についた時には不妊治療は一〇〇万件以下にまで落ちた。この政府は人口抑制政策を改定し、家族「計画」の表現も家族「福祉」に変えた。家族計画は完全に自発的な概念とみなされ、教育並びに子供と母親の健康に焦点を当てた包括的な政策の一部に位置付けられた。

一九八〇年代と九〇年代の人口政策は子供の死亡率を下げ、母親の健康を促進することに焦点を当てたが、二〇〇〇年に全国人口政策が内閣で承認された。この政策は経済と社会開発に優先する目標に「人々の生活の質を改善し、社会にとっての生産的な資産となる機会や選択肢を与えること」を据えた。この政策では、人口増を安定化させることが持続可能な国の開発の推進に必須であり、二〇一〇年までに全国的に出生率を人口代替率の二・一にまで下げることを目標として謳った。

女性の社会的、経済的福祉の向上と生活水準の向上や非識字率の低下に政府が注力した結果、人口増加率は低下した。インドの人口増加率は一九七〇年代の約二・五%から今日一・六%にまで下がっている。最近の報道によれば、インド南部や西部の幾つかの地域ではこの率はさらに一ないし一・五%にまで下がっているとのこと。インドの二〇一一年国勢調査の結果、最も人口の多い六つの州の人口増加率が大きく減少していることが判明した。ただし、貧しい北部の州と経済的に恵まれている南部や西部の州の人口増加率の差は顕著に残ったままである。最も驚かされるのは州ごとの年代構成の違いで、人口動態の変化の始まった時期の違いを物語っている。

インドは多くの開発途上国の典型的な人口動態の変遷パターンである高出生率・高死亡率から高出生率・低死亡率による高人口増加率、そして最後に低出生率・低死亡率という流れを経験している。インドの出生率は一九六〇年代に六以上であったものが今日では二・七にまで下がっている。ただ、全国人口政策で目標に据えた二・一よりはまだ上にある。

若者人口の波がもたらす問題

インドがより高い貯蓄と投資とＧＤＰ成長率を、労働人口の急増から得る「人口動態の配当」として実現するためには若者人口の急増のメリットを生かしつつ、それが同時にもたらす様々な社会上の問題を適切に処理していく必要がある。以下に、それぞれの問題を示していく。

①教育

インドの人口動態の配当のためには人口抑制教育はもとより、労働人口に近づく数千万人もの若者が雇用された時に十分な生産性を実現できるよう教育体系を改善することが非常に重要である。もし教育が行き届かず、職場で準備不足が目立てばむしろ社会的に軋轢を生じ、経済の足を引っ張りかねない。インドは世界第二位の数の技術者を毎年生み出しているが、一方で人口の四分の一はまだ非識字者である。

インド国内の地域間格差と様々に異なる言語の存在が、当初、インドとしての一つの共通の教育体系の実現を困難にしていた。その頃は、教育は各州の責任として割り振られ、水準設定や規定決定に関する中央政府の役割はごく限られていた。一九六〇年代と七〇年代を通じ、中央政府の教育施策はもっぱら学校などインフラ整備中心で、教員の訓練や能力評価はあまりなされなかった。南部のタミール・ナドゥー州やケラーラ州などは貧困層向けの教育を重視したが、ビハール州やラジャタン州、ウッタル・プラデッシュ州などその他の多くの州では封建的政治体制のため貧困層への教育は重視されなかった。

二〇〇九年、インドは全市民に対する無償義務教育制度法を可決した。これは政策としては正しいものであるものの、いざ実行となると地方の貧困層の家庭の子供たちを実際に学校に通わせるための具体的な実行策が求められた。この法律では六歳から一四歳の全てのインドの子供に無償で義務教育を施し、三年以内で全ての地域社会に学校を建設し、健常者でない子供らへの差別を違法化し、私立学校では二五％の学生枠を健常者でない学生に充て、全国で一定の水準のカリキュラムを設けることを求めている。

多くのインド人は基礎教育を促進することにおいて政府が取る最良の施策は政府が教育にでしゃばらず、需要に応じた教育を民間部門に提供させるべきと信じている。すでに約五〇％もの学生は私立学校で教育されている。公的教育システムは貧困層の教育ニーズを満足できていないため、その層の人々はそれ程費用のかからない私立学校にどんどんと向かっている。最貧層の家族の中には年収の四分の一を子供の教育に充てる家族すらあるという。政府が直接学校を作り運営する代わりに学費を補助していく学費配給券（スクール・バウチャー）のアイデアは支持を得つつある。これにより、学校間の競争が促され、より質の高い教育が実現する可能性が高まるためである。

もう一つの革新的で成功しているプロジェクトはインドの企業部門と政府の官民連携により設立された国立技能開発会社（National Skills Development Corporation）で、技能を持った労働者を提供する。このプロジェクトの目標は、より多くの利益追求型の職業訓練校を作っていく触媒となることにある。

②農業部門と労働流動性

インドの人口動態のトレンドがインドの国力形成を促進するか、失速させるかを決定づける課題として、農業の生産性向上と、それに伴う余剰農業労働者の、より生産性の高い経済分野への流動性が挙げられる。

インドの現在の労働力の六〇％は農業部門にいるものの、この部門のＧＤＰのシェアはわずか一七％である。一方、サービス部門は労働力の三分の一ながらＧＤＰの半分以上を占めている。圧倒的多数のインド農家は小規模地主で一～五エーカーの土地を保有している。彼らは都会で仕事ができるような技能や教育を受けておらず、農業を離れざるを得なくなった場合、都会のスラム街を徘徊するか、良くて移動労働者となる程度に終わる。インドにはすでに推定六〇〇〇万人もの余剰農業労働者がいる。

従って、そういった余剰労働力をより付加価値の高い製造業の雇用につなげていく労働流動性がインドの喫緊の課題といえる。インドの製造業は過去一六年間で毎年平均七％の成長を実現してきたが、世界同時不況の影響で二〇〇八年から二〇〇九年にかけては二・四％に落ち込んだ。「社会主義的労働法の下では資本主義国にはなり得ない」と、インド自動車部品製造協会理事長のジェイアント・デイバーが苦言を呈するように、インドの製造業者は今も一九四七年にできた工業争議法や一九七〇年制定の契約労働法に従わなければならない。前者は従業員一〇〇人以上の企業が社員を解雇する場合に政府の事前許可を必要とする法律で、後者は長期業務に派遣労働者を使用することを禁じるもの。こういった古い労働法を緩和することで労働効率を高めれば最終的には国内企業の雇用は増大し、より多くの外資系製造業がインドに来ることになり、その結果賃金を上昇させる。

インドの労働改革に関する議論は激しさを増している。改革を求める人々は実体経済の現実を反映すべきと主張し、一九六〇年代や七〇年代の最悪の不況期にある程度の雇用を守ったこれらの労働法は将来の不況に対しても有効であると主張する。インドでは労働組合は非常に強力であり、政治体制の中でも一つの勢力を形成している。インドの労働法は経済の下降期に制度化され、確かに社会的緩衝材の役割を果たしてきたが、今や実態を反映しておらず、インドの経済成長見通しにとっての最大のブレーキの一つとなっている。

③都市化

世界の大都市トップ一〇のうちの三つはインドにある。人口四〇〇万人を超える都市がインドには七つもあり、一〇〇万超であれば三五都市ある。二〇五〇年までにはインド人の五五％が都市部に暮らし、今日の三〇％から大きな伸びが予想されている。ムンバイは二〇二〇年までに人口二八五〇万人の世界最大の都市になっていると予想される。

都市に大量に流入してくる住人をいかに管理していくかがインドの来る一〇年の最大の課題の一つとみられている。不規則に拡大する貧しい都市では暴力団や犯罪がはびこり、国際的テロリスト組織の組織構成員の勧誘などが行われやすくなる。インドの都市部の人口の七五％が日収二ドル以下である。

この都市問題の拡大と、その都市自身の拡大の問題に対処するにはインドは市町村計画の優先順位づけと、強い地方自治体制で都市計画責任者を州の官僚主義の負担から解放することが求められる。歴史的にはインドはもっぱら中央政府と州政府の権限ばかりを重視し、その権限を市町村には委譲してこなかった（中央政府は所得税と物品税を徴収し、州政府は消費税、印紙税とアルコール税を徴収）。市レベルの意思決定は州の官僚機構に委ねられ、市町村の裁量支出は州のＧＤＰのほんのわずかとなっている。

最近マッキンゼー・グローバル・インスティテュートが行った研究では、インドがもし都市拡大に有効に対処するならばGDPをさらに一・五%成長させると結論づけている。逆に、もしその対応に失敗すれば、投資家は投資を抑え、経済成長は遅れ、高失業率のリスクが高まるという。都市部の拡大とともに、サービス需要は二〇二五年までに七倍に増大すると予想される。しかしながら、インドの都市部には手頃な住宅や衛生管理、下水施設などの社会インフラの大きな不足が顕在化している。インド都市部の人口の過半数がすでに標準以下の衛生環境で暮らしており、その住宅街の四分の一はスラム化している。ムンバイだけでも半分以上の人々がスラム街に住んでいる。前述のマッキンゼーの報告書もインド都市部への広範な投資不足を指摘している。インドは都市インフラに国民一人あたり年間一七ドルの資本投資を行っているが、中国はその数字が一一六ドルと七倍に上る。都市インフラ整備資金として都市設計責任者は内部で資金を創出するスキームを作り、それを中央政府にいずれ支援してもらうことを検討すべきとの意見も多い。

④ナクサル（毛沢東主義）問題

インドの人口動態のトレンドは年々国内治安予算を増大させ、時には正規陸軍すら派遣する原因となっているインド国内極左運動のナクサル（毛沢東主義）の暴動問題をさらに悪化させかねない。インドはジャンム・カシミール州で数年にわたりこの暴動と戦ってきており、いまだに四〇万もの陸軍と民兵部隊がこの地域に駐屯している。最近、インド政府高官はインドの国内治安上の最大の問題はナクサルの台頭であり、特に西ベンガル州、ビハール州、ジャールカンド州、チャッティスガール州、マディヤ・プラデッシュ州、オリッサ州といった「赤回廊州」と呼ばれる東部州と中央部の州に顕在化している。

一九六〇年代後半に農民蜂起運動としてナクサルと呼ばれる毛沢東主義活動家の暴動が初めて勃発した主たる背景は失業と、土地に対するアクセスが認められない人々の不満であった。土地を持たない貧しい人々の代表としての闘争を主張する左翼過激派グループであるナクサライトの連中は過去一〇年でその反政府活動を拡大し、特に経済成長が遅れ、健全な統治体制の乏しい地域で活発化していった。二〇〇六年にはナクサライトの攻撃の数がカシミールの活動家の攻撃を初めて上回った。ナクサライトは二〇一〇年四月にチャッティスガール州で大規模な攻撃を仕掛け、七六名もの中央予備警察隊のメンバーを殺害した。二〇一〇年七月にはインド政府は二〇一〇年の前期六カ月間で二〇〇人以上ものインド政府の治安維持関係者が毛沢東主義者の攻撃で死亡したと発表している。ニューデリーで二〇〇〇年に南アジアのテロ情報を公表する目的で作られたインターネットポータルサイト「南アジアテロリズムポータル」は最近、毛沢東主義者の攻撃で二〇一〇年に一一〇〇人以上もの民間人と治安部隊員が死亡したと伝えている。この数は年間被害者数として過去最大のものである。

マンモハン・シン首相は二〇一〇年五月、ナクサリズムがインドにとっての最大の国内治安問題であり、インドが着実に継続的経済成長を実現するために最優先で対処すべき問題と語っている。インドの人口と経済が成長すると共に、同国の石炭埋蔵量の八五％が存在するなど天然資源豊富なインド東部の地域への注目が高まっている。ナクサリズムの増大はそういった天然資源へのアクセスへの脅威となるだけでなく、インドの国家としての様々な社会的繋がりを破壊しかねない状況にある。

インド政府はこの問題に対し警察活動の強化と経済開発の強化の二股戦略で臨んでいる。二〇〇九年末に政府は「Operation Green Hunt」という名の掃討作戦を開始、五万人もの民兵をナクサリズムに最も打たれている地域に展開した。アンドラ・プラデッシュ州での毛沢東主義の攻撃は州政府が州の警察部隊の規模と予算を大幅に増やした結果、過去二～三年で劇的に減少した。

⑤性別選択の問題

経済と社会の発達にもかかわらず、親が男子を望む傾向はいまだに強く、それがインドの別の国内治安問題を引き起こしている。中絶で人為的に男子を増やしていった結果、現在インドでは一〇〇〇人の男の赤ちゃんに対し、女の赤ちゃんは九一四人しか生まれていない。二〇一一年の国勢調査の結果、その前の二〇〇一年の調査に比べ男子優先の比率がさらに高まっていることがわかった。特にパンジャブ州とグジャラート州でその比率は増大している。

出生率の低下はもとより、超音波診断や羊水穿刺《ようすいせんし》（性別判定のための羊水採取）といった技術の活用の増大、そして今も続く女性差別の伝統的態度の組み合わせが胎児中絶の増加をもたらした。インド政府は一九九四年に性別選択のための胎児検査を禁ずる法律を制定したが、実際の取締りは難しい状況にある。

インド人男性に対する女性の割合が減り続ければいずれ重大な社会の不安定化要因となり得る。婚姻率が下がり、独身男性の職探しが困難を極めれば犯罪や暴力の発生件数は、結婚をして子供を持つ男性の多い社会に比べ格段に高まると予想される。バレリー・ハドソンとアン・レア・デン・ベアは、その有名なアジアにおける「葉のない枝達」（若い独身男性）の研究において、二〇二〇年までにインドの「葉のない枝達」の数が二八〇〇万人に上ると予想している。この問題に最初に注目したのはノーベル経済学賞受賞者のアマルティア・セン博士で、彼は性別選択を倫理の面からも国家安全保障の点からも激しく批判し、男性偏重の男女比率では経済と民主化の発展を遅らせ国内の安定を危険にさらすと論じている。この性別選択の傾向を様々な民族紛争や宗教共同体間の対立とも照らし合わせると、社会の均質性を維持するための課題は極めて複雑なものといえよう。

性別選択の問題はまたインド国内の人身売買の問題とも関係している。インド政府は人身売買をインドの大きな社会問題の一つと特定している。推定では一億人もの人間が人身売買に関わっているという。パンジャブ州やハリヤーナー州のように女性の数が特に少ない州がアッサム州やジャーハルカンド州、西ベンガル州といった貧しい州からの成人女性や少女の人身売買の目的地になっている。貧しい家庭の女性や少女が売りに出され、あるいは就職斡旋に惹かれて移動するものの、借金返済のための労役、強制結婚、さらには強制売春の対象にされている。結婚した女性が夫と同居する兄弟や叔父たちとも同時に結婚する一妻多夫――事実上の性の奴隷――の問題の報告も増えている。

⑥ヒンズー教徒とイスラム教徒の対立の問題

インド人の八〇％はヒンズー教徒であるが、イスラム教徒の数も一億六〇〇〇万人と多く、これは国としては世界第三位のイスラム人口を持つことになる。ヒンズー教徒とイスラム教徒の人口成長率はかなり異なっており、それが両者の共同体社会の間の緊張を増幅している。二〇〇一年の国勢調査によれば、イスラム教徒は一九九一年から二〇〇一年までの間に人口が三〇％増えたが、その間、ヒンズー教徒の増加は二〇％に留まっている。インドは過去に両共同体間の暴力や暴動の歴史を繰り返しており、そういった共同体間の対立を煽ろうとする輩にそのような国勢調査データが悪用されることを懸念する向きも多い。

実際、ヒンズー教の極端な排他的優越主義の指導者は、イスラム教徒の人口動態のトレンドに負けないようヒンズー教徒の家族にもっと子供を産むことを求めている。ヒンズー教徒の草の根組織RSS（Rashtriya Swayamsevak Sangh・民族奉仕団）の前の指導者のK・S・スダルシャンはヒンズー教徒の家族に「息子を一ダース作れ」と訴えた。もうひとつの草の根の熱狂的組織、世界ヒンドゥー協会（Vishwa Hindu Parishad）は数年前にヒンズー教徒の人口の「減少」の危険を仲間に教育していく行動計画を発表した。前出のRSSが一九九〇年代初頭に出した調査報告書はすでにイスラム人口の増大と、それがヒンズー教徒の多数地位を危うくする脅威を強調している。

インドにおけるイスラム社会の人口急拡大のトレンドは彼らの社会経済的地位の低さに拠るところが大きい。イスラム教徒の人口はインドの総人口の一三・四％を占めるにもかかわらず、政府の官職で五％未満、大卒学士の四％を占めるのみである。インドのイスラム社会の中には彼らが経済的機会はもとより、政治的、教育的機会においてもシステマチックに差別を受けているという被害者意識が増大している。

議会主導で政府は、インド国内のイスラム社会の辺境化問題に対応する行動をとり始めた。インド国内のイスラム教徒の不満の内容と、その問題への解決策を模索すべく、シン首相は二〇〇五年にまず問題把握の委員会を設置し、インドにおけるイスラム教徒の社会的・経済的・教育的地位の現状報告を提出させた。委員長を務めたラジンダル・サハール判事の名にちなみ、「サハール委員会報告」と呼ばれたこの委員会の報告書は二〇〇六年一一月に提出された。その結果、インドにいるイスラム教徒は読み書きの能力、就職率並びに収入においてインド全体の平均を下回っていることが判明した。さらには、そのトレンドとして彼らの社会経済的状況は悪化の方向にあった。報告書はイスラム教徒の人々の地位の向上と特に様々な機会の均等化、なかでも雇用と教育の機会均等を図ることを求めた。しかしながら、この提言に対する政府の行動は遅きに失しているとの不満の声が出ている。

⑦イスラム教徒の過激化の脅威

このままインド政府がイスラム教徒の悲惨な状況に適切に対処しなければ、世界的なテロリストグループがインドイスラム教徒の不満に乗じ、その怒りをテロ行為に向けさせる危険性がある。一〇〇〇人以上ものイスラム教徒がヒンズー教徒狂信者の手で殺害された二〇〇二年のグジャラートの暴動はインドイスラム教徒社会の疎外感を強めることになった。もう一度でもインド国内でヒンズー教徒との大きな暴力事件が生じればイスラム教徒側の過激化が広く進む恐れがある。

インド国内で、イスラム教徒の悲しみや不満を世界の全イスラム教徒の問題として取り上げていこうとする過激派組織の活動の脅威が出てきている。二〇〇八年五月から同年一一月までの間にインド国内で過激派の攻撃が少なくとも八回発生し、四〇〇人以上もの犠牲者が出た。インディアン・ムジャヒディン（ＩＭ）と名乗る国内過激派組織がその攻撃の中の幾つかの犯行声明を出しているが、ムンバイ襲撃事件に関してはパキスタンに基盤を置くラシュカル・エ・タイバが実行したことが明らかになっている。

インド国内のテロ組織であるインド学生イスラム運動ＳＩＭＩ（Students Islamic Movement of India）は一九七七年四月にウッタル・プラデッシュ州のアリガル・イスラム大学において組織化され、インドにおけるイスラム教の復興と、インドのイスラム化を進めることを一つの目的としている。一九九二年一二月にヒンズー教徒の狂信者がバブリのモスクを破壊してから一年後、ＳＩＭＩに関係する工作員がインド国内各所でテロ攻撃を実行した。一九九六年に出された声明で、

ＳＩＭＩの指導者は「インドの民主主義と世俗主義はインド国内のイスラム教徒を保護することに失敗した。もはやイスラム教徒が唯一身を守る手段はイスラム帝国（Caliphate）を目指すしかない」と宣言している。九・一一同時多発テロ後、ＳＩＭＩのメンバーはオサマ・ビン・ラディンを支持する示威活動を行ったため、インド政府はＳＩＭＩの組織活動を禁じた。専門筋によればＳＩＭＩは約四〇〇人もの常駐の活動家と二万人もの正規会員で構成されている。インディアン・ムジャヒディンはＳＩＭＩから枝分かれした組織であるとみる専門家もいる。

インドのテロリズム専門家と政府関係者はインドイスラム教徒社会が感じる疎外感が国内のテロ増大の背景にあるとの認識を一層強めている。また彼らは、インドの国全体としての富の繁栄が必ずしも国内の様々な宗教社会間の連帯には貢献していないと気づいている。二〇〇八年のテロ攻撃の犯人が、一九九二年のヒンズー教徒狂信者によるバブリ・モスクの襲撃破壊や、二〇〇二年のグジャラートの暴動のようなインドのイスラム教徒社会に対する敵意に犯行の動機を得ていることは明らかである。

インドにおけるイスラム教徒人口の増加率が他の宗教社会よりも高いからといって、それがインドや世界への安全保障上のリスクを高めるとはいえない。インドイスラム社会が今後過激化していくかどうかは彼らの国内における社会経済的地位の向上やヒンズー教徒の宗教的ナショナリズムに関する社会と政治の動向、そしてパキスタンの介入並びにメディアやインターネットを通じた世界のテロリストの行動の影響といった様々な要因で決まっていくものと予想される。

人口動態トレンドがもたらすインドと中国の戦略的ライバル関係

インドの人口は中国の人口を約一五年で追い越す。両者の人口動態のトレンドは、この二つのアジアの巨人の間の力関係を決める決定的な要因ではないものの、地域安全保障の流れに相応の影響を与えるであろう。今後一〇年における両国の人口動態の図式の最も顕著な違いは、インドの若者人口が塊となって大きく膨らむのに対し、中国では高齢化が進むこと。米国の国勢調査局は、中国で年齢が二〇歳から二四歳までの人口が今年ピークを迎えることから、新たに中国の労働人口に加わる数、約一億二四〇〇万人もほぼ上限値となると予想している。一方、インドの二〇歳から二四歳の人口は二〇二四年までピークを迎えない。インドの労働人口は今後一〇年間で一・一億人増えるが、ゴールドマン・サックスの調査では中国は二〇〇〇万人も増えない。

今後期待されるインドの人口動態の配当はインドの経済成長に本格的に火を点け、中国と対等の競争者の地位に押し上げ、特に成長率では中国の先を行くことすらあり得る。とはいえ、今現在は中国の経済はインドよりも圧倒的に大きい。中国のGDPは四・七兆ドルを超えインドの四倍であり、一人当りGDPは三五六五ドルでインドの三倍である。中国人の九一％は読み書きができるが、インド人はその割合が七四％と、社会経済面的地位でも中国が上をいっている。

知的付加価値を米国での特許取得件数で比較すると、中国は二〇〇四年から二〇〇八年までの間に三四六四件で、インドの二四〇八件に比べ遥かに多い。インドはＩＴ産業における世界のリーダー国の一つかもしれないが、こと特許に関してはほかの主要国の後塵を拝している。二〇〇八年に国際特許局に申請された特許の中で、ＩＴ関連で特許を申請した世界トップ二〇〇社の企業の中にインド企業は一社もなかったが、医薬品とバイオテック分野では上位一〇〇社の中にインド企業が六社含まれていた。中国企業の取得した米国特許取得数が圧倒的に多いのは中国がより広範な研究を行っているのに対し、インドは医薬品のように特定分野に傾注するといったアプローチの違いを表しているのかもしれない。

インドの人口密度は現在の三六九人から二〇四〇年には四七六人に増えると予想され、一方、中国は同じ期間に一四一人から一五二人にわずかに増える。従って、インドでは中国よりも狭い土地でより早く増えていく人口を管理していかなければならない。これは天然資源と公共財のより一層の有効活用を必要とする。インドは世界の人口の一七％を占めるものの世界の真水の四％しかなく、さらに悪いことに国内地下水の水位が七〇％にまで下がっている所も出てきている。中国にも資源の有効活用の圧力はかかっているが、インドほどひどくはない。

とはいえ、人口動態のトレンドからはインドの優位性が見て取れ、中国はインドの台頭を心配して見ている。中国は特に米国が原子力の民間協力や防衛協力などインドとの関係を強化しようと努力していることを心配している。そのような米印協力関係が中国を囲いこむことを狙っていると中国は主張する。

米国とインドは中国の軍事力の近代化を懸念し、中国の戦略計画とその意図について透明性を持って説明するよう求めている。両国はまた、インド洋とその周辺地域における中国の軍事プレゼンスに懸念を表明し、そのプレゼンスがエネルギーとシーレーンの安全保障上どういった影響をもたらし得るか検討している。二〇〇八年九月の原子力供給国会議（ＮＳＧ）において中国が規制強化合意を急いだのも、中国が世界の舞台にインドが登場してくることを望まず、また米印関係の緊密化を好まないことの証左であるとインドでは見ている。

中国とインドという二つの成長する経済で、かつ世界人口の三分の一以上を占める大国同士の今後の関係は、アジアにおける広範な政治的かつ経済的方向性を左右するものとなり、それは米国の国益にも直接関わってくる。中印の貿易関係は順調で貿易高は二〇〇二年の五〇億ドルから二〇一〇年には六〇〇億ドルを超えるまでに急成長しているが、それでも相手の戦略的意図については互いに懐疑心を深めている。

特に両国に国境問題とチベット問題がある中で、インドがアジアで台頭してきたこの五年間では両国間に強い対立も目立ってきている。国境問題では、中国はアルナチャル・プラデッシュ州のインドの主権に疑問を呈し、両国で共同管理している別の地域において単独で調査作業を始めたり軍事施設を建造したり、あるいは道路網、電車、航空輸送網を国境沿いに拡大するなどしてインド側に圧力をかけている。

元駐米インド大使のラリト・マンシンは最近、「中国が我が国の領土内に大胆に侵入している」とコメントしている。インドの指導部はそれでも中国のこれら一連の新たな自己主張がインドとの争いの準備段階であるとの解釈は必ずしも持っておらず、両国間の戦争の確率は低いと計算している。ただ、中国の動きに、インドと継続中の国境交渉を優位にすすめようとの意図はあるとみている。インドは、中国がカシミール地方の北方の国境上の一万四〇〇〇平方マイルもの土地を不法に占拠していると中国側を非難し、一方中国は、インド北東部のアルナチャル・プラデッシュ州内の三万四〇〇〇平方マイルもの土地の権利を主張している。インドはまた、一九五九年以来、ダライ・ラマ（チベット仏教の最高位で亡命政府の元首）と約一〇万人ものチベットからの亡命者の受け皿になっている。ただし、インド政府は彼らの政治活動への参加は一切認めていない。

今後の中印関係を想像する際に、一九六二年の中印国境紛争に至った歴史や、その後の中国に対するインドの幻滅感を思い出すことは有益であろう。一九六二年、中国は両国共同管理の国境の東部と西部を同時に侵略した。インドはその段階では全く警戒しておらず、むしろそれまで中国を国際的な場面で支援してきたことから裏切られたとの思いを感じた。インド議会は、中国が紛争より数年前に、その時点ではインド領であったアクサイ・チンに一本の道路を建設したことを黙認したネルー首相を厳しく批判した。インドの戦略専門家は国境沿いにおける中国の挑発的行動を黙認するような過去の過ちを二度と繰り返さないよう政府高官に警鐘を鳴らしている。

インドは遅ればせながら中国の動きに合わせ、国境沿いに兵力を増強し、道路を建設することで自らの権利の主張を補強し始めている。Ｓｕ-30ＭＫＩ戦闘機をアッサム州のテズプールとチハブーアに一飛行隊ずつ配備し、アルナチャル・プラデッシュには二つの山岳師団を新設配備している。さらに、第二七山岳師団のジャンム・カシミールにある部隊を、インドとチベットとブータンが交わる地域で、かつインドの北東州とも繋がる地域の守備補強に再配備している。

中国はパキスタンとの連携を強化し、また徐々にその他の南アジア諸国への影響力を増している。中国はビルマ（ミャンマー）のシットウェ、スリランカのハンバントタ及びパキスタンのグワダルに戦略的な港湾設備を建設中であり、これらを通じて自らのシーレーンとエネルギー供給の安全を確保する狙いがある。インドやその他西側諸国が人権や民主主義を啓蒙する支援プログラムを展開する中で、中国は軍事支援やその他の支援を駆使してこれらの国々を自陣営に招きこもうとしている。

中国はパキスタンとの間で強固な防衛関係を維持しており、パキスタンとの強力なパートナーシップは、インドの地域における影響力を囲い込み、その軍事力と中国に対する戦略的注意力を分散させることに有益な手段であると見ている。中国とパキスタンの軍事連携は、インドがそのいずれの国と戦争に陥っても、もう一方とも対峙しなければならないという二正面戦争状況をもたらすことから中国とパキスタン双方の国益に合致する。

中国政府高官はインドとパキスタンの間の緊張関係がインドの身動きを南アジア内で封じ込め、世界の舞台に躍り出ることはもとより、中国と国際的なレベルで張り合うことを妨げるという中国の国益に沿うものと見ている。中国は一九八〇年代と九〇年代を通じ、パキスタンの核兵器と弾道ミサイル計画のために装置や技術を送り込むと共に、科学的専門技術も提供してきており、南アジアの戦略的バランスにおけるパキスタンの地位向上を助けてきた。中国は二〇〇四年に原子力供給国会議（NSG）に参加する前のパキスタンとの合意に基づき、パキスタンがパンジャブ州のチャシュマに二つの原子炉を建設することを支援した。さらに最近では、中国はパキスタンに新たに二つの原子炉を販売する提案（チャシュマ三と四）を行ったが、米国は中国がNSGから核拡散防止条約（NPT）未締結国への販売に関する例外免除合意を取り付けることが先であると指摘している。NSG加盟国の中にはパキスタンの核拡散防止に関する信頼性の低さから例外免除を否定する国があるため、中国はパキスタン向けの販売をこの免除合意なしに実行するかどうか判断しなければならない。

中国は近年、インドとパキスタンの間の紛争解決のための二国間交渉を望み、特に一九九九年にカーギル高原で発生したインドとパキスタンの国境紛争の間、両国の全面戦争化を避けるための仲介役を果たしてきている。

インド自身も南東アジア諸国との政治的並びに経済的関係構築を目指してきており、当該地域の国々も中国の増大する影響力とのバランスを取る意味でインドの進出を基本的に歓迎している。インドは一九九五年にASEANとの全面的な対話を開始し、翌年にはASEAN地域フォーラム（ARF）に加盟、二〇〇五年一二月には東アジアサミット（EAS）のメンバーになった。インドは四年の交渉期間を経て二〇〇八年一二月にASEAN諸国との自由貿易協定を締結した。軍事面では、定期的な共同演習を南東アジア海域で行い、その海軍兵力のプレゼンスを増してきている。

さらには中国が注目するなか、インドは日本との間で軍事対話や海上協力、そして貿易と投資を通じ連携強化を図ることを優先している。日本はインドの首都デリーとムンバイの間を繋ぐ貨物列車回廊への四五億ドルもの長期低利借款を約束し、両国は包括的経済連携協定（CEPA）の署名準備を進めている。締結すれば現状わずか一〇四億ドル規模の貿易高を大幅に増大させることになる。日本はインドの核開発計画に対する厳しいスタンスを大きく転換し、インドとの民間原子力取引を進めようとしている。

インドと中国の間の戦略的競合関係は海軍力において近年目立ってきている。「フォーリン・アフェアーズ」の最近の論文でロバート・カプランが記したように、「中国が資源を求めて世界中を漁り回ることで、元々その資源国に影響力を持っていたインドやロシアとの間に対立関係をもたらしている」。中国経済は貿易と資源確保などのため、シーレーンへのアクセスに益々依存している。中国は中東からの石油・ガスの輸入に依存しており、その海上輸送ルートが集中するマラッカ海峡は中国の命脈を握る難所（チョークポイント）となる。この点でインドの防衛予算の増大と海軍力の拡大はマラッカ海峡への影響力を増すとみられることから、その海峡を経由するエネルギー資源への依存度を増す中国にとっての懸念を増大させるものとなる。インドは世界第五位の規模の海軍を保有する。現在空母を一隻保有し、二〇二〇年までには海軍拡張計画の一環でこれを三隻に増大させ、インド洋から太平洋に至る海域の至る所へ兵力を投入できる態勢を取ろうとしている。

人口動態とインド軍の近代化

二〇二〇年には世界に戦闘適齢年齢（一五歳から二九歳）の男性が一〇億人いると予想されている。そのうちインド人だけで一億八三〇〇万人を占め、欧州の六五〇〇万人を遥かに凌駕する。インド軍の兵力は現在一三〇万人で中国の二八〇万人の半分より若干少ない規模にある。インドは来る一〇年間で、望めばその兵力を大幅に増大することが可能である。

ただ、インドは軍の規模拡大と一方で大胆な軍の近代化とのバランスを取っていく必要があろう。単純にいえば、インドは軍事予算を人件費（給与や年金等）により多く支出するか、あるいは洗練された兵器システムに多く費やすかという選択となる。インドはすでに防衛予算の一五％を軍人の年金に支出しており、これはロシア軍の一二％に比べても高い割合である。インドの二〇一一年度国防予算は三六〇億ドルで前年比一一％増である。その内の四〇％が装備品等資本支出である。

インドは将来の軍の単なる量的拡大から質の向上に目を向ける必要がある。例えば、インドの大規模な陸軍の訓練費用の見直しである。大量の兵士を訓練することに忙殺されて、最新鋭システムを利用する能力を追求することを遅らせることは問題である。実際、中国とロシアはそれぞれすでに規模の拡大を追わず、先端技術システムを調達することを優先する判断を下している。

単なる軍の規模自体はもはや軍事優位性を何ら保証するものではない。さらには相対する中国とパキスタンが共に核兵器能力を保有することから正規軍の規模自体は戦略的な意味においてその重要性を落としている。

インドの軍の近代化努力は、アジアにおける戦略的環境変化の最たるものといえよう。インドは今後数年で軍の近代化のために三〇〇億ドルもの費用を支出する予定である。インドは過去一〇年間で二八〇億ドル分の最新兵器を輸入しており、調達先ももっぱらロシアからであるものの、最近はイスラエルやフランス、そして米国からも増やしている。インドの戦略分析専門家のラジャ・モハンは、中国の近隣諸国がインドとの防衛連携を望んでおり、それもまたインドの軍近代化の動機づけの一つとなっているという。次の一〇年間で、インドは総額一〇〇〇億ドルで一〇〇〇機もの軍用機を調達する予定である。その中には総額一〇〇億ドルの多目的戦闘機一二六機も含まれる。インドは、国境での有事や遠征目的においても切迫する国防ニーズに真っ先に応えるべく、航空戦力を軍事近代化の最も重要な分野の一つとみている。

米国との民間原子力取引は、供給元としての米国に対するインド国防関係者の信頼を強化し、今後数年間で両国がより一層広範で深い防衛協力関係を築くお膳立てとなった。米国国防次官のミシェール・フラーノイは昨年インドを訪れた際に米印の海事協力の重要性を語ったあとに、「我々は海上安全と航行の自由を守ると共に、世界で広く認められているルールを守ろうとしない国にも対応していかなければならない。我々はルール違反を阻止しなければならない。我々はそのための能力を備える必要がある」と述べている。以下は米印防衛協力の幾つかのマイルストーンである。

- 過去三年間で両国はほぼ八〇億ドルもの取引に署名し、米国はインドにC130－Jハーキュリーズ軍用輸送機六機、P－81海上偵察機八機、そしてC－17グローバルマスターⅢ大型輸送機を供給する。
- 両国は定期的な軍事演習を陸海空全ての分野で、かつ年々そのレベルを高度化させる形で行ってきており、また二〇〇九年のマラバル海上演習で日本の参加を得たように、第三国を入れた多国間演習も含め実施してきた。
- 二〇〇六年に米議会はＵＳＳトレントン型水陸両用輸送艦のインドへの引渡しを認めた。
- 二〇〇五年に両国は期間一〇年の防衛枠組み協定を交わし、共同演習範囲の拡大、国防関連貿易の拡大、並びに国防調達と製造に関するワーキンググループの設置を取り決めた。

インドのアジア太平洋地域への影響力行使

人口動態だけでその国の国力を一義的に決定することはできない。軍事力と共に経済力と外交力もその国の海外に対する影響力行使の力を決定するものである。インドの指導部は当然ながら、インドの将来の人口動態のトレンドとその基盤の大きさを自国の二つの最大の資産であると認識している。しかしながら、インドが影響力を行使していくには、これらの資産に加え、技術や企業と起業家精神、金融と資本、そして天然資源を含めた様々な要因を同時に検討していくことが大切であるとの研究報告が出ている。

南アジア専門家のジョージ・パーコビッチによれば、「インドがこれまで近隣諸国を踏みつけることなく民主的な統治の下で着実な発展を遂げてきた」ことは賞賛に値し、「自由市民の生活水準を改善する」ことで偉大さを実現しているとしている。一方、ジャーマン・マーシャル・ファンドのダン・トワイニングのような別の南アジア研究者は、インドが大国の地位を実現できるかどうかは、南アジアを「経済的に繁栄する民主的な地域」に変革することを導けるかどうかにかかっていると反論する。できなければ、インドの台頭は南アジア地域の現在の問題によって妨げられかねない、とトワイニングは警告する。

インドがその人口動態の恩恵を最大限に取り込むためには、まず労働流動性の不足や不適切な教育体系といった長期的な膿《うみ》を抜本的に処置する新たな政策が必要である。教育改革には民間部門の協力が必須であるが、政府はカリキュラムの統一水準の設定や昨年制定した義務教育制度の実現化を通じ民間部門の力を発揮するプロセスを手助けすべきである。政府は職を求める多くの若者の波に対し適切な技能教育を施さず、単に若者の人口増の恩恵のみを強調しているが、これは求職者と求人者のミスマッチを起こすのみならず、職を得られなかった若者に誤った期待と、欲求不満をもたらすのみである。

インドはその人口増大に伴う様々な国内問題に直面するものの、世界の舞台で、特にアジア太平洋地域でますます影響力のある役割を果たしていくことになろう。現在五〇〇〇億ドル規模のインドの貿易高は今後ますます増え続ける。その経済成長を支えるべくインドは海外資源への依存度を高める（インドのエネルギー需要は二〇二五年までに三・五倍に膨れ上がる）ことから、貿易の自由を守るためにも海上の安全確保に投資を継続していくことになろう。インドはたとえ国内問題に対応せざるを得ないにしても、アジア・太平洋地域への軍事力の投入能力を求めていくことになろう。米国国防総省は昨年発表したＱＤＲ（四年ごとの国防計画見直し報告）において「その軍事能力の成長とともに、インドはインド洋とそれを超える地域に安全をもたらすことによりアジアに貢献するであろう」と述べ、インドの兵力投入能力の可能性を肯定している。

インドはすべての市民の経済機会の発展を目指しつつ、海外への影響力の行使や、パキスタン並びに中国との国境での緊張関係を管理していくというバランス感覚を強く求められる。毛沢東主義の暴動が一気に増えればインドは正規軍を投入せざるを得なくなり、そうなるとパキスタンとの国境沿いのカシミールや、中国との国境沿いのアルナチャル・プラデッシュへの備えが手薄になる可能性もある。さらには、二〇〇八年のムンバイ・テロの悲劇のようにパキスタン領内に基盤のあるテロリストが大掛かりなテロ攻撃をインドに仕掛けた場合に、パキスタンとの軍事紛争が急遽発生する可能性も高い。インドとパキスタンの間の紛争は短期的に収束すると予想されるものの、インドの国防分野への継続的な投資を必要とすることになる。

現在すでにインドの国防支出負担は多く、かつ増え続けているが、それが国の経済に大きな影響を与えることは、少なくとも二五年後にインドの高齢化がみられ始めるまではないであろう。インドの「人口動態の配当」は二〇三五年頃にピークを迎え、二〇五〇年までには二億三六〇〇万人が六五歳以上となっている。そのため、インドは当分の間は国防支出と高齢者予算の間のバランスを取る必要はないが、増大する年金負担については今から対応していく計画を立てておく必要がある。

次の二〇年間において、インドはその人口の急増がもたらす問題に対応する必要がある。中国の急速な台頭と、中印国境問題に対する中国の自己主張の増大といった環境にはあるものの、インドはますます影響力を海外に行使し、中国と競り合っていく必要がある。中国の軍事力の近代化に関する透明性の欠如と、東シナ海や南シナ海における中国の新たな自己主張の強さを懸念する米国は、インドのアジア・太平洋地域における役割の増大を歓迎すべきであり、またインドの人口動態に関する問題解決を支援していくべきである。

米国との強固な連携に支えられて、インドの人口動態と戦略の選択により最終的にアジアの戦略環境は域内の大国間の健全な競争を促し、より一層経済的にも政治的にも安定した地域へと進化していくであろう。

第3章　欧米型コンセンサスの終焉

1. ロシア　人口減少と国民健康の問題を抱えるロシア軍

マーレイ・フェッシュバック（ウッドローウィルソンセンター上級研究員）

通常、軍隊が国民の健康状態を気にすることはないが、現在のロシアの人口減少と国民の危機的健康状況はロシア軍にとって大きな懸念となっている。この人口と健康の問題は最早無視できるものではなく、ロシア政府の将来の選択肢を奪っていく。政府もすでに手を打ち始めているが、状況の悪化の緩和には貢献しても抜本的な解決にはまだ至ってはいない。

本章ではロシアの過去の大きな出生率の低下の人口動態への影響、特に労働供給力のみならず徴兵対象者の規模、そして彼らの健康問題を解説し分析する。人口減少や若者の不健康と、一方で高度化するハイテク兵器の運用のための健康で精神的にもタフな人材の必要性とのギャップがロシアの安全保障環境にもたらす不吉な連鎖に、ロシアの最高指導部もようやく気づき始めた。

当惑させるトレンド

徴兵年齢のロシア人の若者の集団は一九五一年には総人口の二一％であったものが二〇一〇年に一四・四％にまで下がり、二〇五〇年にはさらに九・五％にまで下がると予想されている。この変化は年齢の中央値にも反映されており、一九五〇年の二五歳が二〇一〇年には三七・三歳、そして二〇五〇年には四七・二歳になると予想されている。この値はロシア人の寿命が他の先進国よりも一〇歳も短いことを考えると非常に高いものといえる。死亡率は一九五〇年の一〇〇〇人当たり九・五人から二〇一〇年には一四・一人に増え、二〇五〇年には一七・一人にまで増える見通しにある。

ロシアの二〇一〇年の出生率は一・四四で、一九六〇年代以降ずっと人口代替率の二・一を下回ってきている。

徴兵可能な若者の数と共に、その質も低下している。米海軍に配属される新兵の九七％以上が高卒資格を持つのに対し、ロシアでは五〇％未満である。この質の問題に対応すべく、軍の教育訓練の範囲や施設、教育訓練後の軍属継続義務期間、そして女性の採用といった分野で大きな改善を行っている。ロシア軍のこの新しい教育訓練センターでの教育を修了しながら現役士官として従軍しなかった場合には三〇万ルーブルから多ければ七〇万ルーブルを教育経費として支払わせる。教育を受けた施設や内容に応じ、軍属期間は一年、三年、五年に分かれる。二年の予備役士官プログラムは消滅した。教育後、軍に戻る割合は報道によれば改善しているが、それでも戻らない割合もまだかなりある。全体としては、より厳しい監督の下に良質の訓練を施さない教育機関は廃止してでも軍組織内部により一層高い教育を施していくことを決定している。女性将校の訓練機会も拡大して六つの「高い質」の教育プログラムが存在し、近々さらに拡大することが約束されている。

教育レベルに加え、軍の質に影響を与えているのが新兵候補者の健康問題である。この健康問題に政府が気づいたのはかなり時間を経てからであったため対応に余計に費用が嵩《かさ》むことになった。二〇〇六年に連邦政府はようやくＨＩＶウィルス（以下ＨＩＶ）感染問題を真剣に取り上げるようになった。また、結核の蔓延や結核とＨＩＶ感染の組み合わせの問題もあり、世界保健機関（ＷＨＯ）との協力を進め、結核感染の拡大を食い止める努力をしている。ロシアは結核罹患数で世界ワースト二二カ国に入っており、そこには欧州をはじめ先進国は入っていない。少子化と子供の健康問題、そして教育の質の問題はロシア軍の将来にも影響を及ぼす。実際、この人口と健康問題だけでもロシア連邦が次世代の軍の兵員充足ニーズを満たすことをかなり難しくする。

ロシア軍は兵員採用の対象のベースを拡大しようとしている。例えばチェチェン共和国からの徴兵や、女性に士官職と戦闘訓練を開放し、旧ソ連諸国から志願兵を募って小規模な部隊を編成するなどにより兵員不足を補う決定をしている。人口減で徴兵対象のベースが縮小していることに加え、ＨＩＶ感染の増大も徴兵対象を縮小させている。そしてさらに問題はその縮小傾向が将来も続くと見込まれることだ。

国連のエイズプログラム事務局によれば、ロシアのエイズ関連の死亡者数は年間三万五〇〇〇人から六万五〇〇〇人で増大傾向にあり、そのうち約半数は結核感染者でもある。国連によれば、ＨＩＶ陽性反応を有する結核患者数が二〇〇六年から二〇〇九年で着実に増えており、また新規の結核感染者と再発患者数も増大している。このままエイズ関連の死者が増大した場合の帰結はロシア指導層が認識するよりも重大かもしれない。

抗レトロウイルス療法（ＡＲＴ）に基づく薬物治療の必要性を専門機関が提唱していたにもかかわらず、ロシア政府はその薬品の製造や購入に予算を付けることを怠り、二〇〇七年になってようやく予算化を開始した。ただ、医薬品のニーズはまだ満たされていない。

今後マイコバクテリウム結核菌が様々な抗結核薬の効かない結核菌に転換（ＭＤＲ-ＴＢやＸＤＲ-ＴＢ）してしまった場合、死者の増大は計り知れない。ロシア軍に徴兵される対象年齢の一八歳から二七歳の若者を包含する一五歳から二九歳のグループがロシアで登録されているエイズ患者の約八〇％を占めている状況は、その将来の問題の大きさを物語っている。

二〇一〇年一〇月に米国海外開発支援庁（ＵＳＡＩＤ）は、ロシアのＨＩＶ及びエイズ患者で前出のＡＲＴ治療を受けられているのはわずか一六％だけと報告している。ロシアでのＨＩＶ感染の主な原因は麻薬注射針の使用で、二〇〇九年の新規感染者の六二％を占めている。国連はロシアの三〇歳以下の男性の一・五％～八％が注射で麻薬を摂取した経験があると推定している。

ロシアのＨＩＶ感染発生が若い年代中心であることから、ＨＩＶ感染は徴兵対象年齢群で増えている可能性が高い。結核発生率はロシア国内で公式に発表されている数値よりも遥かに高い。新たな種類の結核が蔓延しだすと共に、軍が必要とする一八歳の若者の徴兵対象者数をさらに減らしていく。また、若者の犯罪も増えており、その結果、多くの徴兵された若者や職業軍人の若者も刑務所に入ることになり、そこで病気の感染を受けるケースも多い。

低出生率と短命

ロシアの出生率は一九八七年から一九九九年の間に五〇%も低下している。出生率の低下が始まり、また最初のエイズ感染者が見つかった一九八七年から五年後の一九九二年に死亡者数が新生児数を上回った。ロシアへの移民は一九九一年末のソ連邦崩壊直後の一九九二年と一九九三年に急増した。ただ、その後二〇〇七年までの移民数はそれほどでもなく、新生児数を上回っている死亡者数のギャップ分のわずか一〇%ないし一五%程度を満たしているに過ぎない。二〇〇七年半ばの時点ではその割合が三五%まで上昇したものの、国連の報告では一九九〇年から二〇一〇年までの間では純移民流入割合は着実に減少しているという。

かかる状況下で、出産促進や長寿化を進める政策が最近になってかなり真剣に始められている。ただ、現状はそのような努力も中長期的に大きな成果をあげるのは難しいとみられている。長期的には新兵採用対象者数は継続して縮小し、一九八〇年の一〇三万八三六六人から二〇二三年には七四万一三八人にまで減少する（次ページの表）。

ロシア統計局（Federal State Statistics Service）はロシアの総人口が一九九三年のピークの一億四八九〇万人から二〇二〇年には一億三六二〇万人に減少すると見積もっている。驚くべきことに、この見積りは出生率が増加することを想定している。就労可能人口は二〇二〇年までに二〇〇五年比で一三六〇万人減少するとみられている。仮に出生率が増加に転じたとしても軍にとっての

ロシアの1980年から2005年迄の男性の新生児数、
男幼児死亡数、ネット人口数（新兵採用対象者数）の推移と18歳となる年

年	出生数	死亡数	ネット人口数	徴兵年
1980	1,126,666	28,300	1,038,366	1998
1981	1,145,239	28,141	1,117,098	1999
1982	1,192,252	27,528	1,164,724	2000
1983	1,268,820	28,706	1,258,124	2001
1984	1,235,760	29,551	1,205,209	2002
1985	1,217,322	28,993	1,188,329	2003
1986	1,273,213	27,913	1,245,300	2004
1987	1,283,425	28,699	1,254,756	2005
1988	1,204,907	26,309	1,178,590	2006
1989	1,110,602	22,991	1,087,611	2007
1990	1,021,248	20,691	1,000,557	2008
1991	923,319	19,131	904,188	2009
1992	816,757	17,238	799,519	2010
1993	708.689	16,213	692,476	2011
1994	724,818	15,394	709,424	2012
1995	700,191	14,472	685,719	2013
1996	671,430	13,416	658,014	2014
1997	648,195	12,738	635,457	2015
1998	660,842	12,327	648,515	2016
1999	626,149	12,020	614,129	2017
2000	653,146	11,248	641,898	2018
2001	675,750	11,273	664,477	2019
2002	719,511	10,703	703,808	2020
2003	760,934	10,429	750,505	2021
2004	772,973	10,090	762,883	2022
2005	749,554	9,416	740,138	2023

情報源：FSGS（ロシア統計局）

註釈：各年の徴兵対象となる18歳の人口は、上記ネット人口数からさらに減少する。男幼児死亡数は１歳までの死亡数であり、１歳から17歳までの死亡数がさらに差し引かれる必要がある。通常、出生から18歳までの間に３％の死亡率が見込まれる。2005年のケースであれば、３％は22,487人で、そこから男幼児死亡数の9,416人を差し引いた13,071人を上記ネット人口数740,138人から引いた数が徴兵対象者母数となる。

効果は一八年後の男性の徴兵対象年齢となる年（この調査では二〇二五年）まで待つ必要がある。ロシア統計局も国連人口部も二〇二五年に向けロシアの総人口が減少していくと予想している。前者は二〇二五年の総人口を一億三四四二万二三〇〇人と見積もり、後者は二〇一一年時点で一億三六〇三万一〇〇〇人と見積もった。

出生率増加の予想は第二子への経済的インセンティブを始めたこととロシア人口構成で突出して増えている二〇歳から二九歳までの女性のグループの存在を前提としている。ただし、この女性群の増加も二〇一三年までで、一三〇〇万人のピークから四〇年後には七〇〇万人にまで減少する。

出生時点のロシアの平均寿命は非常に低く、国連人口部の二〇一一年時点での推計値では男性の平均寿命は世界一五六位、女性で九七位である。一六歳になったロシアの少年が六〇歳時点で生存している確率は約五〇％である。ロシア統計局は二〇二五年時点の平均寿命を六一・九歳と二〇〇五年の五八・九歳から二〇年を経ても微増の予想をしている。メドベージェフ前大統領を含め政府要人は将来の平均寿命が七〇歳に近づくと語っているが、これはリアリズムよりは楽観主義に基づいている。

朗報としては、二〇一一年の国連の推計値で、ロシアの男性の平均寿命が六一・六歳、女性が七四歳に改善していたこと。男女差が一二歳ないし一三歳と欧米に比べ遥かに大きなギャップとなっているのがロシアの特徴でもある。

経済開発貿易省による労働人口のトレンド予想では二〇〇七年に労働人口は減少に転じたため、経済の維持成長には労働生産性が必要となるが、その伸び率を六％ないし七％とかなり非現実的なところにまで引き上げないと労働人口の落ち込みを補えないと予想している。

若者の健康問題

平均寿命、出産、死亡、労働生産性、出生率と子供の健康並びに兵役年齢の集団の健康は同時に国民の健康状態に依存している。

ところがロシア国民の健康状態は良くなく、特に若者、その中でも徴兵前の男性（一五歳から一七歳）が顕著に悪化している。麻薬、アルコール依存、犯罪、増大する非識字率、そして疾病、特にＨＩＶ、結核、Ｂ型及びＣ型肝炎、精神障害、筋骨格系と中枢神経系の問題が目立って増えている。二〇〇一年に当時ロシア政府健康省の児童・出産健康担当副大臣であったオルガ・シャラポワ博士は政府幹部を説得し、二〇〇二年に児童健康国勢調査を行った。その調査結果を含め、国民健康はロシアの安全保障会議の議題になった。この会議がその後の徴兵猶予や拒否の理由の変化と直接関係しているかどうかは不明だが、何らかの影響はあったはずである。

多くの特定の疾病分類学的病気の有無を年齢と性別に基づき調べた二〇〇二年の児童健康国勢調査の結果、一八歳未満の国民の疾病率は政府統計庁が公に発表していた統計値よりも約三〇％も高いことが判明した。この特別な国勢調査はロシアの〇歳児から一七歳までの子供三一六〇万人中三〇四〇万人を調査した。この良くない結果の背景に、病気発症の若年化があり、新生児はもとより、一〇代、そして就労年齢の子供たちも同様である。ロシアの公的な統計によれば、少なくとも八〇％もの妊婦が妊娠期間中に何らかの重大な病気にかかっている。従って、わずか三〇％の子供のみ「健康に生まれてくる」という現状も驚くには当たらない。

この児童国勢調査は多くの疾病ごとのデータと分析結果を提供している。その後、一五歳から一七歳の子供たちの不健康状況は国家戦略上の懸念であると率直に主張された。この国勢調査は大統領とその周辺のみに見せる内部書類であった。その結果、国民健康は国家プロジェクトに昇格するとともに二〇〇二年当時副大統領であったメドベージェフから本件に関する多くのコメントを引き出すまでに至った。それ以前には必要最小限の予算と関心しか与えられていなかった。

職業軍人化への抵抗

この不健康な国民の中からロシア軍幹部は自らが望む高いレベルの軍を充足する一〇〇万人を選び、維持していかなければならない。その中には新たな職業軍隊としての志願兵も含まれる。従来の職業軍組織に加え、雇用契約ベースの志願兵による軍組織の編成の承認が降りたのが一九九二年であった。二〇〇〇年代半ばにはこの契約ベースの兵員数は二〇万人に達したが今は減少してきており、場所によっては地方の地元兵員が不足を補っている。二〇一一年時点で、契約ベースの兵士の陸軍における割合はわずか二〇％程度である。驚くことに、その契約ベースの志願兵の兵卒と下士官の軍曹の約三〇％は女性である。六万以上のポストは女性が占めることで一〇万人の男性志願兵は戦闘任務や同様の任務に傾注できる。

徴兵された者はもとより、契約ベースの兵士から職業軍人に至るまで、精神障害や体力の問題にもまた注意が向けられている。契約ベースの軍編成がまだ完全に行き渡る以前の一九九九年六月に、軍の医療責任者であったイワン・チズ中将は、徴兵された人間の精神病発見件数が一九九七年と九八年でそれぞれ三〇％と、前年比で一九％上昇していることに気づいた。

偽りの医療診断証明書を入手して兵役を避ける不正は後を絶たないが、まだ徴兵可能な母数を大幅に減じるほどではない。そのような偽の証明書は通常高価（一説には四〇〇〇ドル）で、大都市にいる比較的金のある若者かその家族などが調達する。一年もの稼げる時間を徴兵で奪われ機会損失になることを嫌う若者たちである。

徴兵を避けるその他の方法としてはモスクワ市軍事検察官のウラジミール・ムロフ少将が〝ゴムバンドを伸ばす〟と呼ぶ手法がある。これは、賄賂をもらった軍の兵站部でいったん徴兵対象者の名前を候補者名簿から外し、その名前を別途、別の兵站部に送付する。この手のたらい回しを続けているうちにその人間の徴兵期間（一年）が過ぎるというもの。この手の違反を追跡するのは難しい。

ただ、各兵站部はいずれにせよロシア軍に徴兵者をあらかじめ決まった人数分「供給」する任務があることから、上記の不正は供給不足の問題を起こしかねない。供給不足を補うために、例えば街角や大学の寮にいる若者を、正規の手続きを経ずに任意に引っ張ってくるいわゆる「即徴兵」という不法行為も度々行われることになる。この場合、徴兵猶予申請書を出す機会はもとより、健康診断の時間すら与えない。実際どれだけこういった違法行為が行われているのか定かではないが、モスクワの軍事検察官がこういった不法行為を詳細に報告している事実からして、こういった「行為」は極めて大規模に行われている可能性がある。

二〇〇三年二月二五日に発行された政府司令第一二三号は徴兵審査の結果の分類を、「健康体」「完全な健康体ではないが、限定的な任務であれば徴兵可能」そして「全く徴兵不可」の三種類の再定義を行った。同年七月一日にはその関連で徴兵免除対象となる新種の疾病リストが国防省から出された。その徴兵免除リストに含まれたのは「麻薬中毒者、麻薬常用者、アルコール依存症患者及びＨＩＶウィルス試験での陽性者」であり、またゲイなど「通常の性的志向と異なる人々」も含まれている。また、このリスト発表後において、既存の兵員の中で上記の「症状」を有する者が見つかれば、その症状が徴兵以前からのものであれ、入隊後であれ、除隊させられることとなった。現在、結核症状にあるものも徴兵免除対象となる。

一方、徴兵猶予に該当する正当な条件を過去の二五件から一六件に絞り、いずれ恐らく九程度にまで減らすことで徴兵規模を維持する対応が取られている。英国紛争調査研究機構のケイル・ガイルズはロシア政府が五つの徴兵免除条件を削除し、四つの条件を修正することで、年間九万人の徴兵増が見込まれると予想している。ただ、彼はこの追加を勘案しても現在の一二カ月の徴兵期間と減少する若者の人口動態の現実からして、毎年七〇万の新兵採用ニーズを充足することは困難とみている。

ロシアの地元報道によれば、その地域の「兵員採用事務所は従来よりも多くのアルコール依存症患者や麻薬中毒者、元収監者、そして時にエイズ患者をも契約ベースで採用している」。また現在軍に配属されている徴集兵の六四％は医学的に部隊勤務不適合の健康状態にあると戦略調査研究所の二〇一一年の調査報告書は記している。「二〇〇〇年から二〇〇八年までの間では過去に犯罪経歴を持つ人間は一人も徴兵されていない。この制約は今は緩和され、例えば二〇〇九年の春に招集された三〇万五〇〇〇人のうち、一七万人は何らかの犯罪歴を持っている」。

過去長い間、健康上の理由で徴兵に不合格であった徴集者の割合はおおよそ三〇％で、合格者の約半分以上は「限定的な任務」に就いていた。最近になって規則が改定され、この「限定的な任務」に従事する徴集兵は落下傘部隊や海軍、そして国内軍（警察権を監督する内務省内の準軍事組織）に従軍することができなくなった。徴兵猶予に加え、徴兵忌避、徴兵免除となる疾病の増大を考慮すると、現在のロシアの徴兵対象年齢のわずか一〇％のみが徴兵あるいは契約ベースで軍に採用されている状況にある（二〇七ページの表）。この採用拒絶の割合は過去一〇年間それほど変わってはいないが、徴兵対象者の母数は減少してきている。一方、健康上の理由で徴兵が拒絶された割合は冷戦後二〇年間で劇的に増大している。良くない兆候として、栄養失調による徴兵不合格がモスクワ市とモスクワ州で一年だけで一五万件以上もあった。

ＨＩＶの軍に与える問題

ロシアの「公式の」ＨＩＶ登録感染者数はこの伝染病の真の問題を覆い隠しがちである。ロシアの発表の数値は国連の推定値の半分以下である。国連では二〇〇九年時点のロシア国内のＨＩＶ感染者数を八四万人から一二〇万人の間と見積もっている。ロシア連邦エイズセンターや健康省の何人かの高官は国連の値に同意している。

このように、国全体での感染者数の把握が困難な状況下、国防省の現役兵士の中にどれだけのＨＩＶ感染者がいるのか、また保安局や内務省の職員ではどうなのかを把握できていなくても驚きではない。新規登録ＨＩＶ感染者の約半分が同性愛志向ではなく異性愛の女性であるほどに女性に感染が広がっていることと合わせ、全体の感染者数が増えている状況から、軍の全ての階級にＨＩＶ感染者が広がり、大きな問題となっている可能性が高い。一九九六年の段階で一五一三人の新たなＨＩＶ感染者が登録されていたが、この新規登録数が二〇〇一年には八万七六七一人に急増した。二〇〇六年では三万九九八八人に収束し、そこで平準化している。一方、国連はロシアのＨＩＶ新規感染者数が二〇〇一年に約二〇万人に急増し、現在は年間一〇万人のペースになっていると推定している。

ＨＩＶ感染が判明した徴集兵と下士官は全て除隊させられている。士官はそうではない。また国防省は数値を出しているが、保安局や内務省、大統領警備局などはＨＩＶ感染者数やその対応を明らかにしていない。ある調査では、そういった制服組でＨＩＶ陽性であった者の一五％が退職させられているという。アメリカで大西洋評議会（Atlantic Council）に務めるジェフリー・ホラチェック大佐の報告によれば、一九八九年から二〇〇二年までのロシア軍内部の新規ＨＩＶ感染者の内訳は、陸軍が圧倒的で四四・四％、次いで海軍一六・八％、中央従属部隊（Centralized Subordination）一〇・六％、空軍九・一％、戦略ロケット軍七・四％、その他一一・七％となっている。士官が病気に罹った場合は軍の病院で処置される。階級の低い契約ベースの兵士が病気になった場合には除隊させられる。公式発表の数値がどうであれ、ロシア軍の士官自身、自分たちの状況が完璧とは程遠いものであることは認めている。

徴兵前検査においてＨＩＶ感染や麻薬中毒、肝炎に関する診断は許されていない事実と、前述のように新規エイズ感染者の八〇％が一五歳から二九歳の若者で、これはほぼ徴兵対象者の年齢（一八歳～二七歳）と重なることから判断して、これら三種類の疾病にありながら徴兵されそのまま現役として兵役任務をはたしている若者が多くいると考えられる。また、元ロシア空軍参謀長のミハイロフ将軍は多くの

ロシアでの徴兵対象年齢の母数に対する徴兵合格者の割合

年	徴兵合格者比率
1988	54.6
1994	27.5
1998	17.4
1999	13.0
2000	12.0
2001	12.0
2002	11.2
spring 2004	9.5
2005	9.1
2006	9.7

出典：「あれだけ多くいた兵士はどこへ行ったのか」K.ギレス（英国の著述家）。2006年10月10日付論文。

地方での徴集兵が徴兵前に医者に診てもらったことは一度もない連中であると驚きを隠さなかった。これは前出の児童健康国勢調査がロシアの医療保障が全国の児童の九五％をカバーしていると発表していることと矛盾している。国防省はかつて財務省に徴集兵の上記三種類の疾病状況をチェックする器材取得などの予算を要求したこともあるが拒絶されている。そして今や、かかる器材の値段は倍加している。一方、器材取得以外の麻薬常用者の試験の費用は認められ、また精神障害の試験のための嘘発見器の調達も認められた。いずれにせよ、徴兵審査の前にＨＩＶ感染、麻薬中毒そして肝炎を試験する体制は当分の間は完備できず、本来徴兵されるべきでない若者が徴兵される状況も継続する。

仮にＨＩＶ感染の試験を行える体制が取れたとしても、現状、それを軍に強制する法制もなければ軍自身にも統一した方針がまだない。

結核　未診断の問題

前出の徴兵不合格対象となる疾病のリストに掲載されていないが軍にとって重大な病気であり、かつあまり議論されていないのが結核である。ロシア全体での結核感染率はＷＨＯが伝染病状態と認定する割合の二倍から三倍の高さにある。ＨＩＶ感染の統計値と同様、ロシアの公式発表の結核感染率（二〇〇八年で一〇万人当り八三・八人）は、ＷＨＯの数値だと一五〇～一七〇人と上方修正される。年間約三〇〇〇人の若者が結核感染を理由に兵役を拒絶されているという。

混雑する兵舎や艦艇上の居住空間、特に刑務所内の健康と衛生問題を困難にしかねないのが抗結核薬の効かない結核菌の発生である。徴兵された軍の若者は罪を犯しがちで、彼らが収監された場合にそこで結核に感染すると、軍に戻ってから、あるいは実家に戻ってから結核菌を軍隊や一般社会に伝染させていくことになる。刑務所に多くいるＨＩＶ陽性の収監者は抗結核薬が効かないため、彼らから感染する危険性が高い。結核菌を保有した元収監者の約半分が出所後に治療を止めてしまうことから、彼らは一般社会に結核菌を広め、そこには徴兵対象年齢前の若者も含まれる。結核菌保有者と診断された現役兵士の数は一九九三年以来、毎年前年比一〇％の割合で増えている。

結核感染と診断された兵員は通常、入隊後の最初の一カ月で感染している。女性兵士も多く感染している。軍内での感染者数の増大規模からして、三〇〇〇人が毎年結核感染が理由で除隊させられていることは驚きではないどころか、むしろもっと多くの感染者が除隊させられていないことのほうが驚きである。仮に軍の医療専門家や参謀が結核感染をほかの疾病に比べ軽視しているならば大きな過ちである。結核はＨＩＶに等しく脅威である。

抗結核薬の効かないＸＤＲ-ＴＢという結核菌の変態現象にロシア政府はつい最近まで対処してこなかった。ＷＨＯによれば、ロシアはＸＤＲ-ＴＢの被害の最も大きい二七カ国に含まれ、その中でも三番目の三万一〇〇〇人が感染し、インドと中国に次いでいる。この感染者のうち、治療を受けられているのは八〇〇〇人だけで、ＷＨＯはロシアが感染拡大の制御計画や全国に徹底する対応指針を持っているのかどうかについては報告していない。さらにはロシア国内の適切な食料供給と消費流通ルートの不備から栄養失調や貧困、アルコール依存症の問題が結核の悪影響を相乗的に拡大させている。

WHOでは抗結核薬の効かないXDR-TB並びにMDR-TBの蔓延を抑える治療経費見積りのために、治療者数を国ごとに推定した。ロシアでは二〇〇七年で一万六三九三人、二〇〇八年で一万九九七五人としている。この数値は保菌者と診断された総数(二〇〇七年なら二万四〇五五人)ではない。このWHO報告ではロシア国内のXDR-TB治療者の数は年間二〇%の割合で増えているという。ただ、軍人など制服組の人間が含まれているのか、含まれているとすればどれだけの割合なのかについては触れられていない。

社会構造を弱体化するリスク

ロシア軍の中には公式に発表されている数よりはるかに多くのエイズ、結核、肝炎の感染者と麻薬中毒者が存在することは明らかである。その数が二二〇〇人なのか、五〇〇〇人なのかあるいはその倍なのか定かではないが、おそらくはより高いほうの数値となろう。これがロシア軍の戦闘能力をどこまで弱体化させるのか、全く健康体の契約ベースの軍隊は実現するのかといった疑問への回答はまだはっきりしない。ただ、一五歳から一七歳の若者の不健康な状態からして先行きは困難になることはあっても楽観はできない。

一九九〇年代末にロシアのＨＩＶ感染者の公式登録者数が爆発的に伸びた時点から一〇年以上が経ちながら、対レトロウイルス療法（ＡＲＴ）に基づく薬物治療は非常に不足しており、その結果感染者数はますます増大していくと予想できる。

新兵採用に悪影響を与えているのはこのＨＩＶ感染問題だけでなく、結核、麻薬中毒、アルコール依存症、精神障害その他の疾病や障害もある。徐々に減少していく徴兵対象者の母数のわずか一〇％が徴兵され、その中で制限なく軍役につけるのが三〇％のみというロシア軍の徴兵はかなり張り詰めた状況となっている。

この健康問題に対するロシア政府の対応は以前よりは改善しているが、結核とＨＩＶ感染の組み合わせの問題などへの理解不足から、然るべき薬物治療を一刻も早く進めることで延焼を早めに食い止めるというところにまでは至っていない。ただ、国の「安全保障」が健康と人口動態の要因で脅かされているという表現は度々聞かれるようにはなっている。

もちろん人口動態や健康問題を「脅威」とは捉えない批評家や、純マルサス主義者のように不健康に伴う死亡自体には問題を感じず、むしろ快楽追求型のリスキーなライフスタイルを不幸の原因として批判する者もいる。ロシアの元会計検査院長官のセルゲイ・ステパシンは、今後予想される「ロシアの人口規模の縮小と、その人口密度が世界平均の三分の一以下に減少することは、ロシアの世界における政治的、経済的並びに軍事的影響力を弱体化させる危険を生じる」と寄稿している。

換言すれば、「人口が少ないほど、支配力は弱まる」ということになる。ステパシンが正しければ、ロシアは世界に対する支配力の野望は持つものの、その野望を実現する可能性は非常に低く、一方で同時に巨大な軍事力を保有する国ということになる。

学業専門の学生の徴兵猶予条件を廃止したことで徴兵者数はある程度充足されるが、そういった学生が徴兵後に学業に復帰しなければ社会にとっては「質」の喪失ともなり得る。プーチンとメドベージェフの出産促進政策は学業を望む女性の数を減らすかもしれない。

ハーバード大学のドミトリー・ゴレンバーグは「ロシアの軍指導部は徴兵制と職業軍制度の間で議論を繰り返しているが、わずか一年の徴兵期間で現在のレベルの兵員規模を充足していくにはもはや十分な数の一八歳の若者がロシアにはいないという単純な事実を無視している」と語る。ロシア軍の所要の一〇〇万人軍には一五万～二二万の士官と一五万～一七万の契約兵士が含まれるので、残りの六一万から七〇万を徴兵で毎年充足する必要がある。問題は一八歳の人口が七〇万人しかおらず、健康問題のある者や、徴兵猶予の者を除くと徴兵可能対象は四〇万人に下がる。二〇一三年には一八歳人口は上記の数値よりも四〇％も減少し、結果、徴兵可能対象者数は毎年三〇万未満となる。その他の条件は不変とするとロシア軍は毎年三〇万人分の兵員採用不足に直面していくことになる。

この人口減少問題と蔓延する疾病やその他健康問題の組み合わせは経済面への影響以上にロシアの軍を含めた社会構造を弱体化させる可能性が高い。

2. ヨーロッパ　人口減少と社会規範からみる欧州の戦略的将来

ダグラス・Ａ・シルバ（カソリック系家族と人権機関の上級研究員）

欧州の国々は劇的でかつ長引く出生率の低下に直面している。その低下はあまりにも顕著なため人類の歴史においてかつてないもの、と呼ばれている。今やこの事実は誰もが知っていることであり、その経済への悪影響も認知されている。最大の関心は福祉社会国家の欧州が高齢者人口の増大と労働年齢人口の緊縮が進む中で社会保障支出の支払能力を維持できるかどうかである。ただ、この少子高齢化が欧州の戦略的かつ軍事的地位と地政学上の影響力を変化させ得るのかどうかについては検討が進んでいない。本章ではこの変化について検討を試みる。単なる数値や統計を超えてそのトレンドの意味する将来を読み取ろうとする、いわば人口動態の衰退と社会規範の調査を試みる。

欧州が第二次世界大戦後に大切にしてきた社会規範的価値観が人口減少を促しているとしたらどうであろうか？　人口減少が元々深く欧州に根付いているとしたらどうであろうか？　欧州の人々は自身の人口動態の衰退に文化的にも観念的にもいかに対応すべきかまだ準備ができていないように見える。多くの社会的規範の理想論は出生率の増加を促す表現はあっても、実際にはその逆に働き、さらにそれを抑圧している。すなわち、ヨーロッパの圧倒的なイデオロギーはこの少子高齢化問題の見方や対応を先に決めてしまっている。そしてこのイデオロギーは出生率増大の政策オプションを排除しやすい。

かかる環境下では、欧州の指導者層は苦肉の策として人口規模の影響力を抑える国際協調という名のゲームチェンジャー的な新たな仕組みづくりを狙っている。逆に従来の力のルールの変化が実現しなければ、世界における欧州の影響力の喪失は確実なものとならざるを得ない。

欧州の人口動態の現状

欧州の基本的な人口動態の状況は驚くべきものである。国連人口部は来る一〇年における四つのシナリオを提示している。最も楽観的なケースでは二〇五〇年までに欧州の出生率は現在の一・五から二・四一（一九六〇年代のレベル）に復活するというもの。次に楽観的シナリオとして一・九一に復活するもの。三番目の現状維持シナリオでも一・五五にまで若干戻すことを想定している。一方、悲観的ケースでは出生率減少のトレンドは続き、二〇五〇年までに一・四一にまで低下するというもの。

国連によれば、出生率が現状維持の場合であっても年齢の中央値は二〇五〇年には四八・六歳に上昇し、人口は六七〇〇万人減少する。

また、出生率が下がる悲観的ケースでは年齢中央値は二〇五〇年までに五一・一歳となり、人口は一億六〇〇〇万人減少する。これは今の人口の一四％に相当する。この場合、二〇五〇年までに欧州の人口は毎年五〇〇万人ずつ失われていく。

国連はこの報告書で「欧州のように出生率の低い社会において将来の出生率を判断できる説得力のある定量的な理論は存在していない」と記しているとおり、前述の四つのシナリオのいずれが最も現実的かは誰もわからない。欧州の多くの低出生率国が今や皆「低出生率の最低点」の範囲にまで行き着いてしまっているため、人口動態学者もそれぞれの国の間の比較検討を行う差異分析もできない状況にある。ただ、この出生率最小記録はまだ破られ続けていることから、人口動態学者は出生率にはある種の最低値があって、それ以下に下がることはありえないとの当初持っていた推定理論を捨てている。

「世界人口見通し（World Population Prospect）」の最新改訂版でも国連が次々と過去にあった推定理論を捨てているとの注記を施している。ただし、前述の国連の二番目に楽観的なシナリオ（出生率が一・九一に回復するケース）はまだ、出生率底打ちの推定理論を前提にしている。これに対しては、オーストリアの人口動態学者のルッツらは以下のような反論を出している。

トレンド分析において、過去五〇年もの間、ある集団が経験してきて広く浸透しているトレンドが変化するというならば、それを正当化する非常に強力で説得力のある理由を提示する必要がある。今のところ国連から提示されている予想シナリオのいずれにおいても明白な理論的根拠、出生率の場合には減少傾向が反転する根拠は一切提示されていない。

従って、最も現実的なシナリオは現状の出生率の維持のケースか、過去五〇年の出生率減少のトレンドが続くとみる悲観的ケースとなる。そして低出生率の罠の仮説（Low Fertility Trap Hypothesis）は、この出生率低下傾向が継続するまことしやかな理論的根拠を示している。

欧州議会によれば、二〇五〇年時点の欧州の住民の年齢中央値は四九歳になっているという。国連人口部の元部長のジョセフ・チャーミーは、移民の大幅流入増がなければ、欧州人口は今世紀半ばには現在の七・三億人から約二〇％下がり、「六億人を遥かに下回る」と見積もる。出生率現状維持のシナリオでも、ましてや悲観的シナリオでももちろん欧州大陸は将来、高齢化と減少する扶養者率、若者人口の減少と欧州各国の人口の絶対数の減少を目撃することになる。

軍事と地政学上の帰結

多くの専門家はもっぱら欧州の人口動態の衰退が社会保障制度の維持という社会民主主義モデルの維持体制にいかなるインパクトを与えていくかを注目してきたが、戦略面や軍事面に与える影響も重要な検討事項である。例えば、少子高齢化がもたらし得る軍事支出の減少、特に防衛装備品への支出の減少や兵員の年金、給与といった人件費の減少、高齢化に伴う軍隊の活力の減退、展開可能な部隊規模の縮小、兵員の許容損耗率の減少などである。デュークセン大学で政治・人口動態学を教えるマーク・ハース教授をはじめとする学者たちは増大する高齢者のための社会保障費の高騰は軍事支出を含めた国の裁量的予算を大幅に削減してしまうと論じる。この軍事予算の緊縮はすでに欧州では進行中である。軍事予算節約のため、英仏海軍は一隻の空母を共同運用しようとしている。ロサンゼルス・タイムズは欧州の軍事支出削減状況を次のように報道している。

米国の最も緊密な同盟国であるイギリスは全面的財政緊縮計画の一環で来る四年間の国防予算を実質八％削減することを決定した。フランスは来年度国防予算を三％、一三億ドル相当削減し、五万四〇〇〇人分の国防関連の雇用を二〇一四年までに減らす意向である。イタリアは最近ジェット戦闘機の発注をキャンセルし、二〇億ドル以上の経費節減を行っている。

ドイツとオランダも同様に軍事支出を削減している。

ただし、軍事支出削減が社会保障費の増大に伴い自動的になされているというわけではない。社会福祉債務の増分は軍事支出削減分の何倍もの規模にあるため、焼け石に水の状況にある。むしろ、軍事支出は独自の必要性と政治的意思によって社会福祉保障費から独立して守られているとみるべきであろう。

もっと重大な問題は軍の兵員充足不足であろう。高齢化が進む中で、兵役が可能な人員の母数は減少傾向にある。欧州防衛庁によれば、「欧州の高齢化は若くて技能を持つ人間の激しい奪い合いをもたらす。欧州軍の新兵採用対象人口（一六歳から三〇歳）は二〇二五年までに一五％以上減少する」。従って、将来想定される任務を果たすために必要となる軍の兵員規模を維持することが困難になる可能性がある。

これに関連して、ヨーロッパでは兵員一人ひとりがあまりに貴重なため、戦場で犠牲にできないという心理も働きかねない。軍の有効性は必ずしも兵員規模によってのみ決まるのではなく、戦時の際に損耗できる兵員規模の余裕もあげられる。この点で、欧州の「一人っ子」を主体とした軍は、兄弟のいる兵士の軍との戦いにおいて、仮に戦力が拮抗していても敗れてしまうことになる。「軍の強さはその国の平均的家族規模の影響を受けやすい。ヨーロッパの少子化はイラクやアフガニスタンで彼らの兵士の負傷がたとえ軽傷であったとしても、その痛みを倍加させてしまう」。そのような懸念が強まると、現場指揮官は被害を出さないような非現実的な交戦規定に縛られるかもしれない。もっと一般的には、リスク回避型の慎重な社会風潮を生み出し、軍事的交戦において事実上勝利を収めることが不可能な事態となりかねない。この点、欧州防衛庁は「介入作戦にますます慎重な世論、軍事力の使用における正当性の問題に関心が高く、『国防支出』より『安全保障』の表現を好む社会」に積極的に備えている。

イデオロギーの存在

ここでは欧州政府による人口動態問題に対する緩和戦略（出生率改善策や移民増加策）や適合化戦

略（国際関係の現実に自らを合わせるべく変革する）について触れる。

人口代替率（二・一）を下回っている苦境を議論している最中、欧州議会はその出生率減少をもたらした、まさにその社会文化的変化を祝福する言葉を次のように述べている。「出生率の低下と高齢化は女性の解放と高等教育の普及、積極的な生き方や社会的責任への参加が進んだことによる女性の産児制限という進歩の結果である。これは人類にとって戻すことのできない恩恵として考えるべきものである」。すなわち、少子高齢化という変化は「戻すことのできない」ものと考えられ、恐らく、出生率がどこまで下がってもそれ自体、疑問を挟むことはできないイデオロギーとなっている。

ヨーロッパのエリート層に深く根ざしている意見や政策、そして法制の中に、欧州の人口増加率を力強く回復させることを妨げる哲学的原理がある。例えば、欧州の環境保護主義は人口増を環境保護に有害なものであると断定してきた。実際、ヨーロッパの政府高官を含めた環境保護主義者は環境保護のために人口を減らしていくことを求めてきている。

欧州の多くの国々で法制化されている多文化主義は人種や民族あるいは宗教別の人口動態データを収集することを制限しており、その結果、生粋の国民と移民との出生率の比較評価がほとんど不可能な状況にある。

従って、大規模な移民受け入れ（出生率低下に対する最も安易で欧州共通の対応策）の社会的結合力への影響を測ることは非常に困難である。明らかに、キリスト教の規律が支配的であった社会の後に生まれた世俗的人道主義とその支配階級は、伝統的な信仰心の強さと出生率の高さの関係に関心を示さなくなった。同様に、同性婚など、宗教規範と異なる新たな婚姻関係の拡大といった社会風潮も、神に誓約する関係である伝統的な婚姻と出生率の高さの関係を評価することを遠ざけている。

最後に、フェミニズムが最もパワフルなイデオロギーであるかもしれない。ヨーロッパ人はフェミニズムという名の色眼鏡を通して少子化を見ている。フェミニズムの核となる信条で出生率に影響を与えるものに男女平等、あるいは男女の役割の互換性がある。これは、女性は家を出てキャリアを求め、女性の判断による避妊や中絶で産児制限を促している。従って、専門家によれば、「少子化は生活の質の観点からは選択の自由の結果として欧州市民に前向きに受け止められている」。このため、欧州各国政府はそのような選択をマイナスと表現したり、あるいは無理やり変化させたりするようなことは避けたがっている。言い換えれば、ヨーロッパの人口動態の衰退の真因への市民の賞賛がある限り、それに手をつけることは非常に困難となっている。

機能しないギャップポリシー

欧州の多くの国は今の出生率が低すぎると信じているし、その理由も、そしてその回復のためにどのように影響を与えるべきかもわかっていると自負する。欧州議会の報告書案は、欧州の出生率は「異常に低く、その理由は女性の選択の自由だけでなく、仕事と家庭生活の両立の難しさ、心配を生みやすい社会環境、そして将来への漠然とした不安」に関係していると記している。また、欧州委員会では、「少子化の原因は、雇用へのアクセスの悪さ、就職後の職の不安定、住宅価格の高騰、そして家族手当や育児休暇、託児所、給与水準などのインセンティブ不足にある」と説明している。

各国政府は少子化のベースにある将来への不安を抑えるべく欧州としての社会的規範を拡充していくための様々な政策を採用してきている。職の安定保障や出産・育児休暇、託児施設、放課後プログラム、助成金や税控除、優先家屋、柔軟な勤務時間帯、パート勤務雇用形態などが含まれる。

欧州各国政府は出生率の低下が必ずしも個々の社会的不安によってもたらされているのではないという可能性を直視したがらず、社会福祉網のさらなる拡充で社会不安を緩和する方向に向かっており、少子化が個々人の幸福と家族生活の概念に関する深遠な文化的規範的変化を反映している可能性に対処することを退けている。欧州各国政府は「ギャップポリシー」と呼ぶ政策を政府が財政的に支援する唯一の出産促進政策と位置づけている。

このギャップとは理想の出生率と現状との乖離のことであり、政府の役割はそれを理想の値に近づける支援をすることにある。欧州委員会は、「欧州の出生率は人口を代替していくためには不十分なレベルにある。世論調査では、夫婦が持ちたい子供の数は二・三との結果がでており、現状の一・三より遥かに高い。従って、もし適切な仕組みがあって、夫婦が欲しいだけの子供をもうけることが可能になれば出生率は上昇する可能性がある」と説明している。

この欧州委員会のアプローチは人口代替率（二・一）を満足させる目標値を何ら政府の価値観を押し付けることなく設定している点で優れている。欧州委員会自身が認めているように、「政府は夫婦の出産などの私的な判断に介入したり影響を与えたりするべきではないという広く共有された感覚が市民にあるため、多くの政府は具体的な出産促進目標を設定したがらない」。このやり方であれば、政府は市民が実際に望んでいることを実現するためのサポートをするだけである。

そのギャップを埋める具体的なサポート内容として寛大な出産休暇や柔軟な勤務日時といったものはフェミニズムと相通ずるものであり、いわばフェミニスト的出産促進主義とでも呼べるものであろう。すなわち、このギャップポリシーは女性が家から出て、外でキャリアを追求することを促し、支えるものである。欧州の少子化の根幹の原因かもしれないフェミニズムの価値感に疑問を呈さずに出産を促進できるこのギャップポリシーは「ほとんど誰からも大歓迎される政策体制」となった。

しかしながら、このフェミニズム的社会福祉網拡充政策を進めているにもかかわらず、大きく継続的な出生率の上昇はまだ見られていない。国連人口部は以下のように報告している。

低出生率国の最近の状況からしてその出生率が近い将来、人口代替率を超えるレベルに戻るとは想定できない。これらの国の政府は明確な出産促進政策の代わりに様々な社会福祉型の手法で高い出生率を促してきたが、その長期的有効性は疑問である。

一部出生率が上昇した国においても長続きせず、全体としてはその長期低下傾向は変わらない。なぜギャップポリシーは機能しないのか？　機能するギャップ理論とは強力な家族規模に基づいているものである。いったん理想の出生率が実際の出生率に近いところまで落ちれば、そこにはもはやギャップは存在しない。恐らく理想の家族のサイズ自身が落下中なのである。アメリカン大学名誉教授ゴールドステイン、英オックスフォード大教授ルッツ及びウィーン人口動態研究所のテスタの三人はヨーロッパ中でこの理想の家族の規模が低下していると次のように述べている。

オーストリアとドイツの若い家族集団では、理想の家族の規模は人口代替率をかなり下回っている。若い夫婦ほど小さい家族を望んでいる。ドイツとオーストリア以外にもイタリア、ポルトガル、スペイン、アイルランド及びオランダで急速に家族の理想規模が小さくなっている。これは社会全体が少子化を常識として受け入れているためとみられている。この社会全体のシフトは出生率が人口代替率を下回っておよそ一世代後に生じる。理由は人口代替率を下回って縮小していく家族規模とそのカルチャーにどっぷりと浸かった子供たちが新たな若い夫婦となるためである。

別の研究者たちは、直近の世代交代を通じ、欧州の理想の家族サイズが平均〇・三人分減少したとの報告を上げている。

それではなぜ理想の家族規模（出生率）が下がり続けるのか？　リタ・マリア・テスタとイタリアのフィレンツェ大教授レオナルド・グリリは「低出生率の罠の仮説」と呼ぶ仮説で理由を説明する。これは低出生率の状況で子供時代を過ごした経験は、彼らの理想を変化させるという仮説である。彼らが大人になった時にそれまで経験してきて常態化したものと現実が合致する。そうすると、もはや現実と理想のギャップはなくなり、むしろ残るのは理想が現実に追いつくまでの時間差のみである。従って、我々が欧州で目撃していることは子供二人の理想が子供一人の理想に変わっていく過程である。

この仮説の一つの帰結は、欧州の出生率の低下の底がはっきりとしないまま継続する可能性があるということ。これは「縮小均衡」という「罠」である。より少なくなった今の子供は大人になってさらに少ない子供を望み、それがより少ない理想の家族数に繋がるという縮小の連鎖である。もう一つ、社会規範上の問題もある。

社会適応や社会学習の過程を通じ、社会的常識や特に家族規模に関する若い世代の理想は自分の周辺にかつていた家族と若い子供たちという実体験に影響されやすい。その若い世代の経験した環境に所属する子供数が少ないほど、彼らの理想の生活において規範となる子供の数も少なくなっていく。

この仮説が正しければ、欧州の各国政府が縮小均衡の罠から脱出するのは楽ではない。なぜなら、人口動態の問題は「将来への不安」ではなく、従って社会福祉拡充政策が必ずしも抜本的な解決策にはならないためだ。むしろ、原因は子供のいない将来への声なき願いといえる。「そうなると、政府は夫婦の望みを叶える手助けをするという今の政治的に都合のいい欺瞞ではなく、もっと直接的に子供の需要創出に乗り出さねばならなくなる」。市民に対し、もっと子供を多く持つようにと語りかける心の準備が欧州各国政府にはあるであろうか？　そういった行為は個人の自主性と女性の社会進出に関する政府の介入と見なされるはずである。

それとは別に、二つ考慮しておく必要がある。一つはギャップポリシーがさらに出生率を下げる可能性があること。それはゼロサム的政策環境において、ある特定の出生率——もっぱら小規模家族かあるいは家の外でのキャリアのために子供を持つことを簡単に諦めかねない世帯の出生率——を促進することは、それ以外の出生率——主に大家族の出生率——を逆に減退させかねない。また、このギャップポリシーは共稼ぎ世帯の支援を常態化しがちで、共稼ぎでないシングルインカムの家庭の生活を相対的に困難にしかねない。そしてシングルインカムの家庭は大家族に繋がる道であるため、そちらにも悪影響を与える。

二つ目に考慮すべき点は家族構成や結婚、信教、そして国の責任といったものに対する市民の態度が前記の低出生率の罠の仮説にどのような影響を与えるかということ。すなわち、家族の大きさに関する意識はほかのこういった規範意識と相互に連関している可能性がある。従って、少子化の原動力が家族のサイズに関する理想の規範のみならず、ほかの様々な規範の変化と絡み合って強化されてしまっている可能性があるということである。

移民問題の行き着くところ

少子化に対する別の対策として移民流入の増大がある。移民の効果は広く認知されている。欧州議会は「移民の受け入れは今日、そして将来にわたり欧州連合の人口動態の主要な構成要素であり、かつ経済的にも社会的にも文化的にもプラスの貢献をしている」と主張している。欧州の統計を司る欧州連合統計局（Eurostat）は「ほとんどのメンバー国の出生率が低い中、移民はEUの人口変化の主要な構成要素となっている」と主張する。

しかしながら、国連人口部の二〇〇一年以降の「人口減少を補完する移民」に関する報告は、移民が「失われていく」生粋のヨーロッパ人を代替する可能性に関し疑問を呈している。国連人口部は、単に全体の人口レベルを維持していくだけでは今の欧州の社会構造を支えるには不十分であると指摘する。

鍵は「潜在的支援率」と呼ぶ就労年齢人口における実際に富を創造し社会福祉プログラムのために納税している人々の割合であるという。現状の支援率を維持するために理論的に計算される移民の所要数は実行上も政治的にも不可能な数字となる。同人口部によれば「一九九五年並みの潜在的支援率を保とうとすれば、毎年必要とする移民数は過去受け入れてきた移民数より遥かに大きな数を受け入れる必要があり、仮にそれを実行した場合、二〇五〇年時点ではメンバー諸国の人口の五九％から九九％が一九九五年以降の移民者とその子供たちになる。これは明らかに非現実的なものであり、よって移民だけでは欧州人口の高齢化は防げない」。欧州への移民を長年観測してきた関係者は現在の欧州の移民流入のレベルであっても潜在的不安定効果があることに注目している。米国の人口・移民研究者のジョセフ・チャーミーは次のように語る。

今日欧州に来る多くの移民はアフリカとアジア出身で地元文化との融合や地元社会への同化において地域社会に懸念を巻き起こしている。（中略）これらの状況は民族間の分裂や対立を国内に生じ、文化的統合、国としてのアイデンティティ、結合力並びに国家安全保障面で懸念を生じている。

英国のデービッド・コールマンはこの懸念をさらに強調し、「もしこの傾向が今世紀末以降にまで続けば、低出生率国に暮らす移民はいずれ生粋の国民に置き換わってその国の多数を占めることになる。生粋のヨーロッパ人が少数派となって辺境に追いやられる可能性は重大なことであり、政治が適切な懸念を持つべきトレンドである。特にそれが別の目的のために採った政策の意図しなかった結果であるならばなおさらである」と論じる。従って、出産促進のための支出増と同様、移民受け入れ増は長期的には少子化の欧州に安定よりも不安定効果をもたらしかねない。

ここでも欧州のイデオロギーが登場する。最も知りたいが答えのない疑問として欧州への移民の、特にイスラム教信者の出生率がある。欧州の多くの国では多文化主義に基づく配慮から、この統計を集めていない。従って、生粋のヨーロッパ人の出生率も把握できず、その少子化問題がどこまで厳しい状況なのかすらわかっていない。我々には、フランスの比較的高い出生率がどこまでが移民の高出生率のお陰であるのか不明である。

従って、表向き人口動態の安定や社会の結合力を表すような出生率があったとしても、それがその社会内部の生粋の市民と移民の間や移民同士の紛争の種を覆い隠している可能性がある。外交問題評議会はフランスに移民したイスラム教信者の出生率はそれ以外のフランス人の三倍であると推定している。もしこの推定値が正しければ、そして他の欧州諸国も同様であれば、欧州の人口動態の衰退は本質的には見た目よりももっと悲惨な状況といえるかもしれない。

ソフトパワー、多国間主義、そして通常戦争の旧式化

出生率を上げ、移民を増やすという二つの緩和戦略は人口動態の衰退に対する常識的な対応で

あろう。一方、在来型の軍隊と通常戦を繰り広げるパターンを旧態化させようとする欧州のゲームチェンジングな戦略は非常に大胆なものである。この戦略により、欧州は潜在的脅威国の軍隊との間で、兵員規模や在来軍を展開する費用を競うことを無意味にすることを狙っている。欧州各国はどのようにこの戦略を実現するのであろうか？　ホッブスの「自然の状態」を国際関係に当てはめ、オーストリアの政治家のベニタ・フェレロ・ウォルドナーが言うところの「ルールに基づく国際秩序」を実現するということのようである。すなわち、欧州各国の主たる戦略は国連を中心に成長する多国間システムを補強していくというものであろう。欧州安全保障戦略はこの点、下記のように記載している。

より強力な国際秩序を作っていくことが我々の目標である。我々は国際法を支持し、開発していくことに関与していく。国際関係の基盤的枠組みは国連憲章である。国連がその責務を効果的に果たせるよう国連の手足となり、国連を強化することが欧州の優先課題である。我々は国際機関や国際的政体、そして国際条約が世界の国際的な平和と安全を脅かす脅威に有効に対処することを望んでおり、国際的なルールが犯された場合には即座に対抗できるよう準備を整えていなければならない。

国際秩序を強化し続けることで、欧州各国政府は二〇世紀の欧州の歴史を傷つけてきた在来型の戦争の脅威に打ち勝てると信じている。欧州安全保障戦略は「いかなる加盟国に対する大規模侵略ももはやありえない」と主張している。欧州防衛庁も「少なくとも欧州の文脈において当面の予想できる将来に国家間の伝統的な戦争を同等の規模の軍隊を持つ国同士が行う可能性は下がった」と語っている。

しかしながら、このソフトパワーと多国間主義へのシフトは、手に負えないように見える問題でも確実に実行可能な解決策があり、善意があれば長く引きずってきた反感に打ち勝つことができるという楽観主義の上に成り立っている。簡単に言えば、欧州各国は数世紀にもわたる問題が軍隊でなく良識と交渉で対応できると想定しているわけである。政治哲学的に要約すれば、カントのホッブスに対する勝利といえる。

本当にこれは機能するのであろうか？　今日の欧州統合の成功はこの考えに信憑性を与えている。例えば、フランスとドイツが将来の紛争解決のため軍事力に訴えるとは誰も思えない。一方で、人類の歴史上の経験と人類の状態というものはこの希望を押さえ込むようである。少なくとも、欧州各国政府は長く続いてきた国際関係の認識を、勝者と敗者を作り出す力関係から変えていかなければならない。欧州防衛庁は「目標は伝統的な『勝利』ではなく、節度ある国益間のバランスであり、紛争に対する平和的解決、すなわち要約すれば安定である」として従来の認識からの転換を示している。とはいえ、彼らのアフガニスタンやイラクでの経験は、それが勝利ではなく安定を作り出す過程であっても在来型軍隊の重要性を強調している。欧州防衛庁自身もこの点、「場合によってはそのような安定を達成するために必要な軍のレベルは多大となり得る」と認めている。

この国際的秩序構築の努力の一つの大きな要素は欧州諸国を含めた先進国による発展途上国の出生率抑制であった。この努力は国の開発は出生率の低下を必要とするという純マルサス主義と欧州の相対的人口動態の衰退に対する認識によって動機づけられていた。簡単に言えば、地政学の観点でこの先進国と後進国間の人口動態の不均衡は、欧州諸国がやがて兵員充足に苦労し、その潜在的敵国はそうではない、ということを意味する。米国議会図書館欧州部長ジョン・ファン・オウデナレンによれば、「徴兵年齢集団が小さい欧州とロシアはそれ以外の国々に比べ軍事的に弱体化していくことを意味し、それは総人口での比較ではわからない」。さらには、途上国で急速に肥大化した若者の一部は急進的で暴力的となる可能性がある。

経済的向上のチャンスが少ない若者は急進的な目的の集団に簡単に動員されやすい。いまだ不安定な中東の各所で、高出生率は超若者社会を作り出している。サウジアラビア、イラク並びにパキスタンはみな中央値年齢が一九歳以下で、世界でも人口が最も若くかつ早く成長している国々である。これらの国々で大きな問題となっている高失業率は今後ますます悪化していくことが見込まれる。経済見通しの暗さと先進国の対テロ取締強化の副産物としての移民出国の機会の低下からこの地域の内圧は高まっている。

過去数十年間、西側諸国は途上国の出生率を抑制することは西側の安全保障の国益に沿うものとして考えてきた。米国の人口動態学者リチャード・シンコッタは途上国の出生率が下がり続けることで「世界の平和と安全」が増進されると、以下のように論じている。

人口増の抑制は内部紛争のリスクを抑え、世界のさらなる平和と安定に寄与する。世界の国々は、安全な人口動態と呼ばれる内部紛争が発生しにくい人口構成と、その変化の方向性に向かっている。しかしながら、その方向への動きには国ごとに差があり、危険な状況の国もある。最貧国やガバナンスの最も悪い国々における出生率の管理や健康管理には国際的な協調と支援が今日以上に必要である。

欧州各国はこの出生率低下の必要性を信じ、「国際的強調と支援を行ってきている」。実際にどれだけ欧州が途上国の出生率抑制に投資してきたかは不明だが、「健全な出産」と人口計画の促進への関わりは欧州の外交政策の中心になっている。欧州の開発・人道支援委員会のポール・リールソン委員長は「一九九〇年代初頭からＥＣは総額約六・五億ユーロを途上国の家族計画と出産医療に費やしてきている。最近の調査では、欧州委員会は人口と開発に関する国際会議（ＩＣＰＤ）の広範な目標に対する世界からの貢献の内の五％～一〇％を負担してきている」と語っている。

欧州が明らかにすべきことは潜在的脅威国の出生率低下が欧州の出生率の低下に追いつくまでの時間を稼ぐことである。ドイツの社会学者ガナー・ハインソンが強調するように、「今後さらに二〇年間はイスラム教徒の若者の大きな人口の塊――すでにアルジェリア、イラン、レバノン、モロッコ、チュニジア、トルコで顕著なように――が独自に動き回り続ける。イスラム主義を乗っ取ってしまったような若者の集団攻撃に備えておくことは不可能ではない」。出生率低下を促すことは新たな多国間秩序がしっかりと構築されるまでの一種の保険証券といえる。

イデオロギー後の欧州の出産促進政策

これまで、欧州の少子化緩和戦略がイデオロギーの障害に邪魔をされ、またその大胆なゲームチェンジングな戦略も国際秩序をかつてない形で変化させるという非現実的な状況に依存していることを見てきた。現状では、欧州大陸の地政学的運命は安全には見えない。イデオロギーが鳴りを潜めた場合はどうであろうか？　欧州が現代の前提条件から解放され、少子化の真因に迫ることができるならどうであろうか？　その答えは英国の社会学者キャサリン・ハキムが進めた優先理論（Preference Theory）の中に見いだせる。ハキムによれば、第二の人口動態の変化は、出生率が個々の女性の信念、特に仕事と家庭のバランスをどのように判断するかによって決定されるという社会環境を作り出しているという。そしてハキムは、現代社会に三つの顕著な社会規範の選択肢があり、それが三つの顕著な女性の「タイプ」、すなわち、「家族志向」「キャリア志向」そして「順応型」を生じているという。

家族志向の女性は家族生活と育児を生活において優先し、よって経済的理由から働かざるを得ない場合を除き通常は外での仕事をしない。キャリア志向の女性は民間であれ公的立場であれ、外での仕事を生活の中で優先する。彼女らは高等教育を求めて努力し、独身を続けることあるいは結婚しても子供を持たないことが多い。順応型タイプの女性は特定の優先的志向は持っていない。彼女らは通常家庭と仕事の両方の良いところを求めている。よって、家庭と仕事の両方の価値の間の行き来を行う。

世論調査では順応型の女性の割合がヨーロッパのどの国でも最も高く、家族志向とキャリア志向は国によってばらつきはあるものの、いずれも一〇%~三〇%の範囲である。

重要なのはそれぞれのグループと出生率の間に相関関係があることである。すなわち、家族志向タイプの女性はキャリア志向の女性より出産率が高い。ある調査では、子供のいない女性の割合が前者では後者よりも一〇%以上低く、子供の数が三人以上の女性の割合は前者で一六%に対し、後者は八%であった。

もしこの調査結果が全体を正しく反映しているならば、家族志向タイプの女性は欧州の少子化問題の解決に鍵となるかもしれない。実際、このカテゴリーの女性は、子供を多く産み育てることを目標に思っている女性の割合が極端に高い。アイルランドのダブリン大学教授ファーエイとハンガリーの人口動態研究所長スピーダーの二人は独自の調査で以下の報告を上げている。

欧州の出生率が最も低い国々を調べると、子供のいない割合が極端に高いのでもなければ子供を産み始める年齢が極端に高いのでもなく、様々な組み合わせとなっていて、その出生率の低さを特定できるパターンは見当たらない。ただ、どの国の出生率にも有効な相関関係があるのは三人目、四人目の子供を持つ割合である。

この二人の調査結果が正しいとすれば、出生率回復の鍵は大家族化を促すことにある。優先理論に従うならば、家族志向タイプの女性に政策のターゲットを絞る必要がある。

これは新規政策のチャンスであると共に、難しさもある。なぜなら、「家族志向タイプの女性は雇用政策に関心はなく、一方、キャリア志向の女性は家族拡大を目指す社会政策には興味がないため」である。そして、特定のタイプの女性の出産を支援する政策は別のタイプの女性の意欲を減退させやすいという相互に排他的な問題が潜む。たとえば、専業主婦が家に居続けることを支援する政策は仕事に出てみたい女性にとってブレーキとなりかねず、その逆もまた真である。従って、欧州各国の政府はその出産促進支援政策において、状況を正しく理解し、きめ細かい対応を適切に行っていく必要がある。

　ギャップポリシーを止め、大家族志向型の女性にターゲットを絞る場合には、各国政府はフェミニズム一本槍ではなく、男性のキャリアパスとは異なり、専業主婦として家庭を築いていくことに価値を見いだす女性もいることを認識し、そういった家庭で三人や四人の子供を持てるような支援や、結婚が単なる共同生活ではなく、女性の選択によっては大家族に繋がりやすい支援、そして信教や民族集団ごとの人口動態データの把握を検討すべきである。

　要約すると、欧州各国は、仮にキャリア志向タイプの女性に負担がかかっても家族志向型の女性を優遇する道を模索すべきであり、また移民家族の女性の負担でヨーロッパ生粋の家族志向の女性を支えていかざるを得ない。そうするためにはフェミニズムや多文化主義というこれまで長年大切にしてきた信条を捨てる必要も出てくるが、現状、欧州各国政府がそこまでの心の準備をしているようにはみえない。

3．アメリカ　人口動態の優越性と将来の軍事力

スーザン・ヨシハラ（カトリックの家族と人権機構所属国際機関活動調査グループ長）

現代では、アメリカの優越性の度合が世界の秩序を定めているといえる。一九九〇年に「一極支配の時代」と呼ばれたアメリカの優越の状況がその後二〇年以上続いた。しかしながら後どれくらいその地位を維持できるであろうか？　米国が冷戦後世界唯一の超大国となる以前に、学者はその差し迫った衰退を予言していた。今日、経済分野のライバルの台頭、非伝統的軍事の脅威、そして世界の警察官としての財政負担などの状況下、今の地位を長期的に維持することは困難なようにみえる。ところがアメリカのユニークな政治的かつ経済的特性から米国の長期支配的地位は継続するとみる専門家もいる。そして、アメリカ人は別の意味、子供の数、という意味でも特別なようにみえる。他の先進国が皆、出生率の低下と高齢化社会の費用増に直面しているところ、米国は逞しい移民の継続的流入と共に、ほぼ人口代替率に近い出生率を維持している。

なぜアメリカだけが特別な人口動態を形成しているのか、その理由は完全にはわかってはいない。人口動態学者は経済的、政治的理由に加え、宗教への寛容、楽観的態度、そして「開拓者精神」といった文化と社会規範的理由を挙げている。本章ではアメリカの人口動態の特殊性がアメリカの優越的地位、特に軍事的優位性を継続させるかどうかを検証していく。

米国の世界戦略を下支えする人口動態の優位性

アメリカの国力は軍事力から社会規範的影響力に至るまでその巨大な経済力の上に成り立っている。約一五兆ドルもの国民総生産を持ち、世界の五分の一以上の財とサービスを作り出し、世界の先端を行く複雑な経済の約八〇％がサービス分野に変遷を遂げている。

ここ数年間は、イラクとアフガニスタンでの戦争が多くの国民の注目を集めてきたが、アメリカの最も価値のある軍事力はすなわち、世界の公共財である飛行空域、宇宙空間、サイバー空間そしてすべての海洋の管理と保護能力であり、その支配力は空前の規模である。その制海能力により、米国は世界の貿易の九〇％を占める海上輸送を管理・保護することにより実質的に世界中の物品の流れを管理している。海軍力の優越がアジアや欧州に米国と対等な競争相手が勃興してくることを妨げてきており、その意味で海軍力が過去二世紀もの間のアメリカの世界戦略を下支えしてきている。

とはいえ、幾つかの問題も迫ってきている。政策決定者は国防予算、特に艦艇建造予算を財政赤字削減のための財資にしようと狙っており、一方、軍の計画立案者は装備品と人件費の急上昇に直面している。米国は毎年退役軍人のメディケア（六五歳以上の高齢者医療保険負担制度で国が全額負担）に毎年五〇〇億ドル支出している。この支出はアメリカ人のヘルスケアコストの上昇と共に国防予算内のシェアを伸ばしている。一方、現役隊員の人件費はその人員規模は変わっていないにもかかわらず一〇年前に比べ倍増している。また、作戦費用も同じ期間に八七％上昇している。これらの経費は軍の近代化経費や研究開発費用といった、長い目で見れば軍事調達とその軍事力維持の費用対効果を高める投資を一部奪ってしまっている。この厳しい財政事情から、二〇一一年に当時の国防長官のロバート・ゲーツはアフガニスタンでの戦争中にもかかわらず、陸軍と海兵隊の組織規模を削減し、国防予算を一気に七八〇億ドルも削減することを発表した。

さらに大きな国防費削減を求める政治的圧力も出ている。二〇〇八年の経済危機の余震や二〇〇九年の経済刺激策、そして二〇一〇年の医療改革法は米国の財政赤字を増大させ、財政に対する不安を煽ることとなった。さらには、二〇一一年に六五歳を迎え、メディケアと年金の権利を得た団塊の世代の引退の第一波がこの財政悪化を加速させている。この戦後世代はますます長寿となり、政府による社会保険の支払いが今まで以上に多く長く続くことになる。社会保障費とは別の一般予算においては、増大する支出に対し、裁量予算をその分減らす必要があるが、裁量予算の最大の費目が国防予算であり、削減の標的になりやすい。

差し迫った財政問題対応から国防予算を今削減してしまうことは将来の米国の戦略的な国益を損なうことになると専門家は懸念している。国防予算の絶対額は約七〇〇〇億ドルと力強く見えるが、ＧＤＰの五％未満であり、冷戦時代や、冷戦後の国防予算の対ＧＤＰ比よりはかなり小さい。従って、昨今の国防支出レベルは米国の戦略的かつ軍事的所要を満足させるペースから逸脱しているのではないかと心配する向きもいる。

最も重要な問題は、国家戦略に応じた軍の変革が十分になされず、それに必要な計画立案、プログラミング、そして予算化のプロセスが不十分であること。元国家安全保障大統領補佐官のステファン・ハドレーと元国防長官のウィリアム・J・ペリーが共同で委員長を務めた国防省の問題を洗い出す専門委員会は、「軍で使用する装備品やその部品在庫は老朽化し、海軍の規模縮小、高騰する人件費の中でも急上昇する社会保障経費、間接費と調達コスト、そして増大する精神的ストレスから、人員、調達並びに軍組織編制において米軍は重篤患者の様相を呈しつつある」との結論を述べた。

長期的人口動態の優越性はアメリカの継続する優越的な地位への楽観的な予想を導くものの、政治的並びに経済的現実はその優位性を減らし、悲観論を立証しかねない。本章では楽観と悲観の両方を十分に検討し、結論として、いかなる状況下においてならアメリカの人口動態の優越性がその影響力の行使に向けて威力を十分に発揮できるのかを示す。

米国の人口動態のトレンドの何が特別なのか?

二〇〇六年に、米国は三五年ぶりに出生率が人口代替可能なレベルに戻った。人口に関する専門家は、この出生率二・一の実現を「人口動態の健全性」の前触れであると予告した。一般のアメリカ人も二〇〇七年のこの統計値の発表で米国の人口動態の優越性に気づくようになった。また、二〇〇六年の一〇月に総人口が三億人に達したというニュースも人口動態の話題を前面に押し出した。

米国の出生率は一九五七年に三・八でピークを迎え、そこから一九六〇年代と七〇年代を経て急速に低下した。一九七二年に人口代替率の二・一を下回り、一九七六年にはどん底の一・七にに達した。そこから一九七〇年代後半、そして八〇年代を通じ、また上昇を始め、一九九〇年代までに二・〇を超えた。人口動態専門家は一九七〇年代の出生率の低下の理由として、その時期、女性の社会進出の高まりから結婚、出産が遅れたためで、女性が子供を持つことを望まなくなったわけではないと説明している。この女性の子供を持つタイミングの判断が出生率を上げ下げしているということである。長期的には、米国の出生率は二〇四五年から二〇五〇年の間、一・九程度と現在より若干低下すると国連では予想している。もし国連予想の高位推計値を使うならばその値は二・三五にまで上昇する。国連の二〇一〇年時点の予想はさらに楽観的で、米国の出生率はほぼ代替率（二・一）のレベルで二一〇〇年まで続くとしている。

健全な出生率と着実な移民の受け入れ、そして死亡率の減少の結果、米国の総人口は二〇一〇年の国勢調査によれば過去半世紀で一億七九三〇万人から三億八七〇万人に増加した。米国の人口は、増加率は幾分低下するものの今後も着実に増え続け、国連の中位推計値では二〇五〇年までに四億三九〇万人に達すると予想されている。国連の低位推計値では二〇四五年の三億五八二〇万人をピークに、二〇五〇年までに三億五七一〇万人に減少する。一方、高位推計値では二〇五〇年までに四億五五六〇万人の総人口を見込み、もし一定の出生率を想定すれば、その数値は四億二五二〇万人と予想される。アメリカ人の年齢の中央値は三六・五歳でほかのどの先進国と比べても若く、国連加盟一九六カ国の中でも五一位の若さにランクされる。また、六〇歳を超える高齢者の割合は一七％でほかの先進国の平均である二一％より低い状況にある。

被扶養者の割合の増大

二〇〇七年において、アメリカ人の労働者一〇〇人当り、被扶養者となる子供と高齢者の数が四九人と被扶養者の依存率がここ数十年で最低となった。二〇五〇年までに被扶養者の数が労働者一〇〇人当り六一人にまで上昇すると予想されているため、依存率も高まる。依存率増大の主な原因は団塊の世代の引退に象徴される高齢者人口の増大である。前述のとおり、出生率は安定継続するため、子供の依存率は将来にわたりそれほど変わらない。一九六〇年の頃の依存率のほうが現在よりも高かったが、その時は子供の被扶養者が多かった。二〇五〇年までには高齢者の被扶養者の数が子供の被扶養者数を上回るとみられている。

言い換えれば、将来のアメリカ人労働者は納税などを通じ、自分たちの子供世代への投資よりも、高齢者や超高齢者を支えることになる。特に高齢者向けのメディケアや年金支出は増大しており、亡くなる前の数年間の医療費が最も高価な医療支出となっている現在、超高齢被扶養者を支える費用もまた大きく増加している。実際、メディケアに向けられる連邦政府予算の割合は増大中で、それが今後の国防予算にとって最大の脅威となっている。

高い出生率と移民の社会規範面の影響

専門家は米国の出生率の特殊性の理由を様々な形で説明し、その中でも移民の影響に焦点を当ててきた。中南米出身のアメリカ人は最大の出生率（二・九）を誇り、次いでアフリカ系アメリカ人（二・二）、アジア系（一・九）、そして欧州系白人（一・八六）と続く。ただ、ヒスパニックの高出生率だけでは米国全体の人口動態のトレンドを説明しきれず、それ以外の人種の出生率もまた増大しているということである。例えば、欧州系アメリカ人（白人）の出生率は、彼らの元々の出身国の出生率よりも高い。米欧間の出生率の差の最大の要因は米英間の出生率の違いでもたらされている。

専門家は米欧間の出生率の違いを社会的、文化的、そして宗教的態度の違いで説明している。米国の人口動態学者フィル・ロングマンの調査では、「毎週教会に通うアメリカ人の四七％は理想の家族規模として子供の数を三人以上と回答している。一方、教会にほとんど行かないアメリカ人の二七％はそれほど多くの子供を望まない」ことが判明した。米国でも欧州でも教会に定期的に通い、愛国心が強く、自分の欲求の充足よりも地元社会共同体や義務、奉仕活動のほうを優先する人々は子供を作り、しかも二人以上の子供を持つ可能性が遥かに高い。

さらには、「一人っ子が常態化している集団では世代ごとにその人口が半減していき、その集団自身、早々に消滅している」とロングマンは語る。それを顕著に示す事象として、アメリカでは団塊の世代の女性の一七・四％が子供を一人しか持っておらず、その子供の数は同世代が産んだ子供の総数のわずか九・二％を占めるのみであるが、一方、団塊世代の母親を持つ子供の約二五％は四人以上の子供を産んだ母親から生まれており、その母親は団塊の世代の女性のわずか一〇％である（親の世代から子の世代でシェアが半減する集団と倍増する集団の違いを強調している）。

楽観主義も出生率の高さの理由である。例えば、二〇〇六年にドイツがサッカーのワールドカップを成功裡に開催でき、ドイツ自身三位に入賞した時から九カ月後の二〇〇七年に、ドイツの指導者は同国内の出産が三〇％増加したと報告、若者の盛り上がりを賞賛した。また、高齢化が進む人口八〇〇万人の都市ニューヨークではマイケル・ブルームバーグ市長が市民人口を一〇〇万人増やす計画を発表した。「我々の将来の苦労はまた希望でもある。人口増はそれに応じた苦労をもたらすものの、一方でその苦労を乗り越える力と永続性を実現するに必要な術を与えてくれる」と市長は述べた。市長の発言はアメリカ人の、より大きいものを求める態度と開拓者精神を表している。「二〇三〇年までに市の人口増分は一〇〇万人を超え、これはボストンとマイアミの人口を我々の五つの区に加えるに等しい規模である。その結果、我々は新たな高みに上がり、海図のない航海に出ることになる。この成長し続けるニューヨークは常に地球上で最も多様化した街であり続ける。そこはアーチスト、起業家、そして大きな夢を持った移民が世界のいたるところから集まる磁場となり続ける」。

人口増に対するブルームバーグ市長の前向きなアプローチは「アメリカ的」なものといえる。

第六代合衆国大統領ジョン・クインシー・アダムスは一八一七年の時点で、ヨーロッパ人が「米国の人口と国力の急成長」は米国を「国家社会のメンバーの中でも非常に危険なメンバー」へと変えていくことを恐れていたと報告している。王立国際問題研究所（The Royal Institute of International Affairs「ＲＩＩＡ」）は一九四五年に、外向きの発展的態度は仮に経済が均衡していても発展的な人口のトレンドをもたらすと予測し、「米国人の思考と感覚に根付いている拡張主義からして、移民流入を抑制するかどうかは疑問である」と述べている。

ＲＩＩＡのこの報告書は、米国が欧州からの移民を優遇し、米国から欧州への移民を制限することは、入隊対象となる若者の減少にストレスを感じる欧州の軍との間でいずれ大西洋をはさんだ人材獲得競争に発展しかねないと予測していた。実際には、一九六五年の移民法により米国が移民許可割当の優遇を止め、海外から平等に移民を受け入れることでこの競合問題を克服し、また人材供給の問題も解決した。

日本や欧州と異なり、米国は新たに来た移民をその時その時の経済ニーズに合わせて活用していく柔軟性においても卓越している。一九世紀後半のわずか二〇年未満で産業労働者層を構築し、一九八〇年代には熟練技術者層を補強できた実績は、米国がいかに柔軟に移民を経済競争力に取り込むことに優れていたかを物語る。これらは米国特有の能力で、欧州であれば「多大なる社会の混乱」なくしては実現できず、アジアでは小規模でしか実現できないものである。この移民活用の特徴が米国の将来にもたらす恩恵は大きい。なぜなら、二〇五〇年までの米国の人口増の八六％は、移民と、移民が米国に来たあとに出産する子供からもたらされるためである。

人口動態の優越性に基づく軍の兵員募集への恩恵

アメリカの人口動態のトレンドの三つの特徴が米軍の将来をさらに強化する。第一に米軍はほかの国々と比べて圧倒的に母数が大きく、かつ民族的にも多様化した有能な若者の集団の中から自らの望む兵員を採用することができる。

理由は新しい移民の継続的受け入れと団塊ジュニア効果である。労働年齢人口は二〇〇五年の一億八六〇〇万人から二〇五〇年には二億五五〇〇万人に膨れ上がる。人口増分に占める移民の割合は二〇〇五年の一五％から、二〇五〇年には二三％に増す。一方、白人の労働年齢人口に占める割合は六八％から四五％に減少する。年齢一七歳以下の労働者予備軍の数は二〇〇五年から二〇五〇年で七三〇〇万人から一億二〇〇〇万人に増えるが、この増加分は全て移民の増加分である。二〇五〇年までには、全米の子供の三分の一は移民か、移民者の米国生まれの子供となり、現在の四分の一から大きく増える。移民の五分の四は労働年齢の成人である。

以上から計算すると、二〇五〇年には移民は兵員募集対象人口の約四分の一を占めることになる（二〇〇五年時点は一五％）。今日の米国における移民者の人口増は以前と比べて特に大きいということはないが、その総人口に占める割合は二〇二〇年から二〇二五年の間で一五％に達する見通しで、これは一八九〇年代と一九一〇年代の記録的高さを若干上回ることになる。

この移民のメリットも、九・一一同時多発テロ後は市民権を持たない人間の軍への採用を制限したため、減殺されている。採用担当者はグリーンカードを持たない応募者を最早採用することはできない。異なる政治主張を持つ防衛関係者同士であっても協力し合い、この採用禁止問題を取り上げその制限の緩和を政治家に求めている。米国ブルッキングス研究所のマイケル・オハンロンとロシアから米国に移民した歴史家のマックス・ブートは米陸軍と海兵隊の新兵不足を解決するため、四年の兵役でグリーンカードを与えることを提案している。遡れば、アメリカの植民地居住者は、独立戦争時ドイツとフランスの兵士を採用しており、またフィリピンでの反乱鎮圧作戦においては地元住民を雇った実績もある。同様の議論として、陸軍専門家のジョージ・ケスターはフランスがいまだに外人部隊を広く活用し、英国もかつてネパールでガーカと呼ぶ外人部隊を雇ったことがあると論じる。

今日、米軍は米国の中でも最も人種的に平等主義の組織であると自負している。例えば、移民法制に関する議会公聴会において、国防総省の高官は米国で生まれた不法移民の子供の採用を認める法制を支持する証言をしている。加えて、ペンタゴンは外国人を「地元遺産の新兵」と呼んで採用し、外国でのテロとの戦いにおいて地元の言語や文化慣習に関する専門知識を提供してもらっている。その中には権威のある紫綬名誉戦傷章を受けた者もいる。外国籍の米軍人の市民権取得の待ち時間は一〇年間から一年間に短縮され、手数料も免除される。これらは非常に魅力的な採用ツールとなっており、後はこのメリットを一人でも多くの移民者に知らせるだけである。

米国の人口動態が軍に有利に働く二番目の理由は大家族が多いことによる採用のしやすさである。一般的に、大家族であるほど息子や娘を軍に送り出す可能性が高くなる。そして、米国では大家族ほどその両親は保守的な価値観を持っている可能性が高い。そういった親たちは個人の関心よりも国への奉仕などといった価値を優先しやすい。その結果、軍の兵員募集が行いやすくなる。米陸軍は一三・五億ドルもの経費を使い、こういった両親に訴求するメディアキャンペーンを行っている。

三番目の理由は、地方の人口動態と軍の新規募集の間に相乗効果があること。採用活動も採用実績も米国南部と西部が最も多い。これらの地域は二〇一〇年国勢調査の結果で最も人口が増えており、かつ二〇二五年までの増加見通しも最も高い。逆に人口当たりの採用活動が最も低いのがニューイングランド地方や、人口増加率が比較的平準な州となっている。

志願兵組織であることのメリット

米軍の指揮指導専門家は、リーダーシップの価値が軍の最下層にまで行き届いている米軍の優位性を、技術の発達に優る志願兵組織の長所として賞賛している。冷戦に勝利したのもこの志願兵組織が理由であるとまで述べている。従って、米国はほぼ四〇年間続いているこの全軍志願兵制度を当分の間続けるであろう。米国の歴史上、徴兵制度を行ったのは過去に四回だけである。南北戦争、二つの世界大戦、そして冷戦期（最長期間）である。イラク戦争の際に徴兵制の復活の可能性を語った政治家が何人かいたが、軍の幹部は徴兵制では軍の質も兵士の多様性も大幅に失われ、一方でそれほどの財政的メリットはないと警告してそのアイデアを拒絶した。志願兵組織の質の高さは最近の戦争でも立証されている。それ以前の戦争と比べ、空前の成果と少ない犠牲がそれを物語っている。

現在の全軍志願兵組織はアメリカ全体の平均と比べ、若く、教育程度は高く、人種的に多様化している。軍に所属している人間の半分以上が二五歳未満であるのに対し、同じ年代層は全米の一四％を占めるのみ。二五歳以上の軍籍の人間の九八・六％が高校を卒業しているのに対し、全米では八六・六％に留まっている。現役隊員の六四％が白人、一七％が黒人、一一％がヒスパニック、三・四％がアジア系であるのに対し、全米では八〇％（筆者注：二〇一〇年の国勢調査では六三・七％）が欧州系白人となっている。全般的に、米軍の一五％が女性で、個別には空軍が最も高く一九％、海兵隊が最低で六％となっている。

戦時下においてもこの全軍志願兵組織が高い兵員保有率を維持できている理由は、同じ戦場を経験した同志意識である。二〇〇八年以来の厳しい経済環境ももう一つの理由で、軍に留まることの経済的メリットがある。二〇〇八年以前のアフガニスタンとイラクの二つの戦争時には新兵採用環境は厳しいものがあった。一つには戦役拡大のためより多くの新兵を必要とし、一方ではバブル景気で人材獲得競争が難を極めたためだ。

それでも海軍と空軍は組織を縮小したため、兵力維持上の問題もそれほどなかったが、陸軍と海兵隊は同じ部隊が三度も四度も戦場に赴き、家族と離れ、厳しい環境を強いられた。また兵員の質を落とさないため犯罪歴のある人間の採用を認めないなど各種制約は戦争中も続いたことから、採用対象年齢の二五％しか事実上募集できないという厳しさもあった。

金銭的なインセンティブとかつキャリアアップの機会がある米国防総省と国土安全保障省は、同時に起こる二つの戦争と国土安全保障に対応するだけの陣容を維持できている。これは採用環境が厳しい時でもそうである。ニューイングランド地方の新兵採用活動環境は米国の中でも最も厳しいものであるが、それでも採用担当者は①学資ローン②ボーナス③歯科診療保険負担④医療保険負担⑤手頃な費用の生命保険の五つのインセンティブを駆使することで採用目標を達成してきている。

教育支援には連邦政府と州政府の授業料補助や九・一一後にできた「Montgomery G.I. Bill」という授業料全額プラス住居費と書籍代補助のプログラムが含まれる。この補助プログラムの権利は妻や子供に移転可能となっている。一方で採用担当者は入隊した若者が今まで以上に長く軍に留まり、軍人としてのキャリアを伸ばそうとし、入隊を単なる教育やその他の仕事に就くための踏み石にするという傾向は少なくなっていると証言する。採用担当者によれば、これは民間部門の退職年齢が上昇していることと福利厚生のないパートの仕事が増えていることに関係している。

ニューイングランド地方の多くの若者は高校卒業か短大卒業後、職を求めてニューイングランドを離れる。幾つかの州では軍に対する親しみのなさや、反軍事的態度から採用対象の若者の母数が小さくなっている。そういった障害を乗り越えるべく、リクルーターは採用のマーケットシェアを増加させようとソーシャルメディアや有名人を使った競争戦術を駆使している。多くの採用担当者は軍採用対象となる有能な女性がまだまだ多くいると楽観しているが、一方で、もし採用担当者の州に例えば機甲科など女性に門戸の開かれていない部隊があれば入隊希望の女性の数の増加は見込めないと指摘する。現役部隊において、米海軍は女性兵士に三年間の休暇を与え、育児で軍を離れても後日また軍に戻ることを可能にするパイロットプログラムを採用している。世の中で共稼ぎ世帯が主流となってきていることから、軍は勤務地固定型の勤務体系を認めることで働く配偶者への気配りも示している。

新兵採用や維持のためのインセンティブは結構な出費となる。前出のハドレイ・ペリー委員会では全志願兵軍は「不完全ながらも成功」しているものの、昨今の劇的な支出増はその制度を長期的には持続不可能なものにしていると結論づけた。「全志願兵軍の増大する経費問題を適切に解決できなければ、軍組織の縮小や社会保障給付の減額は避けられず、組織自体妥協の産物と化している」と委員会は告げた。そして兵員の維持や昇進、報酬並びにプロの軍事教育政策といった、今の採用担当者が兵員規模の維持に貢献していると考えている方法にメスを入れる必要性を指摘している。別の批判的レポートでは、軍の中でも人種によってモチベーションの感じ方が異なり、例えばボーナスのような金銭的なインセンティブに反応するタイプとそうでないタイプがいることなどから、きめの細かい対応の必要性を示唆している。

ロバート・ゲーツ元国防長官は「軍をコンパクトにし」、人件費を削減していくことを様々な形で提唱してきた。陸海空軍の高級将校のポジションを減らし、上級将校のポジションをできるだけ下の階級に変えることで上級将校の職を減らし、退役者の医療保険の自己負担を増やすことなどを提唱している。これだけでは十分ではないと指摘する専門家もいる。例えば、第二次世界大戦後続いている「昇進か退役か」の人事制度において、昇進できずに退役する場合の階級に応じた早期退役者の軍人年金の見直しの必要性まで指摘されている。

ゲーツ国防長官は「将来の海軍力は究極的には装備品の質よりも指揮官の質に依存する」と主張していた。その指揮官もアメリカの労働人口の中から選ばれるため、結局はその母数の質に依存する。米国の高校卒業者数が頭打ちの現状は、その中での優秀人材の獲得競争が今後厳しくなることを示唆している。

恐らく、もっと気になる事実はアメリカ人の肥満の増大であろう。二〇一〇年の調査では、一九五九年から二〇〇八年までの間に軍採用の健康条件に叶う人材の割合（身長に対する体重比と体脂肪率で判断）が大きく落ち込んでいる。理由は、オーバーウェイトと過脂肪の割合が男性で二倍、女性で三倍に膨れ上がったためである。米国の着実な人口増の傾向から、軍採用に適切な候補者の絶対数はその間も増え続けているが、母数に対するその割合が低下しているわけである。軍としてこの健康条件を妥協するわけにはいかないため、将来、民間採用との間で「健康人材」を奪い合う可能性は高まる。もし、米国が徴兵制度を復活させた場合、この肥満の問題はさらに厳しさを増す。そして、万一将来の出生率が著しく下がるようなことがあれば新兵の採用難をきたすことになりかねない。従って、今のアメリカの人口増や全志願兵制はむしろアメリカの若者を蝕む健康問題に対する米軍として残された対抗策ともいえる。

なぜ米軍衰退論者が正しいか・全志願兵軍にとっての編成の脅威

全志願兵軍は教育を受けた健康体でやる気のある若者を様々なバックグラウンドの家庭からリクルートし、最高の技術と訓練で強化していく能力によって支えられている。問題は、その採用過程においてアメリカの人口動態の特徴をわきまえ、それを効果的に活用するのではなく、人口動態の優越性そのものへの自己満足に終わっていないかという点である。これから予想される軍事調達や、人員の採用・維持の削減は真に戦略的に行われるのか、それとも厳しい経済環境からくる政治的圧力に屈する形でなされるのか？　オバマ政権の戦略計画書には戦略的配慮や人口動態のトレンドを勘案した配慮がなされているようにはみえない。

軍事専門家は往々にして国家戦略と計画立案、プログラミング、そして予算化のプロセスの間に適切な連携が取られていないと憤慨する。長期的な軍の計画は良くて五年が限度で、それ以外では四年に一度の国防見直し（ＱＤＲ）が軍の将来ニーズを語る程度である。国防省のＱＤＲも、ホワイトハウスが出した国家安全保障戦略（ＮＳＳ）にしても、その計画自身の存在価値の正当性を超えて、前述の国家戦略と計画・予算をつなぐ橋渡しを行っていない。

アメリカの一大国家戦略――国としての外交と軍事戦略の連携戦略――がこれらの計画書からは読み取れない。特に、アジアと欧州において米国に相対峙するライバルが出現することを阻むための海軍力と同盟関係の役割について触れず、本質的ではないものの差し迫った脅威やテロ対応とか反乱対応能力といったものを強調するのみである。

二〇一三年のＱＤＲでは「協力的な」国際的アプローチ、あるいは「目的ごとの」防衛態勢という表現を用いているが、これらはアメリカが世界におけるリーダーシップを手放していくシグナルにも取れる。オバマ政権のＱＤＲは脅威に基づくプランニングではなく、やや曖昧なシナリオに基づく計画を示している。必要能力に応じたプランニングはあまりに兵器能力中心の計画となり高くつくとして否定されている。今回のＱＤＲの問題は、将来、米軍が何をできるべきであるかを示していないことで、それを知らずして今日の国防予算の正しい判断はできないということである。ＱＤＲでは長期と短期のリスクの「バランス」をとることや、作戦と軍組織管理との「バランス」をとること、そして将来の作戦上のリスクなどとその他のリスクとの間の「バランス」をとるという表現で、前述の不透明性の問題をヘッジしようとしている。

このＱＤＲの評価を担当したハドレイ・ペリー委員会は、この計画が米軍の将来のあるべき姿を定義する「機会を逃した」と語っている。また、委員会は、ＱＤＲでうたわれた軍の組織体制では海外での作戦を展開しながら国内での大惨事に同時に対処するに十分な能力を持っていないと指摘した。委員会の専門家はこのＱＤＲではアメリカの最大の国益である本土防衛が州兵の能力不足から満足ゆくものとならないことへの不安を表明している。また、イラクとアフガニスタンでの実戦運用で予想以上に損耗している軍の装備品を早急に更新し、近代化する必要性も指摘している。

小手先の予算削減目的でその更新や近代化を遅らせることは却って長期的には非常に高くつく。また、兵員規模も縮小化よりはむしろ拡大する必要がある。今後仮想脅威国が覇権を展開しようとする領域において米軍の当該領域へのアクセスを拒む作戦能力への対応やサイバー空間の脅威、紛争鎮圧後の安定化作戦などには多くの人員を必要とするためだ。現在の軍の兵員規模とこの新たな所要との間のギャップを懸念する専門家筋は、軍の編成計画問題の今の問題の本質を「政治指導者が、米軍が守るべき根源的で戦略的な国益を自らはっきりと認識し、わかりやすく定義することを怠っていること」であると指摘する。

ＮＳＳもまた長期的な安全保障環境に関し曖昧である。この国家安全保障戦略は、過激派の暴力、大量破壊兵器を保有する「ならず者国家」、そして急速に軍事力をつけて米国に挑戦してくる国々、以上三分野への懸念を示している。この三つの懸念場所は全てアジアとユーラシア大陸にあり、専門家は米国の当該地域での経済と安全保障上の国益保護のために米海軍の西太平洋域でのプレゼンスの必要性を強調している。単なるプレゼンス以上に求められるのは兵力を自在に投入できる能力と、「アメリカ人の安全と領土の保護、自由な商業の流れの確保、安定の維持、そしてその地域にある同盟国の防衛」である。「海洋戦略に根ざした」強固な軍構造があってこそこれらの死活的国益を守ることが可能となる、と委員会は結論づけている。ところが、この最重要なものが、アメリカの財政赤字削減と急増する社会保障の義務経費支払いのために国防予算の大幅縮減という計画で脅かされている。

全志願兵軍に対する財政の脅威・社会保障費による「圧迫」

二〇一一年夏の議会での予算の攻防に見られたように、米国の軍事力は戦略の曖昧さと共に経済問題に対してもあまねく脆弱である。米国政府の債務不履行の可能性にまで発展したこの予算と財政赤字削減の攻防の結果、民主、共和両党は国防支出の大幅削減を含めた合意に達した。ただ、社会保障制度の痛みを伴う改革は後回しになった。

この議会の大騒ぎがなかったとしても、高齢者向け医療保障や年金支払いといった義務的経費の予算総額に占める割合は着実に増大していることから、義務的経費ではない裁量予算の代表の軍事予算は抑制されていくことは避けられない情勢にある。

一般予算において、経費としてまだ認識されていない将来の債務はざっと一〇〇兆ドルを超えると見積もられている。それらには見合いの歳入がはっきりしていない新しい医療保険制度に伴う義務的経費も含まれる。内訳としては、八八兆ドルがメディケアで、年金が一七・五兆ドルである。一方、アメリカ人全体の保有する純資産の総額はその将来債務総額の半分程度である。最新の医療改革法と財政刺激はこの債務に新たに一兆ドルを加えることになったと報道されている。この義務的経費は将来にわたり、国防予算を筆頭に裁量的経費を削り込む圧力となる。

義務的支出を増大させているのは年々増大する医療コストである。過去三〇年間でアメリカ人の医療支出はGDP比で倍増し、さらにそのシェアは拡大している。二〇三五年には今のGDP比のさらに倍の三〇%になるとの予想を議会予算局（CBO）は議会に提出している。さらには二〇六〇年までにGDP比四〇%、二〇八二年にはほぼ五〇%に達していると予想した。二〇一〇年の医療改革法制定後、CBOは現状の歳出レベルが続けば米国の累積財政赤字は二〇二五年までにGDP比一一〇%というかつてない高さに達するとの予想を提示した。この赤字規模は「国が支えきれるものではなく」、アメリカの将来の国内外の問題への対処能力を制約し、財政危機に対しても脆弱な状況に陥らせるとCBOは警鐘を鳴らした。

高齢化がメディケアやメディケイド支出増大の主な理由と見なされがちだが、CBOによればそれは数ある理由の中の一つで、最大の理由は医療支出の伸びが経済成長の伸びを上回っているためという。

二〇一〇年の段階でGDPの四%を占めていた連邦政府のメディケアとメディケイド支出は二〇三五年には九%に、そして二〇八二年には一九%にまで拡大すると予想されている。また、今般の医療改革法が新たに財政にもたらす影響についてはまだはっきりしていない。ある推定では、来る一〇年間で財政赤字を五〇〇〇億ドル以上増大させ、その次の一〇年では一・五兆ドル増大させるとしている。
はっきりしている問題は、メディケアがカバーする通院コストと処方薬については見合いの基金がなく、国防予算などと一般予算のシェアを取り合うことになること。州レベルでは、州兵や予備役用支出が二〇一〇年の医療改革法で定めたメディケイドの対象者の拡大に伴う経費増と競合することになる。州政府は、それまで医療保険に未加入であった人々や、今回の医療改革法を契機に企業手配による医療保険購入から州手配の保険に乗り換える人々への対応を始める必要がある。

年金債務で見合いの基金が確保されていない債務も医療支出同様に大きな問題である。最近の調査では、退職する労働者に政府が負う債務と国が支払える能力との間のギャップに関する公的な予想はかなり少なめに見積もられていることが判明している。さらには、公的予想が、将来の労働者の生産性に悪影響を与える重要な人口動態の要因を考慮していないことも明らかになっている。

将来の労働者の生産性については労働者数を基に単純化して予想しているが、実際には労働者の質が重要である。そして質については専ら教育へ焦点が当てられるが、社会的要因や人口動態的要因も重要である。今後数年はアメリカの労働者の生産性は高まる。これは労働者一人当りの資本財が増え技術が高度化するためである。一方、将来的には高卒者の数が頭打ちとなり、核家族が増えていく。そして高い出生率を有する移民集団は教育レベルが低い傾向があり、就職率も失業期間も長くなる傾向がある。その結果、総合的な生産性を低下させる可能性が高い。

三世代家族はより高い生産性をもたらしてきた。これらの家族では若い世代に忍耐や集中力、学習の継続といった重要な価値を伝えてきた。高い離婚率、独身期間の長さ、そして片親だけの世帯の増大などの理由で三世代世帯が減っており、将来的に労働者の質が落ちる可能性を物語っている。人口資料局（ＰＲＢ）によれば、アメリカの子供たちは他のどの先進国の子供よりも両親の離婚に直面する確率が高い。「母親とだけ暮らす子供の八％は一五歳になるまでに、父親が三回ないし四回変わる経験をしている。その割合は、世界二位のスウェーデン（二・六％）の三倍もある。このせわしない殺伐とした家族体験も将来のアメリカの労働者の生産性を悪化させる脅威となる。

全志願兵軍への国防省内部からの脅威・コスト管理の必要性

「研究開発、試験及び評価」の支出は二一世紀に入って最初の八年間で四〇％も増大した。同じ期間に兵器調達費用は二六％増加している。また、値上がりが二五％以上となった装備品プログラムの割合は三七％から四四％に増えた一方、納入期間は平均一六カ月から二一カ月に延びている。

米議会は、陸海空軍の装備品見積り予想が甘すぎるとみており、その軍に対する信頼の低下が高価格プログラムの削減圧力を議会で発生させている。ラプター・ステルス戦闘機（Ｆ‐２２Ａ）

は一七七％値が上がり、その結果調達数量は七一％も削減された。ズムウォルト級護衛艦（DDG1000）に関しては、米海軍は二〇〇八年の五隻調達の際に単価を二億ドルと見積もっていたが、実際には大きく値上がりし、また沿岸戦闘艦艇（LCS）も当初見積りの二・二億ドルから六億ドル以上に値上がりした。

ランド研究所の調査によれば、過去四〇年間を通じた米海軍の艦艇建造コストの値上がり率は同期間のインフレ率を上回っている。連邦政府の財政状況からして海軍予算が増えることは見込めないなか、現在の予算規模においてより多くの艦艇を建造する方法を見いださない限り、その艦隊規模は必然的に縮小していくとこの調査報告は結論づける。二〇一一年の海軍艦艇建造に関するCBOの報告も、海軍の現在の建造計画は見積りが甘く、自らが目標とする三二二隻ないし三三三隻艦隊を築くには不十分であるとしている。CBOの見積りは海軍の見積り費用より一八％高く、二〇年計画における最後の一〇年間の建造計画では三七％高い。艦艇建造コストの高騰で「所要数の艦艇を持てない海軍の縮小が将来の海軍にとっての平時の最大の脅威となってしまっている」と揶揄する向きもいる。

さらに悪いことに、隻数が減ることは増えることよりもトータルでは余計にカネがかかる。理由は、旧式の艦艇を運用するための維持費用が増大するため。米国内の造船所の規模はより大きな艦隊に対応するように作られているため、現状の規模では割に合わない。過度の供給能力を維持するか、閉鎖していくことは企業にとっては費用のかかることであり、その費用は海軍の予算には反映されない。一方、公的造船所をすでに締めてしまったことは将来高くつく。造船に必要な複雑な技能を習得するには長年の経験を要することから、第二次世界大戦の時に直面した規模の敵海軍が登場してくる場合、タイムリーに公的造船所を再開することはもはや不可能といえる。

当時の国防長官は「冷戦後、米軍の艦隊規模が縮小しているのと同様、ほかの国々の海軍もその規模を米軍以上に縮小してきている。従って、相対的には米海軍は過去のいつの時代に劣らず強力な地位にある」と公的造船所を閉じる決定を正当化した。米海軍は空前のペースで艦隊を拡大させている中国のような海軍と相対する可能性が高いことからして、この国防長官の話はもともらしいが間違っていると批判する向きもいる。「水平線を超える距離で発射可能な長射程対艦巡航ミサイルや弾道ミサイルといった精密誘導兵器で米国が海上戦闘力を独占していた状況は崩れつつある」と国防長官自身も相対的弱体化を認めているが、一方で軍の研究開発支出を四％以上削減する予算案を提出した。

国防予算は米国の財政状況との関連で議論されるが、国防予算の財政全体に与える影響はそれほど大きくはない。ＧＤＰ比では第二次世界大戦時（ＧＤＰ比四〇％）以来での最低値に近いところにある。二〇一一年度向けの二〇一〇年国防予算計上は約七二六〇億ドルで、ＧＤＰ比四・八％であった。二〇一〇年の国防予算のベースは五五〇〇億ドルで、これにイラクやアフガニスタンを中心とした海外作戦費用一万五八八〇億ドルが加わる。メディケア、年金、そしてヘルスケア費用といった巨額で急速に増大している支出に比べ国防予算は経済的とすらいえる。イラク作戦の終結で確かに経費削減が見込めるが、その規模は毎年約一〇〇〇億ドル程度であり、アフガニスタンの増派等で相殺されてしまう規模である。

メディケアや年金といった社会保障経費自身の改革に手を付けず、焼け石に水にもかかわらず、規模の異なる国防予算削減で対応しようとすることは財政健全化の抜本的対策にならないだけでなく、海外投資家に対する投資先市場としての米国の信用の低下をもたらし、一方で米国の世界に対する戦略的関与能力を長期にわたり大きく損なっていくことは避けられない。政策決定者は、財政赤字を削減する方法に関し、難しい選択であるが先延ばしにせず、早急に判断を下すべきであろう。

人口動態の優位性を活かした航行の海図を描け

有名な歴史家ポール・ケネディは一九八七年の彼の代表作『大国の興亡』において米国が世界の安全保障への過剰な関わりから大国の中で相対的に力を落としていくと予想した。その後、冷戦の終結とソ連崩壊で彼の主張点は注目されなくなったが、米国の将来に対する悲観論は残った。一九九七年にケネディは再度米国が「帝国主義的過剰関与」の断末魔の状態にあると推察した。九・一一と長引くイラク、アフガニスタン戦、そして経済成長の鈍化から知的階層のアメリカに対する悲観論の第二波が押し寄せた。米国デュケイン大学のマーク・ハースは「高齢化する国民に対する社会保障費支払いのために米国は間違いなく対外政策の範囲を縮小せざるを得なくなる」と語り、「高齢化の経済への影響は、現在の世界における地位を維持し、新たに大規模な国際的活動をリードすることに必要な財政支出を不可能にする」と結論づける。

米国に対する悲観論の第一波の最中に、国際政治学者のサミュエル・ハンティントンはアメリカに批判的な人々を「衰退論者」と呼び、彼らが軍事や経済の指標に表れる相対的な変化のような物質的な要因にのみ注目し、将来のアメリカの国力を定義する米国内の要因に十分な考えを施していないと反論した。アメリカの人口動態の優位性と柔軟性並びに労働力の技術的先進性、そしてそういったものが凝縮されている全志願兵軍の存在は米国がマンパワーにおいてほかの国よりも非常に有利な立場にあるということを多くの学者はその米国悲観論の中で忘れている。アメリカの指導者はこの人口の優位性を最大限に活用すべきである。

皮肉にも米国の人口動態の健全性から国の指導者は自己満足に陥り、社会保障経費の見直しなど難しい判断を先延ばしにし、戦略に根ざした軍の編成計画を立てられていない。また、イラクとアフガンの二つの地上戦に多くの若者と金を費やしたことは、海上兵力重視とライバルの台頭を押さえ込む伝統的なアメリカの大きな戦略からシフトすることになってしまった。改めて艦艇建造と同盟関係に注意を戻さないとアメリカの太平洋国としての役割が中国の台頭に奪われかねない。

問題は「帝国主義的過剰関与」ではなく、戦略的に優柔不断であること並びにコストコントロール不足といえる。兵器の価格上昇は抑え込むべきである。高騰する兵器価格は抑制されなければばならないが、アメリカの海上兵力の優越を犠牲にしてまで行う必要はない。

幸い、アメリカの人口動態の見通しは政策決定者に常に前向きな選択肢を与えてくれる。アメリカの人口動態の優越性は継続する。出生率は大恐慌の間は下がったが、一九三〇年代以降は小さな不況程度なら上昇し続け、アメリカ人は子供の数を減らすのでなく、増やすことを選択してきた。二〇〇八年の不況後であっても、アメリカ人は家族の規模を縮小している気配はない。ということは、欧州の英仏のように空前のパートナーシップで空母や原子力兵器の技術を共有するという厳しい状況にアメリカは陥らない。アメリカの人口動態の健全性は高齢化という点ではより長寿となり社会保障費の負担を高めることから短視眼的に国防予算をその分減らすという誘惑にかられるかもしれない。アメリカの人口動態の優位性、特に強固な出生率は皮肉にもワシントンをして長い間厳しい選択を行うことを先延ばしにさせてきた。政策決定者は今こそ人口動態の優位性をつかみ、今後の航行の海図を描くべきである。

最終章　人口、国力、そして目的

スーザン・ヨシハラ

世界は海図のないそして荒れた水域に入っている。かつてない人口の減少と世界の高齢化は国力や国際政治において深遠な変化をもたらすであろう。今から急にコースを変えても今起こっている変化を避けたり、過去の出生率の低下を逆転させたりすることは不可能である。しかしながら、各国の指導者はその政策の選択により世界の安定に最悪の影響を与えることは避けられる。

過去およそ四〇年もの間、人口と安全保障の研究者は、人口が少ないほうが世界の安全は増すと主張してきた。この「常識」は国際的に統一した経済・開発支援の構図を構築することを手助けし、出生率の抑制と人口減少を進めていった。この「少ないことは良いこと」の論理に抵抗していた人口動態学者や社会科学者が、人口動態学と国際安全保障に関する議論に参加するまともな機会を得られたのはこの数年のことである。最近の画期的な研究の結果、大国に迫る人口動態の危機とその地政学上の帰結が明らかになった。本書はこの研究に基づいており、特に軍事と世界の高齢化の戦略的影響の部分を補強したものである。著者たちは日本やロシアといった過去の大国はもとより、今日のリーダーである欧州や米国、そして明日の挑戦者である中国とインドのそれぞれに顕著な教訓を分析し、今後の世界の秩序を作り出すような横断的な規範や技術的、社会的、政治的原動力を検討した。

その結果は人口と国力と安全保障に関する議論に集約される。世界の高齢化は大国間に「老人の平和」をもたらすであろうか？　技術は軍事力乗数効果を発揮することで人口減少を補うであろうか？　各国の高齢化や出生率のパターンに伴う社会の規範的変化はそれぞれの国力にとって吉兆となるか、それとも悪い前兆となるのであろうか？　高齢化は技術革新力や競争力を失うのか、それとも華麗な衰退を演出できるのであろうか？　そして最後に、米国は同盟国が世界の舞台から退くに従い、「単独で」進むしかないのであろうか？

本書は従来の常識を打ち破る幾つかの驚くべき結論を導き出した。「少ないことは良いこと」の仮説は誤っている。著者たちは、人口減が理由で大国間に不安定が生じる時期に世界は向かいつつあると結論づける。

「老人の平和」か、大国のぶつかり合いか？

アテナイとスパルタのペロポネソスの戦いに関する本書冒頭のジェームズ・R・ホームズの分析は、人口が徐々に減っていくことの戦略上のマイナス効果を明らかにした。アテナイとスパルタのそれぞれの政体は人口と安全保障の関係における様々な変動要因の一つであった。専制政治のスパルタの指導部は突然の大地震が戦闘要員の世代の若者の命を大量に奪った時に、大軍を要する有事に至るリスクはもはや冒せないと感じた。一方、長引く疫病の影響で人口を減らしていった民主的政体のアテナイでは軍事リスクを冒して活路を見出す方向に向かった。本書ではまた、最近の歴史のケースを取り上げ、高齢化社会は本質的に、より保守的になっていくという常識に疑問を呈した。一九三〇年代のドイツや一九九〇年代のセルビアのように彼らは高齢化していたが、侵略行為を選択した。

今日でも、大国は、その高齢化がもたらす財政逼迫の影響で軍事的にも必然的に静かになっていくとの「老人の平和」説を信じる向きは多い。本書の分析結果は全く逆で、高齢化は同盟関係に大きな不安をもたらし、地域における大国間の競合の動きを促す引き金を引き、それが世界にも影響を与えかねないと指摘した。

「老人の平和」説には、アメリカのほかの大国に対する人口動態上の優位性が非常に拡大することから米国の拡大する覇権が米国を巻き込む実戦や冷戦の可能性を低下させるという仮定も含まれている。本書の分析では世界の高齢化は確かに米国とその他の大国間の紛争の可能性を抑制するであろうが、人口減少は別の形での大国間の関係を一層不安定にしかねないと結論づけている。

トシ・ヨシハラは日本に象徴される低成長国の国家安全保障上の脅威に関し二つのシナリオを示した。一つは将来に向かっての力の均衡の計算と競争関係（日本の場合中国）から戦争勃発の可能性を指摘するもの。もう一つは「人口減少が低成長国の地域と世界の秩序を維持するための戦略的選択肢を徐々に奪っていく」というもの。その結果、低成長国は「その影響力を海外に発揮していく術を失い、国際的な安全保障上の責任から着実に撤収していく」ことになるというもの。一つ目のシナリオの戦争勃発の可能性は短期的には低いが、日本や日本と似たような状況の先進国が安全保障政策を人口動態のリアリティに合わせて作り変えていかない限り、二つ目のシナリオが現実となる可能性が高いとヨシハラは指摘している。

人口動態がもたらすもう一つの不安定要因として、ゴードン・チャンが「閉じつつあるチャンスの扉」と呼ぶ、高齢化していく国々が外交政策上直面する問題がある。中国の緊縮していく労働人口は軍のマンパワーも抑制することから人力集約的作戦となる台湾やモンゴル、その他係争地の奪還作戦を遂行するのは早ければ早いほど良いことになる。チャンは、中国がすでにロシアやインドとの間で小競り合いを始めており、緊張は高まっていると指摘。中国政府はロシアへの継続的な移民流出を促し、ロシア政府を不安にさせている。領土奪還のチャンスの扉が締まりつつあることを見て、中国はまだ増大している人口力を使い、移民を通じた同化政策で係争地を実質的に領土編入しようとしている。ロシアは今のところその中国の「侵入」を無視し、事を荒立てて中国との経済関係の緊密化を妨げることのないように気を遣っているが、今後どこまでロシア政府が中国の侵入を許し続けるかは不明である。

ロシアの外交政策目標に関するチャンスの扉も閉じつつあることから、今後数十年以内のユーラシア大陸の安定を脅かしかねない。マーレイ・フェッシュバックはロシアの公的健康の危機への警鐘を鳴らした。この危機はロシアの人口と人口密度を劇的に減少させている。これは短期的にはロシアの軍の近代化計画を台無しにしかねない。長期的には、ロシアの地域社会や世界における軍事的・政治的影響力を減殺しかねない。特に、民族の分裂と対立や、国境紛争が続く近隣諸国への警戒力も衰えることが懸念される。

リサ・カーティスは本書の中で、インド国内の出生率の地域間格差は同国内に不安定をもたらし、結果として世界にもその不安定を連鎖させかねないと指摘した。インドの場合、教育程度が低い北部において出生率が高く、南部では出生率が下降気味という状況はハイテクサービス経済を進めるインドの経済成長に問題となるだけでなく、イスラム教徒とヒンズー教徒の間の宗教的並びに民族的緊張を高めている。

高齢化する国々は必然的に平和志向になるとの概念は、高齢化が同盟関係に与える影響を無視するだけでなく、大国の戦略構築において政策と戦略の間に大きなミスマッチが生じていることを見落している。西側諸国は人口減少が安全保障環境にもたらすリスクをどの程度まで理解しているのであろうか？　フェッシュバックはロシアの軍近代化計画とそれを支えるべき若者の人口の減少の間に明らかなミスマッチがあると指摘した。一方、日本は高齢化の避けられない帰結を明らかに認めている。日本は最近の戦略環境分析において「低下する出生率」が日本の防衛力向上にとっての主たる制約要因であると認めている。「安全保障と防衛力に関する懇談会（荒木委員会）」で取りまとめたこの環境分析は日本政府の防衛計画の大綱の根拠となっている。その大綱では「自衛隊の果たすべき役割は乗数的に増える一方、低出生率のため若者の数は減少しており、財政状況は引き続き悪化していることを理解しておく必要がある」と警告している。日本の防衛白書は今後の隊員募集が出生不足から困難に陥る可能性を指摘、その結果、自衛隊の隊員整備に悪影響をもたらしかねないと告げている。

欧州も日本が迎えつつある人口動態的終焉とそれ程変わらない厳しい状況にあるにもかかわらず、その戦略計画書は日本ほどには問題を認識していない。二〇〇三年の欧州安全保障戦略も二〇〇八年のその見直し計画のいずれも人口動態には一切言及していない。二〇〇八年の見直し計画ではテロと組織犯罪、エネルギー安全保障及び気候変動を主な脅威として掲げていた。二〇一〇年の欧州内部安保戦略のドラフトもまた、出生率の低下と移民増大の安全保障の観点からの問題指摘はなかった。欧州内部としての問題ではテロ、犯罪、自然災害と交通事故が掲げられた。欧州の戦略計画書で人口に触れたのは「欧州国境沿いの爆発する人口」が唯一で、人口増が気候変動に与える影響に関するものであった。人口動態の衰退に関する思慮深い議論が欠けていることとは欧州の問題といえよう。

アメリカの戦略計画書は世界の来る高齢化問題にアメリカとしていかに対応するのか、その方針についてほとんど触れていない。人口動態の懸念については、過去数年で出されている主要な国防・安全保障計画で触れられており、中堅幹部レベルの書類や諜報分野の書類においては対応方針なども出されているが、実質的な政策は欠けている。アメリカの戦略的目標はアメリカ国民と国土を物理的な攻撃から守り、もって経済力を維持し、制海権を維持し、世界の貿易の流れをコントロールすることにある。これらの基盤的目標に沿ってこれまでの米国の大統領は干渉主義者の姿勢を取り、そして国家安全保障と軍事戦略にそれらを反映させてきた。

健全な出生率と相対的に明るい人口見通しのお陰で、米国の戦略計画書も暴動対応や安定化作戦など兵員力集約型の作戦能力の向上に積極的な姿勢を示している。オバマ政権は「相応の能力のある二つの侵略国」と相対することを想定した国防計画を進めており、一方で冷戦以来米国の国防計画を支配してきた馴染みのある「主たる地域紛争」への備えを超えて様々な形で存在する脅威に直面することも想定している。この新たな任務を達成するにはアメリカの最終兵力の増加が求められる。

しかしながら、その増加を財政的に負担し得るかどうかが問題となる。民主主義の社会において、現在のような財政危機下では主要兵器や重要な研究開発投資も有権者に人気の社会保障プログラムと予算配分を奪い合うことになる。折角の人口動態の優位も、それを活かす賢い兵力編成を戦略的優先度に基づいて行うのではなく、国内政治の圧力から不適切な選択を迫られる可能性がある。これがアメリカ人に今突きつけられている問題である。

以上の状況が今後の世界の平和維持にどのような影響を与えていくのであろうか？　米国はアフガニスタンの再建を図るＮＡＴＯの任務を中心になって支える平和維持活動の主たる貢献者となっている。フランス、パキスタン、英国、そしてバングラデッシュがこれに続き、全体で国連の部隊を構成している。パキスタンとバングラデッシュは世界六位と七位の人口を持つ。世界第九位の人口のナイジェリアは途上国としてはパキスタンとバングラデッシュの次にこの任務に貢献しており、先進国のイタリア、英国、フランス、ドイツの高齢化する軍隊の貢献に次いでいる。

欧州がその人口と経済的制約から平和維持活動への貢献を削減していくなか、国連の平和維持活動への期待の増大とそれを実行する能力の欠落とのミスマッチが生じる。スーダンのように元々国益に絡む場所では、中国はそのミスマッチを埋める態度を示しており、その規模はそれほど大きくはないが、政治的条件が整えば、中国の平和維持活動参加へのさらなる期待は高まる。

技術・魔法の弾丸か、それとも妄想か？

人口と戦争の関係に関する研究が少ない一つの理由は、技術が人の数に勝るという共通の観念のためである。近代戦の専門家はこの偏見が危険であり、戦争、特に兵員集約型軍事組織の戦略や戦術に対する認識不足であると警告している。技術への盲信は社会、経済及び政治的問題に幅広い悪影響をもたらしかねない。例えば、人気の高い国際的開発支援活動において技術的解決策に過度の信頼を置き、難しいが必須である人間の振る舞いや政治的要因を無視してしまうことは問題である。

本書の結論として、技術は国の人口に基づく国力の計算においてプラスにもマイナスにもなるもので、すなわち、地域的にも世界的にも安定化の影響を与えるものとも不安定化の影響を与えるものともなり得るというもの。技術の進歩は過去数十年にわたる軍事教練や兵器と技術への投資を陳腐化させ得る。技術はまた、前向きな意味で「ゲームチェンジャー」といえる。一九七〇年代の米国によるＧＰＳや精密誘導兵器、ＩＴ及び極小化技術への投資のリターンの高さは一九九〇年代初頭の湾岸戦争での勝利で明らかである。今日の研究開発投資のリターンがどれだけの高さとなるかは、今はわからないが、現在よりも米国の人口動態が寒々しかった一九七〇年代と比べて、今日であればさらに多くの技術投資をしてもおかしくないであろう。

技術は人口のトレンドと良くない相互作用をすることもあり得る。例えば、一九九〇年にロシアがその最高の兵器類を中国に投げ売りしたタイミングは中国人移民がロシア極東部になだれ込んだ時期と偶然一致する。この経済効果はその後のロシアにとっての戦略的にもっと大きな問題に目隠しをしてしまった。ロシアは、それとは気づかぬうちにロシア住民がいなくなった真空地帯を埋める形で中国に戦力投入能力を与えてしまった。中ロ紛争の勃発や、突然の中国によるロシア侵攻といった事態は当分予想できないが、国境沿いの土地は、中国が「屈辱の世紀」の際にロシア皇帝に譲った歴史的に微妙な土地である。人口動態の現実から中ロ間の力の不均衡が生じることは戦略的に重要な現象といえる。

一九九二年から二〇〇七年までの間、ロシアは中国に二〇〇億ドルから三〇〇億ドル分の戦闘機や艦艇、戦車、そしてミサイルを販売した。ロシアは今、中国がリバースエンジニアリングを通じロシアの技術を自分のものとし、海外の、それもロシアの競争相手にすら販売していることを懸念している。技術競争に負けないようにと投資を続けることは経済成長の見通しがなく、技術革新を支える多くの労働人口を持たない高齢化する国においては非常に高くつく事業となる。新しい兵器を運用するために兵員を訓練し、古いシステムを退役させる費用はもとより、その兵員自体の人件費も高騰している。経済的制約のある国々では研究開発投資を抑え、他国の技術を借用するかあるいは盗もうとするかもしれない。

トシ・ヨシハラが日本に関して述べたように、無人機システムは有人の部隊を訓練したり装備品を持たせたりする必要がないため、人件費が高騰し、かつ少子化で隊員募集が難しくなっている日本では歓迎される技術である。有人機のパイロットを訓練し、装備させる費用に比べれば、無人機を調達し運用するコストは比較的安い。また、無人機は危機の際の安定と緊張関係の増大をコントロールしやすい。有事発生時に運用した無人機が相手からの攻撃や事故で墜落しても、犠牲者が出ないことから報復や過剰反応を抑制できるためだ。有人機の場合、墜落した航空機のパイロットの捜索救難や遺体の回収には多くの時間を要する。無人機はそのようなリスクを予防できる。二〇〇一年四月の中国の戦闘機と米国のEP-3偵察機の衝突事件が、有人のEP-3でなく無人機であったならその後の展開はどうだったであろうか。アメリカ人パイロットや乗員が中国に連行、抑留されることもなく、事件は当時のような米中の対立を生むこともなかったであろう。無人機を配備する国々は、かかる事態からの撤収のしやすさを期待しているのかもしれない。

無人機は同盟相手との統合化能力を高めることで国力増強にも貢献し得る。情報収集、監視並びに偵察機能を組み合わせることで無人機は同盟国との間に共通の作戦図を分かち合うことができるため、互いの信頼醸成とより多くの共同作戦を展開できるようになる。テロとの戦いにおける米国の目立った無人機の活用から、米国の味方も敵も今後、無人機を積極的に導入していくことになろう。無人機の拡散配備により全ての先進国が同じ作戦環境図を共有するという意味では各国間の戦略的能力の平準化にも寄与するといえる。

一方、無人機は犠牲者が出にくい分、その所有国の行動を大胆にし、結果として安全保障環境を不安定にしかねない。日本では、隊員一名の命でも失われれば国の悲劇と位置づけられるが、無人機を数機失ってもそれほどの問題とは認知されないであろう。例えば、日本が無人機を中国との係争地の監視任務に派遣し、たまたま中国の主権を犯すこととなって中国側が軍事的対応をするということもあり得る。二〇一〇年の中国漁船と海上保安庁の艦艇との衝突事件で日本政府が最終的に中国人船長を起訴しなかった出来事は、それ自体は些細な判断であったかもしれないが、戦略的示唆を持つ。中国は今後も同様の事件を起こし日本の対応を試していくであろう。日本の高齢化する人々が中国との摩擦を避けたがれば、そのような事件は日本の国力の低下を国際的に印象づけることになる。

劣勢の軍が優勢の軍を破るという例外も歴史にあることはあるが、一般的に戦艦や軍用機のような大規模なシステムではその保有数に余裕がないと、いざという時に影響力を行使することができなくなる。やはり数は重要である。大規模で複雑な兵器システムを少ない兵員で維持運用しようとすればそれなりの対応が必要である。米海軍が少ない乗員数で先端技術を採用した艦艇を運用するという「スマートシップ」構想を実行した際には、艦艇の即応対性を高めることで少ない乗員数が多くの任務をカバーできるようにするという感覚を持った。逆に人件費の高騰に対し、艦隊のダウンサイジングで対応するという判断には別の問題が待ち受ける。米海軍の艦艇調達支出を削減していくことはアメリカの外交政策の目標、特に太平洋での目標達成に逆効果となろう。

例えば、台湾海峡有事での作戦上のリスクが増す可能性がある。仮に有事が発生しなくとも、米海軍の支出削減の事実はアジアの安定に利害関係を有する諸国が米国との連携を深めるか、中国と連携するか、その判断に影響を与えかねない。そして、こういった判断の結果は太平洋地域の政治的進化の過程に影響を及ぼし、アメリカが考えている価値観とは異なる方向に向かわせる可能性を高める。中国の人口動態の衰退がその政体をいっそう権威主義的な方向に向かわせ、それが周辺の民主国家との間に緊張関係をもたらすとすれば米海軍の支出削減のタイミングは不適切と言わざるを得ない。

究極の防衛技術は核兵器である。中国のような巨大な軍組織と、減少する人口の状況が核兵器使用の可能性を高めるのかどうかは大きな疑問である。ロシアはもっと現実的な例を提供する。ロシアの極東地域には中国陸軍の大規模な侵略を食い止める兵力はいない。従って、仮にそのような侵略を止めることができなければ、ロシアは戦術核兵器を使用する計画を持っている。ある報告書によれば、ボストーク２０１０と呼ばれた二〇一〇年の演習において、シナリオ上、幾つかの核地雷が爆発し、戦術核を運搬できるトーチカ-U（SS-21）ミサイルが発射された。

核兵器の使用に関する疑問とともに、人口減少を迎える国々が自己防衛のために核兵器の採用に踏み切るかどうかという疑問も生じる。核兵器は人口の規模や国の開発段階によらず、国力を向上させる。パキスタンとインドが一九九〇年後半に核兵器技術を取得した後の状況は、核兵器が国際的な地位をいかに高めるかを如実に表した。また、イスラエルの核兵器取得の場合は、小国にとっての規模の異なる相手に対する軍事的かつ戦略的平準化機能を強調することとなった。イランや北朝鮮による核兵器の追求のケースは、ならず者国家が万一核兵器を持つとなれば地域を一気に不安定にし、大国間に大混乱をもたらすことを示している。大量破壊兵器がアル・カイーダやその他国際的テロ組織に拡散した場合、一九四五年来なかった核兵器使用による大量殺戮の恐怖が蘇る。軍事力的にも組織力的にも非対称なこれらのテロ組織に相互確証破壊的核抑止力は効かない。米ロ間の核軍縮合意により、核による力の均衡の時代も終わりつつある。もし核兵器ゼロのキャンペーンが成功すれば二〇三〇年までに完璧な核武装解除が実現する。そうなると核兵器を持たなくなった大国は、ならず者国家や非国家活動家あるいは大国を脅かす残存能力を持つ国々からの初動攻撃に脆弱となる。いずれにせよ、核武装解除をすれば、軍事力と戦略力の計算において、人口動態が益々重要な要因となる。高齢化の国力に与える負の影響はさらに大きくなる。

もう一つの重要な人口動態と核兵器の計算は少し見えにくいものとなる。インドが中国の人口を将来抜くことが核兵器の均衡を変えることになるであろうか？　リサ・カーティスとゴードン・チャンが本書で示したように、人口順位の逆転はインドと中国の戦略的意思決定者に心理の変化をもたらす。人口でトップに立ったインドはもっと大胆になるのであろうか？ 二位となった中国は脆弱性を感じ、もっとリスクを冒そうとするであろうか？

こういった疑問は、人口と安全保障問題を取り囲むより大きな規範的な議論の本質的な部分を構成する。

規範的な要因 「社会的結合力」対「分裂性」

自分の国だけは特別だと考えるだけで十分であろうか？ 国家が特別意識を持つことが将来をどのように危うくするであろうか？ 人口動態の特別意識はいろいろな形で登場する。

米国は先進国の中で最も若く、相対的に高い出生率を誇る。中国は世界最大の人口を保有するが持続性に乏しい。ゴードン・チャンが結論づけたように「人口動態は、一時は中国の最良の友であり、間もなく敵となる」という事実は「長期的には悲観的なムード」を作りだす。インドは中国の人口を二〇二五年頃に追い越すが、今すでに世界最大の民主国家という特別な国である。日本は高齢化と人口減少の絶対数で世界をリードしている。ロシアは大国の中でも死亡率の高さと出生率の低さで特別である。欧州はその構成国三〇カ国が皆、出生率の終焉を迎えているという全体性において特別である。

フランシス・センパは本書の中で、地理と天然資源、人口規模、軍事力と経済力、といった伝統的な国力判断に加え、社会の結合度、国としての特徴、そして政体といった規範的要因も国力を形作るものとして考えるべきであると指摘した。国としての結合力の欠如は国力を弱らせるだけでなく、暴力的紛争に繋がり易い。かつてのユーゴスラビアやソマリア、ルワンダは一九九〇年代を通じ内乱の暴力的なイメージを残した。イラク戦争では反政府組織の反乱がスンニ派とシーア派の間の遺恨に火を点け、二〇〇三年のアメリカの戦争勝利を切り離し、戦争を長期化させた。ロシアではスラブ民族のナショナリズムとイスラム教徒寄りの外交政策が国の結合力を弱めている。インドでは、ヒンズー教徒の国粋主義が強まっている。人口動態の要因は、単独では争いの原因にはならないが、民族間や宗教共同体間の出生率の違いは争いを煽りやすい。

本書で見てきた大国は皆、出生率や移民の違いによる社会的結合力不足の問題に直面している。二極分裂はインドでは南北だが、中国では中核地域と周辺地域で、漢民族とそれ以外の民族の分極となっている。欧州では既存住民と移民との間の分裂でまだら模様の同化と移民に対する政治的反発により国としての結合力が悪化している。米国では、「赤（共和党）と青（民主党）」の分裂、内陸地域で出生率の高い州が多い保守系の地域と北東部の出生率の低いリベラルな州との間の二極化した政治的環境で特徴づけられる。

二〇〇四年のサミエル・ハンチントンの論文「アメリカのブラウン化（中南米からのいわゆるヒスパニック移民急増）」は米国内の民族集団の中でヒスパニック系がアメリカ人として同化していくレベルが低下していることを批判し、政策決定者はその危険を知りながらもその問題を無視していると警告した。

日本では、千葉県佐倉市のように出産・育児を政策的に支援することによる子供に優しい雰囲気と、東京の中心街のように忙しい反家族的な雰囲気の極端な違いが目立つ。国内のこういった分裂を是正する政策をすすめるだけでも地域間の反発を招くであろうが、指導者層が難しい決定を下さなければならないのはどの国でも同じである。

いかなる宗教であれ、その中の正統派、あるいは保守派といわれるグループのメンバーの出生率は高くなる。そして、そのグループが人口動態の優位性ゆえに宗教重視の風潮を作り出せばリベラルで世俗的な社会を脅かしかねない。加えて、男子偏重の結果もたらされる男女間比率の不均衡は中国において手に負えない経済的かつ社会的ジレンマを生じることになろう。男の子重視の傾向は世界共通かもしれないが、中国とインドだけでも一億六〇〇〇万人もの女の子が不足している極めて異常な状況にある。

出生率の違いに伴う国内の分裂傾向は世界共通の現象のようだが、その問題対処については国によって差が出ている。アメリカは過去の教訓とその問題に関する議論のオープン性から、移民の同化の結合力において欧州よりも遥かに優れている。フランスでは移民の抗議で年間平均四万台の自動車が焼き討ちに遭い、国際サッカー試合での国歌斉唱ではフランス生まれでフランス育ちの少数派民族からブーイングや嘲りの声が出てくる。ロシアも中国もインドも国内の反対者を鎮静化させる見通しはさらに厳しい状況にある。

技術革新の自然落下か優雅な衰退か？

高齢化と人口減少の外交政策に与える影響を判断する際に社会の雰囲気というのは一つの主要な要因となる。また、人口動態は社会の気質を変化させ得る。長期的にはこの雰囲気が国の目的や戦略的姿勢に影響を与えていく。フィリップ・ロングマンが本書で指摘したように、高齢化社会は労働生産性の向上のための投資を望む度合いが低く、財政問題の解決においても楽な手段を選択しがちである。日本は経済問題に対し、自らの変革でなく円安誘導など重商主義的対応で国際的批判を浴びているが、韓国は労働者の生産性向上努力で対応している。

日本の楽な選択と社会全般の雰囲気の関係はどうであろうか？　国が高齢化するとともに技術革新が衰えていくと言う者もいる。ノーベル賞受賞者を調べてみると、科学者としてのベストな研究を行ったのは皆、五〇代半ば以前であることがわかる。投資心理学者フランク・マーサと市場心理分析コンサルティング会社のリチャード・ピータースはある国の株式市場の活力は個々人の市場心理に繋がっており、その心理は加齢と共にリスクを避ける傾向が強くなるという。先進国は構造的経済問題に対し応急処置に依存していく可能性が高く、その結果経済回復を遅らせ、国防予算を締め付けることになろう。とはいいながら、医療と心理学の技術革新により、リスクを避ける市場心理に繋がる不安に高齢者が打ち勝つことができるようになるかもしれない。これはまた高齢化社会が外交政策において保守的な選択を行うという認識を変えるかもしれない。そして労働者の数だけでなく、その質も経済力であるという人口の質論にも繋がっていく。

労働者の質と技術革新の指標の一つに人口一人当りの特許申請数がある。ニコラス・エバースタットは高齢社会がこの点でまだ非常に革新的であることを示した。米国に次いで、日本、台湾、韓国、香港、そしてシンガポールが二〇〇八年の特許申請の世界平均よりも上であった。国外特許申請数で見ると日本、韓国、米国及びシンガポールが世界の平均を上回った。エバースタットはGDPと国民一人当りの特許申請数の間に統計的有意性を見いだしている。インドと中国は世界平均よりもかなり下にあり、若者の人口は多いにもかかわらず、ロシアよりも下位にある。

国民一人当りのGDPは国の将来の競争力を決定する重要な要因のようにみえる。世界の起業家精神に関する年次調査でも同様に、国民一人当りGDPと若者（二五歳から三四歳まで）の起業家精神の間に正の相関関係を見いだした。ただし、文化や制度面も起業家精神に影響を与えていることがわかった。

日本の年齢の中位値は四四歳と世界で最高齢であるものの、技術革新の勢いを失うほどにまで高齢ではないということかもしれない。それでは、技術革新や生産性向上を止めてしまうほどの高齢とは何歳くらいなのかという疑問が出てくる。また別の観点として、「国のモラル」のありかたも人口動態の影響を変えるとの見方もある。欧州のリーダーたちは「積極的な高齢化」を育成しようと様々な方法を試しており、二〇一〇年に開催された第三回人口動態フォーラムでは日本の学者を招き、キーノートスピーチを依頼した。

慶応大学の清家篤学長は欧州の政策決定者に対し団塊の世代を励まし、働き続けることをリードさせる提案を行った。彼の楽観的な講演内容は悲観的現実を囲い込んだ。日本では六〇歳から六四歳の男性の労働参加率は七五％だが、ドイツでは四〇％、フランスでは二〇％にまで落ちる。六五歳を超えると、その率はドイツで四％、英国で七・七％にまで落ちるが、日本、米国及び中国では一九％に留まっている。「もちろん、彼らが引退したければその意思に反して働くことを強制はできない」と清家は結んだ。実際、二〇一〇年の秋にフランスが引退年齢を六〇歳から六二歳に上げようとしたところ、暴動が発生している。このように、社会の健全性と共に社会的規律と文化的規律が問われる時に、優雅な下降線を描くことはなかなか難しい。

ゆっくりとした高齢化を欧州がどこまで常態として深く受け入れているかはまだわからない。ダグラス・シルバが欧州の出生率低下の分析の章で記したとおり、社会の常態を反転させることは難しい。日本では高齢者に対する勤勉のイメージと共に、親孝行や高齢者への敬意の念を持っており、そういった社会規範が高齢者世代の中で技術的洞察力を養っていくことを助けている。

こういった社会規範のもう一つの価値は、出生率低下のマイナスの社会的影響を鈍らせることができること。中国でも同様で、子供と幅広い社会的ネットワークが高齢者を支えていく伝統を持っている。ただし、日本のような国家が運営するソーシャル・セーフティ・ネットをまだ構築できていない。専門家は、現在の中国の状況、すなわち一人っ子が二人の両親と四人の祖父母を支える構図では、高齢者の生活水準や健康、そして生産性を著しく低下させかねないと警告する。

かかる状況下、高齢者を積極的に守っていく新たな義務を主権国家に課していく高齢者の人権推進のための社会的規範運動が動き始めている。人権保護運動の専門家は、特に女性の高齢者が一般的に男性よりも長寿ななかで、雇用者や政府からの社会保障が男性よりも少ないために老後の生活が最も厳しく打たれていると警告する。ただ、肝心の高齢者の生活環境改善については、その社会的規範作りの努力の動機の素晴らしさほどに前向きな見通しを彼らはまだ持てていない。その努力の積み重ねの結果が高齢化の国力に与えていく負の影響を抑制していく見通しもまた同様に厳しい。

アメリカは単独で進むべきか、それとも新たなパートナーを模索すべきか？

アメリカの欧州同盟国が数年前にアフガニスタンでの幾つかの軍事的役割について躊躇し始めたとき、当時の米国副大統領はNATOサミットにおいてフランスとドイツのリーダーに対し約束違反であるとして義務履行を強いた。オバマ大統領は同盟国との間でそのような対立は避けたいが、緊張関係は残っている。ヨーロッパ人の被害損耗回避型の様子から、NATOは二面構造になっていると主張する向きもあり、経済の停滞は間違いなくこの問題を悪化させている。ヨーロッパの大胆な計画書と実際の状況を照らし合わせて、計画と行動のミスマッチが目立つ問題である。欧州安全保障戦略は米国及びカナダとの大西洋横断パートナーシップを「代替不可能な基盤」と呼び、NATOとEUが「危機管理においてより良い協力を行うために互いの戦略的パートナーシップを深める」ことを提唱している。さらには「競争力があって堅実な欧州の防衛産業」

と、より多くの研究開発投資に支えられた「戦略輸送機、ヘリコプター、宇宙システム並びに洋上監視システム」への投資を増大することを求めている。

冒頭のイラク戦におけるエピソードが示すように、欧州の社会規範の変化は軍事力の使用を制限しつつある。「国益」追求の手段として軍事介入を行うことは今や嫌われている。ほとんどのヨーロッパ人にとって、「軍事任務と海外への干渉は、できれば避けたい社会的にやらざるを得ない作業の一つとなっている」とヘンリー・キッシンジャーは推察する。

ギリシャから始まりスペインとアイルランドに飛び火した現在の欧州金融危機は上述のヨーロッパの大胆な戦略計画の実現性に疑問を呈している。実際、イギリスは国防予算を削減し、二〇一〇年には自国の空母艦隊を捨て、フランスと共同で一隻の空母を運用する計画を発表している。これらは米英間の特別の関係が終わったことを示している。急速に高齢化する欧州各国の軍では兵員の人件費高騰から欧州軍の近代化・再構築をさらに困難にしている。

とにかく欧州の倹約的態度は、人口が急増しているアフリカや南アジアの国々からのＰＫＯへの比較的寛大な貢献と好対照をなしている。同盟国が米国の期待に沿い切れない時に無理に役割を押し付けるよりも、米国はより大きな安全保障の責務を果たす余力を持つと思われる新たな国々を招き入れるべきである。

その新たな安全保障パートナーは民主主義の価値観と人口増の見通し、そして能力の高い軍事インフラを保有していることが望まれる。世界最大の民主主義国家であるインドと世界最古の民主主義国家である米国との間の同盟関係は、米国の力の均衡と外交政策の性格づけにおいて空前の効果を与えるであろう。インドの海軍国としての野望と、インド洋において台頭する中国に対するバランサーとしての戦略的立場もまた、アメリカにとってのインドとのパートナーシップの魅力である。ほかに、ラテン・アメリカにおけるブラジル、南東アジアにおけるインドネシア、アフリカにおけるナイジェリアとウガンダなども将来有望な米国の安全保障パートナーといえる。ナイジェリアとウガンダは国連平和維持活動にも積極的に貢献している。中東では、イラクが民主化と経済発展を遂げれば、長期的にはアメリカのパートナーとなり得る。

人手を多く要する任務の負担をこういった新しいパートナーと分担していくことはますます重要になってくる。特に、兵員の健康保険料や年金掛金といった強制的支出の増大から国防予算の上昇圧力が高まる状況においてはなおさらである。主要な新パートナーのターゲットを絞っていくとともに、米国は国際的開発支援などの外交政策と安全保障上の国益とが相乗効果をあげるよう、うまく調整することに努力を傾注すべきである。端緒としては、死亡率の低減に焦点を当てる形で差し迫った世界の健康問題に関し正面から取り組むことが望まれる。アフリカ諸国は平和維持活動などアフリカ大陸内の戦争以外の任務に多くの兵力を提供しているが、世界で死亡率が最も高い二〇カ国中一四カ国がアフリカにある。

平和維持活動に加え、アメリカの新たな安全保障パートナーは、ならず者国家が世界にとって有害な独自の国益を求めてのらりくらりと交渉の時間を稼いでいるような現状を打破できるよう、集団的安全保障体制を支えることが期待される。北朝鮮の六カ国協議やイランの国際査察受け入れはまさに時間稼ぎの典型といえる。

将来を見るならば

人口と安全保障の間の計算における非常に重要な要素は社会規範である、というのが今回の研究で見いだした点である。人口と安全保障の直接的な因果関係を特定することは難しいことを学者たちも認めているが、本書で示したように、人口減少と戦略的悲観論の台頭の間には明らかな相関関係がある。弱っていく人口動態の見通しは日本や中国、そして欧州の国と地域全体の雰囲気を変え、世界の彼らに対する見方を形作ってきた。もう一つの研究発見は、政策決定者が、大規模ながらも徐々にしか進行しない人口動態と社会の雰囲気の変化に正確に対応することは非常に難しいということである。理由はその変化が無形で目に見えにくいためである。

しかしながら、筆者は、より広範な認識しやすい観点から人口動態と安全保障の関係の将来を特徴づけることができると考える。まず第一に、世界の脅威の存在それ自体は世界を一つにまとめる結合力には必ずしもならないということ。ソ連の脅威は西側諸国の結束を促したが、テロの恐怖や気候変動の悪影響、そして大量破壊兵器の拡散といった脅威は冷戦時代に見られたような連帯を作り出してはいない。各国の人口動態の衰退が、それぞれの社会をして内向きの対応を促しているためである。

二番目に、人口動態の衰退から主権国家の求心力が重視され、国際機関に自らの問題の解決を委ねるよりは、自国の戦略的解決策に投資していくことを選択している。国連のような国際機関は各国の問題や見通しを共有し、比較検討する場としては有益であるが、具体的な解決策は各国独自の仕事である。三番目に、問題の長期抜本的な解決を短期的解決策が制約している。国の政策作りは三年ないし五年の事業であるが、人口動態の問題解決には一〇年を超える計画が必要である。高齢化と人口減少がもたらす将来の危険に的確に対処するには政策決定者は長期的視点を持つべきである。

今後二〇年以内に大国間の力関係の再構築が行われることはまず間違いない。例えば、インドは二〇二〇年頃には中国を追い抜き世界最大の人口国となり、日本とロシアは今世紀半ば頃には人口が一億人を下回り、欧州の人口のかなりの割合が伝統的ヨーロッパ人ではなくなることから急進的な社会変化と外交政策の変化を迎える。こういった予想はほぼ確実な部分であるが、一方、だからどうなのか、というその影響の帰結となるものはまだ不透明である。本書は人口と国力、人口と安全保障の間の関係についての従来の常識を見直し、その人口動態の変化の帰結を深く分析することを試みた。これまで、人口動態学者と社会科学者は人口動態の変化の影響を誤って捉えてきた。我々の主張も誤りであったと後日判明するかもしれない。

というのも、今の時点では読めない状況の変化やゲームのルールを変えてしまうようなワイルドカード的イベントが発生するかもしれないためである。例えば、欧州や日本の防衛支出がＧＤ

Pの二%や一%といった現在の上限が撤廃され、彼らが世界の安全保障の負担をより多く分担するという状況が将来発生するかもしれない。高齢化や東日本大震災被災にもかかわらず、日本は外国との対立や紛争などからの大きな刺激に挑発され、世界の安全保障の舞台において自己主張を始めるかもしれない。例えば、中国が台湾に戦争を仕掛けるとか、中国自身の分裂と混乱、あるいは東京直下型地震の発生などである。そのような出来事は日本が敵意に満ちた国々に囲まれている小国との感覚に陥らせている社会の雰囲気を変えるかもしれない。

世界的には、イランによるイスラエルへの核攻撃やインドとパキスタンの間の核戦争、あるいは化学または生物兵器による欧州や日本の大都市への攻撃、あるいは鳥インフルエンザのような制御不能な大規模な伝染病による黒死病規模の死者の発生など、大量の犠牲者とパニックを生じる出来事が突然発生すれば政策決定者は従来の路線を反転させるかもしれない。

仮に米国の外交政策を単独主義に向かわせるような状況が発生した場合、信頼の置ける同盟国としての米国の信用を落とし、おそらくは日本の核武装を促す可能性が出てくる。アメリカの孤立主義は中国に台湾との戦争を遅らせる「余裕」を与えるかもしれず、あるいは逆に中国を大胆にさせ、その自己主張をもっと早く、激しくさせるかもしれない。米国の世界における防衛と安全保障の態度が揺れ動けばロシアの外交政策にも同様の影響を与えることになろう。

こういった突然状況を変えてしまうワイルドカード的シナリオは取り上げず、本書では大国の高齢化が今後数十年間の大国間同士の関係を一層不安定なものにすると結論づける。人口規模自体は国力を測るに十分な尺度ではないが、必要な構成要素ではある。世界の高齢化は、人口は同じでも国力に異なる影響を与え得るという事実を強調することになろう。人口減少を技術で完璧に補完することはできない。とはいえ、技術をうまく共有していくことは各国間に戦略的平準化をもたらし同盟国間の信頼を醸成することは特筆に値する。「人口動態の変遷」それ自体は人口動態の平和には至らず、「老人の平和」が大国諸国にもたらされることは当分の間ない。逆に、今後数十年間は、高齢化と経済の衰退傾向のある国々がその主要な外交方針達成のチャンスが残っているうちに危険な賭けに出るといった不安定さや、欧州諸国の世界的役割からの撤収といった動きに特徴づけられるであろう。

高齢化と、国ごとに異なる出生率のパターンに伴う社会規範の変化はそれぞれの国内の緊張を増し、それが世界の平和維持をさらに困難にしていく可能性がある。高齢化する大国は「優雅な衰退」をうまく管理し、労働期間延長を通じた競争力の長期化を実現できるかもしれないが、だからといってロシアや日本のような過去の大国が勢いを取り戻せるわけではない。出生率の低下を反転させる社会運動が欧州の衰退を食い止めることもなければ、中国の中期的な軍事力投入能力の低下を抑えることもできない。

同盟国が世界の舞台から撤収していく中で、米国は「一人で進む」しかないものの、若く民主的な地域の安全保障パートナーを近い将来に見つけられれば米国単独で無期限に負担を背負う必要はなくなる。アメリカの戦略立案者は今以上に人口動態に関し注意を払い、アメリカの人口動態の健全性を有利に利用できる研究開発に対する投資を行い、アメリカの人口動態の特別な優位性を理由に今日の財政問題に対する厳しい選択を遅らせる誘惑を断ち切ることが大切である。そうすることで米国は確実に軍事力と政治力の優越性を長期にわたり持続していくことができる。

世界の高齢化の流れを近い将来に反転させることは誰もできない。いかなる社会プログラムもこの世に誕生しなかった市民を呼び戻すことはできない。それでも、指導者はこの世代の子供たちをよりよく保護し、将来に備えてやることで、いずれ松明を渡す彼らの肩に背負わせる国家間の平和維持のための負担を軽くしてやることは可能であると信じる。

訳者あとがき

読者は「少子高齢化」という表現を聞き慣れているであろうが、「少子高齢化」だからどうなるのか、日本にどのような影響があるのかという問いには、どのような想像をお持ちであろうか？　国内消費の低迷とビジネスの海外脱出、過疎化、年金負担増といったところが一般的な想像ではなかろうか。

本書は「少子高齢化」の長期的トレンドが地政学、すなわち世界と地域の安全保障環境、さらには軍事衝突の可能性にどのような影響を与えるか、具体的な考察を主要国別に行っている。

本書で明らかになるロシアの人口減少と健康問題は恐らく多くの日本人があまり知らない深刻さであり、軍の兵員の充足はもとより、極東地域における中国との国境沿いの領土問題と併わせて考えると遠い将来の問題ではなく、かなりの切迫感のある問題である。実際、ロシア政府はすでにこの人口と健康問題を国家安全保障上の問題として取り上げたと本書は解説している。昨年立ち上げに合意した日本、米国、ロシアの三カ国による東アジアの安全保障を議論する官民合同協議体などの動きや、ロシア極東開発における日本への強い誘いなども、このロシアの人口と健康問題を含めた対中懸念の文脈から頷ける。

尖閣列島を巡りぎくしゃくとした関係にある中国だが、本書で取り上げる中国の人口動態とそれに基づく地政学上の戦略のシナリオは予断を許さない。これまでは増大する人口と経済力を求心力とし、ＷＴＯ（世界貿易機関）加盟を契機に世界のヒト・モノ・カネ・技術を引き込んできており、日本もその磁場に強く惹かれている。

一方で、一人っ子政策と男児優先文化の結果生じている「葉のない枝達（女性より男性が圧倒的に多いことから結婚できないでいる数千万人単位の若者）」は国内の失業率の高さと格差や不正の問題から不満のマグマを蓄積している。この中国特有の人口動態の特徴が尖閣問題のように反日運動として直接日本の現地ビジネスや対中外交・安全保障に悪影響を及ぼすケースはもとより、中央・地方の共産党に向かった場合の国内暴動や治安悪化においても日本への悪影響は大きく、いずれにしても「葉のない枝達」は目が離せない要因の一つと言える。

一方、中長期的には、中国は日本以上に加速度的に少子高齢化を迎える。本書では、高齢者が増えることにより、中国が今の自己主張の強い外交・安保路線から、〝老人の平和〟に向かうのか、あるいは活力のある今のうちに、そしてインドに十数年後に人口世界一の冠を奪われる前に、台湾、インド国境、ロシア国境の長年の〝懸案〟解決に軍事力を行使する可能性についても解説している。さらにはそれらの懸案地域に中国から合法・違法移民が大量に入り込んでいる事実を紹介し、大量の中国人が住み着くことによる事実上の領土編入を狙いつつ、現地中国人に何か危害が加わった場合の軍事侵攻の機会を窺っているという可能性にも触れている。いずれの有事シナリオにしても日本にとって重大な〝周辺事態〟となることは間違いない。

その中国との国境問題を抱えるインドも、そうした中国との事態に備え、中国との国境沿いの警備強化や核兵器など戦略兵器配備を進めている。中国とパキスタンの連携による対印二正面作戦はインドにとって非常に厄介な脅威であり、その対抗手段の一つとして日本との安全保障分野までも含めた総合的な関係強化を通じた対中牽制を図ろうとしている。とはいえ、本書では民主主義政体としてのインドの増大する若い人口の強みに随所で触れている。中でも紀元前のギリシャでのスパルタ（寡頭・僭主政治の陸上国家）とアテナイ（民主海洋国家）の対立の歴史・教訓に触れ、前者を中国、後者をインドとするアナロジーで民主国家インドの長期的優越性を結論づけている。

こういったアジアの人口動態がもたらす安全保障環境へのインパクトをふんだんに描いているのが本書の特徴であるが、日本としては同盟国の米国が日本とそのアジアの安全保障環境の将来をどう見ているかが気になるところである。少なくとも本書を著した米国人たちは残念ながら日本の人口動態の先行きとその帰結のシナリオについて非常に悲観的である。

特に日本の国際貢献を前面に出した安全保障政策が日本の人口動態（リソース）と照らし合わせてオーバーコミットの状況にあり、このままではその国際貢献の旗を下ろし内向きとならざるを得ないか、あるいは米国の期待に応えられず肝心の日米安保自身の米国にとっての有用性を失いかねない状況も想定している。米国としては日本の代わりに、平均年齢が若く人口がたくましく増大し、経済も発展していくインドとの連携を深める検討を進めるべきとの提言もあった。ただ、日米安保の解消は日本を核武装に追い込むといった可能性にも相応の検討を費やしている。

日本のハイテクは人口動態の衰退をある程度補うものであり、特に無人機は同盟国の米国との情報共有体制に有益なものと捉えている。ただ、ロボットや精密誘導兵器のような技術は安定化作戦や災害支援など圧倒的に人手を要する任務には使えないハイテクであり、若く有能なマンパワーは常に必要であると断定した。結局、日本は世界に対する貢献目標を自らの人口動態に応じたマンパワーの許す範囲で立て直すべきと提言している。この日本の地政学分析が米国の重心に位置する意見かどうかは別として、統計値である人口動態の見通しとその解釈については米国の今の代表的なものと見るべきであろう。

日本に対する想像以上の悲観と、米国の数の論理に基づく一方的な決めつけに正直腹立たしさや憤りも感じたが、本書から冷静に学ぶべき点を幾つか掲げてみたい。

プランニングの必要性（目標、長期環境予想、目標達成のための戦略）

本書の随所に二〇五〇年の頃の予想が登場する。米国の政策意思決定者たちがなぜそこまで先のことを心配するのかといえば、米国の覇権と国益の永続という国家目標達成のための準備ということになろう。戦後、これまでの世界経済の発展の中心にある貿易、しかもその九〇％が海上輸送に依存しているなかで、米国は商船の航海の自由と航行の安全を確保すべく七つの海ほぼ全域の制海権を保持している。そして、それを握ることで他国の台頭を防いでもいる。制海権を握り世界の秩序を保ち続けるには、長期環境予想として地政学情報収集をベースに各国の国力比較を行う。台頭する将来の脅威に備えいかなる手を打っていくかが戦略となるなかで、本書のもう一つの注目点である米国の人口動態が強みとして位置づけられる。

翻って、日本の目標はアジアでの指導的ポジションニングを通じた世界での名誉あるポジショニングを獲得することであろう。その具体的内容はさておき、長期戦略環境予想とそのための地政学情報収集を通じた戦略形成のプロセスは米国のそれと全く同じである。米国では戦略的強みである人口動態が、日本では長期的に最大の弱点であることから戦略の内容は自ずと米国とは異なるが、米国の思考過程と、できるだけ長期で広範な情報収集行為に学ぶということである。


日本の強みの自覚と弱みを補完する戦略の実行

国家目標達成のための戦略には日本の世界における強みを深く理解し、それを活かすだけでなく、人口動態の弱みをいかに補うかという行動計画も必要となろう。その点、同じ人口動態の弱みを持つ欧州の状況は参考になる。本書の欧州の章で紹介されている〝家族志向タイプの女性〟の把握と彼女らが希望する大家族化の実現支援策並びに欧州が採用している〝多文化主義〟は日本にとっても参考になる議論であった。

一方、米国の出生率が高いことも参考にすべきであろう。すなわち、移民の出生率が高いだけでなく、生粋の米国人も人口維持に必要な出生率（二・一）程度の高さにあるのは楽観主義と開拓者精神、そして宗教への寛容など心理面の効能があることを本書では示唆していた。その背景にあるものはアメリカンドリームを核とした世界のヒト・モノ・カネ・情報・技術を引っ張り込む魅力と情報発信、そして来るものを拒まず歓迎する開放性、寛容性ではないか。子供時代の生育環境において自分の周りの人の多さ、賑やかさが大人になってから本人が作る家族の規模に影響を与えることを示唆する研究結果の記述もあった。

従って、我々日本人自身が日本の魅力を理解し、世界に対し積極的にブランディングと情報発信を行うと共に、労働市場を含めた市場開放を通じ、海外の賑わいやバイタリティを国内に取り込んでいくことによる自信、楽観、活気、挑戦、志といった若さと上昇志向の〝気〟が、直接の経済効果に加え、日本の人口動態に与えていくプラスの影響にも注目したい。一度でも挨拶をした隣人に対しては親しみを感じ、そうでない隣人には不安を感じやすいという人間の心理からしても近隣諸国の人間をより多く受け入れることは信頼醸成にも繋がる。

肝心の外交・安全保障戦略に関しては、日米関係、日米安保が当面の基軸となることは間違いないが、本書のポイントである長期戦略において、少なくとも米国が日本の長期的人口動態を見るメガネは日本のそれとは異なる可能性があることを念頭に、日米安保を補完していく様々なオプションを考え、世界中の国々とのセーフティネットワークを縦横に張り巡らす必要があろう。そのためにもそれらの国々の人口動態と地政学上の立場をよく学び、相手の弱みやニーズを補うしたたかな対応がますます必要となろう。

ＰＤＣＡによる進路修正

長期予想というのは気象予報同様難しく、往々にしてその予想内容は当たらない場合が多い。その中で唯一長期にわたり正確に予想が立つのが人口動態である。それでも米国合衆国政府は二～三年ごとに長期予想を繰り返してきている。国家目標も戦略も変わらないが、遠洋航海の船長が遠い目的地に航海する際の海の環境を頻繁にチェックしながら進路を微調整していくように、Plan-Do-Check-ActionのいわゆるＰＤＣＡサイクルを頻繁に回し、地政学環境の変化を敏感に感じ、ギャップ分析をし、進路を微調整していくということであろう。

本書の狙いは「少子高齢化」のインパクトが従来の安全保障環境分析で考えていたもの以上に大きなものとなる可能性が高いことへの警鐘を鳴らし、自らの軍備はもとより同盟関係に至るまでのギャップ分析と対応シナリオ（進路変更検討）を促すものといえる。日本もこういったＰＤＣＡサイクルを独自に回すと共に、米国との様々なレベルでの対話を通じ、互いの環境認識を共有し、互いのサイクルを補強、補完し合っていくことでより一層の信頼関係が構築されるものと信じる。

本書が、「少子高齢化」をバネに日本独自の目標に向け力強い航海を行うための海図作りの何がしかの参考となれば幸いである。

米山伸郎　二〇一三年九月

おわりに

神戸市外国語大学准教授
米国戦略国際問題研究所（CSIS）非常勤研究員
中嶋　圭介

一九九〇年代から加速したグローバル化によって、人口動態変化の影響が国境を越えて駆け巡る「地球高齢化（グローバル・エイジング）」時代が到来した。また、タイミング、スピード、マグニチュードの違い、言うならば「高齢化進度の格差」は、相対的な国力の規定要因として重要性を増している。このようなグローバル化と高齢化の進化（深化）が織りなす新たな局面において、増え続ける人口を背景に、労働・資本・市場の拡大基調を前提に置く近代経済、そして、本書のテーマである国・地域間の地政学的関係性が、根本から揺らごうとしている。

欧米では地球高齢化が突きつける新たな現実や将来的変化に戦略的に対策を打つために、外交・安全保障・インテリジェンスなどの現場に、本書で示されているような人口学的洞察が活かされ始めている。しかし、日本では高齢化を国内問題として限定的に捉える伝統が根強いために地球高齢化の地政学的意味合いに関する国内研究自体が乏しく、戦略や政策への活用云々のレベルに至っていない。このことは、地球高齢化トレンドの最先端で最も強い向い風を受ける日本にとって、致命的・危機的状態と言っても過言ではない。

地球高齢化は、日本にとって歴史的挑戦であるが、終末予言ではない。克服は可能である。このために本書は、日本の意思決定を担うリーダーやそれを支える国民に地球高齢化時代の到来を覚醒させ、さらに、我が国の国家戦略策定、国内合意形成、多国間対話・協調枠組の主体的構築に有益な人口学的洞察をもたらすと期待される。

二〇一三年八月三〇日

●著者略歴

スーザン・ヨシハラ
カソリック系家族と人権機関（Catholic Family and Human Rights Institute）の研究担当上級副社長兼同機関の国際機関研究グループ所長を務める。著作に『平和のための戦争：世界の紛争への米国の介入』（2010年・未訳）など。タフツ大学フレッチャー法律外交大学院修了・国際関係学博士。

ダグラス・A・シルバ
カソリック系家族と人権機関の上級研究員。ローマカソリック協会の国連代表団（Holy See）に参加。ニューヨーク・タイムズ、ワシントン・タイムズ、ウィークリー・スタンダード並びにナショナル・レビュー等に執筆。コロンビア大学大学院修了・政治学博士。

ゴードン・G・チャン
フォーブスドットコムのコラムニストで中国専門家。CIAや国防省等政府機関の求めに応じ中国関連の説明を行う。米主要紙、ケーブルTVネットワークに頻繁に登場。著書に『やがて中国の崩壊がはじまる』（草思社）など。

他に、以下の執筆陣
フィリップ・ロングマン（ニューアメリカファウンデーション上級研究員）、ジェームズ・R・ホームズ（米海軍大学校戦略担当准教授）、フランシス・センパ（ウィルケス大学政治学准教授）、トシ・ヨシハラ（米海軍大学校アジア太平洋研究担当教授）、リサ・カーティス（ヘリテージ財団上級研究員）、マーレイ・フェッシュバック（ウッドローウィルソンセンター上級研究員）

●訳者　**米山伸郎**　（よねやま・のぶお）
日販グローバル株式会社代表取締役。1958年東京生まれ。東京工業大学経営工学科卒。
1981年三井物産株式会社入社、2012年同社退職。2013年日販グローバル株式会社創業、代表取締役就任。米国ニューヨーク、ワシントンDCに計8年半駐在。2008年から2012年までワシントンDC事務所長として米国から見たグローバルビジネス環境情報の収集、分析を担当。地元産官学関係者とネットワークを築く。特にブルッキングス研究所やCSISなどワシントンにあるシンクタンク各所に通う。米国政治、同マクロ経済、外交、安全保障分野はもとより、人口動態分析について造詣が深い。

人口から読み解く　国家の興亡

2013年10月1日　第1刷発行

著　者　スーザン・ヨシハラ、ダグラス・A・シルバ、
　　　　ゴードン・G・チャンほか
訳　者　米山伸郎
発行者　唐津　隆
発行所　株式会社ビジネス社
　　　　〒162-0805　東京都新宿区矢来町114番地
　　　　　　　　　　神楽坂高橋ビル5F
　　　　電話　03-5227-1602　FAX 03-5227-1603
　　　　URL　http://www.business-sha.co.jp/

〈印刷・製本〉モリモト印刷株式会社
〈カバーデザイン〉柴田篤元
〈編集担当〉前田和男、斎藤明（同文社）〈営業担当〉山口健志

ISBN978-4-8284-1725-7